铁路职业教育铁道机车运用与维护专业新形态一体化系列教材

CCBⅡ制动机

陈忠胜　主编
常建华　主审

中国铁道出版社有限公司
2025年·北　京

内 容 简 介

本书主要以 HXD_{3C} 型电力机车为例简要介绍了制动基础理论与基本知识；着重介绍了 CCBⅡ制动机中各主要部件的构造、作用及控制关系，CCBⅡ制动机气路的综合作用及系统的安全保护和主要部件的备份等内容；介绍了基础制动装置、空气防滑器、停放制动装置等制动相关设备的结构原理与操作；对空气管路系统中的风源系统、辅助管路系统等进行了系统的介绍；同时对制动系统的操作、设置与试验进行了描述。

本书可作为职业院校铁道机车运用与维护、电力机车运用与检修及相关专业的专业课教材，也可用于企业电力机车乘务员和电力机车检修人员的岗位培训教材，还可以供从事机车和车辆检修、安装调试相关科技人员作为参考资料。

图书在版编目(CIP)数据

CCBⅡ制动机/陈忠胜主编．—北京：中国铁道出版社有限公司，2022.11(2025.8 重印)

铁路职业教育铁道机车运用与维护专业新形态一体化系列教材

ISBN 978-7-113-29268-3

Ⅰ.①C… Ⅱ.①陈… Ⅲ.①列车-车辆制动-制动装置-职业教育-教材 Ⅳ.①U260.13

中国版本图书馆 CIP 数据核字(2022)第 099281 号

书　　名：CCBⅡ制动机
作　　者：陈忠胜

策　　划：阚济存
责任编辑：阚济存　　**编辑部电话：**(010)51873133　　**电子邮箱：**td51873133@163.com
封面设计：崔丽芳
责任校对：焦桂荣
责任印制：赵星辰

出版发行：中国铁道出版社有限公司(100054，北京市西城区右安门西街 8 号)
网　　址：https://www.tdpress.com
印　　刷：北京联兴盛业印刷股份有限公司
版　　次：2022 年 11 月第 1 版　2025 年 8 月第 2 次印刷
开　　本：787 mm×1 092 mm 1/16　**印张：**12.75　**字数：**307 千
书　　号：ISBN 978-7-113-29268-3
定　　价：45.00 元

前 言

本书是北京市职业院校特色高水平实训基地建设——中铁天佑工程师学院建设项目成果之一，在内容形式上采用新形态一体化的编写方式，符合教、学、做一体化的教学理念。

我国铁路交通行业正处于快速发展期，相关专业技术人才需求随之迅速增长。机车车辆是铁路交通运输的主要设备，具有技术含量高、运用检修工作量大、作业复杂的特点。运用和检修人员必须经过专业的培训，才能从事并胜任机车运用与检修工作。本书主要面向铁道机车运用与维护专业、电力机车运用与检修专业学生，介绍了制动基本知识和 CCBⅡ电空制动机的结构原理及操作维护等内容。为了突出其实用性，编写人员与企业密切合作，仔细分析了电力机车运用与检修中对制动机的具体要求，内容及项目设置与现场保持接轨。

本书主要采用教学内容项目化改造的理念进行课程开发，突破以往教科书的编写模式，打破学科体系，注重问题导向、行动导向，理论与实操相结合。本书以利于学生自主学习为出发点，按照学生认知规律设计了合作探究和操作展示栏目，采用多种学习素材展示教学内容，专业技术知识与分析总结能力、动手操作能力并重，将所学知识与现场实际有效结合，培养学生对制动机进行操作、检查、调试的综合职业素养，为学生以后的工作奠定坚实的基础。

本书由北京铁路电气化学校陈忠胜任主编，由中国铁路北京局集团有限公司常建华任主审。参加编写的还有北京铁路电气化学校杜立江、张大为、吴利芳；中国铁路北京局集团有限公司北京机务段姜鹤。教材编写具体分工如下：吴利芳编写项目一；张大为编写项目二；姜鹤编写项目三；杜立江编写项目四和项目六任务三、任务四；陈忠胜编写项目五和项目六任务一、任务二。在编写过程中，得到了中国铁路北京局集团有限公司北京机务段的大力支持，在此深表谢意。

编者水平有限，书中难免有不妥之处，敬请广大读者和同行批评指正。

编者

2022 年 10 月

目 录

项目一
制动的实现与控制

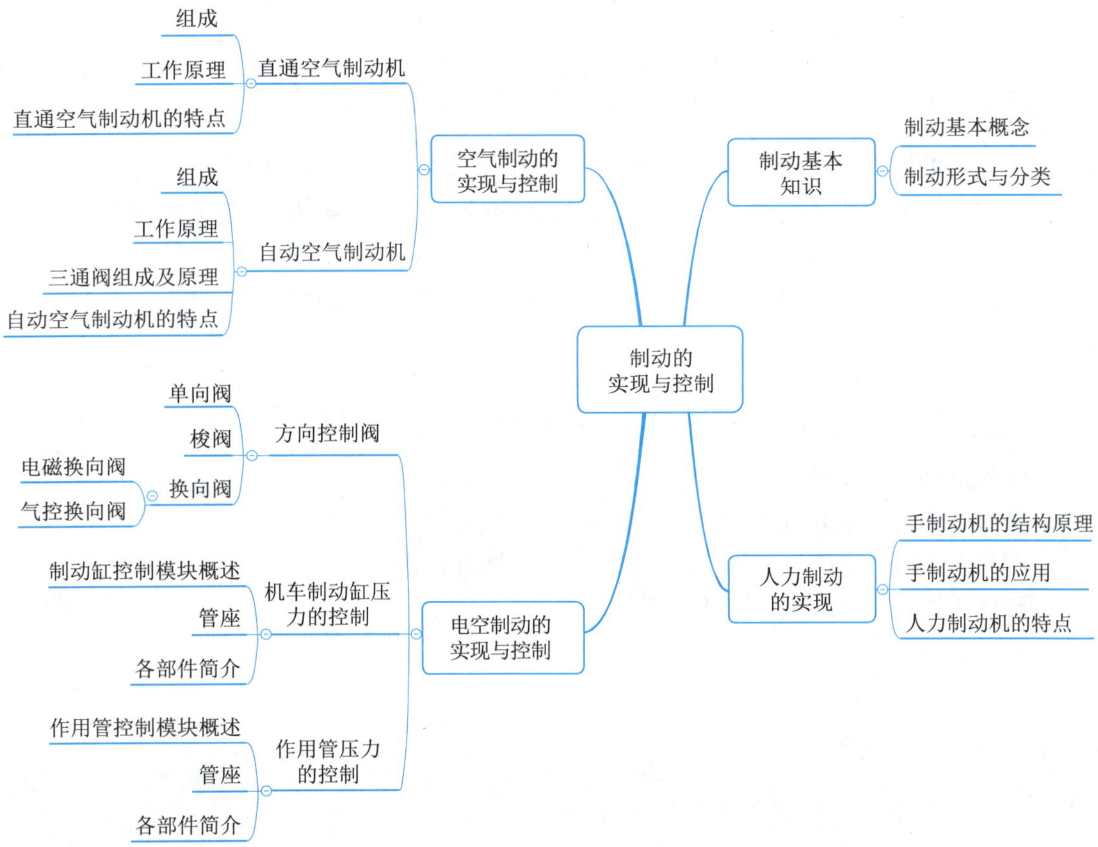

项目描述

列车运行不但要求快速平稳，在需要的时候还要平稳减速和停车。为此，列车运行既需要强大的牵引系统，也需要先进的制动系统，制动系统是实现列车高速、安全运行的保障。一百多年来，随着铁路速度、载重的不断提高，机车车辆的制动装置陆续出现了机械制动、动力制动、电磁制动等诸多形式。在现代列车中，上述制动形式往往组合应用，以达到理想的制动效果。机械制动是最基础的制动形式，可以通过人力、空气压力、弹簧力等来实现，上述机械制动类型我国都有采用。

学习目标

1. 掌握制动的相关概念、制动方式及其特点。
2. 掌握人力制动机、空气制动机、电空制动机的结构与工作原理。
3. 能够分析单节车人力制动、空气制动、电空制动的控制与实现过程，为以后正确使用、操纵制动设备打好理论基础。

任务一　制动基本知识与人力制动的实现

任务描述

火车出现初期，铁路机车以蒸汽机车为主，当时列车的制动（即刹车）主要依靠蒸汽机车的逆气运动和以人力为原动力的闸瓦制动。当运行中的列车需要制动时，由驻守在各车辆上的制动员根据司机所给信号操纵每一节车上的制动机来完成。随着科学技术的发展，列车制动技术也越来越先进。人力制动是怎样实现的？现代列车都采用哪些制动形式？——这就是本任务的研究内容。

任务目标

1. 掌握制动的相关概念。
2. 掌握制动形式及其特点。
3. 理解各种制动方式能量的转化与转移过程、制动力的产生过程。
4. 理解人力制动机的结构组成与工作原理。
5. 展示各组的研究分析成果。

任务信息

一、制动基本概念

人为地制止机车车辆运动，使其减速、停车或者防止静止的机车车辆移动称为制动，俗称“刹车”。施加制动作用的操作称为“制动”，解除或减弱制动作用的操作称为“缓解”。

为实现制动作用而安装在机车车辆上的，由相关零部件所组成的一整套装置称为制动装置。制动装置一般包括两个部分：即制动控制部分和制动执行部分。制动控制部分由制动信号产生、传输装置以及制动控制装置组成，称为制动机；制动执行部分通常称为基础制动装置。

由司机控制、通过制动装置产生的，与列车运行方向相反并可根据需要调节的外力称为制动力，这一外力是由钢轨施加于车轮上的。

制动的本质可以从两个方面分析：一是运动的角度，制动的过程就是列车在制动力的作用下逐渐减速的过程。二是能量的角度，制动的过程就是列车动能转换和转移的过程。单位时间内转换和转移的列车动能，称为制动功率。

制动在列车运行中的重要意义主要体现在几个方面：(1)行车安全的保障；(2)充分发挥牵引力，增大列车牵引重量，提高列车运行速度的前提；(3)有利于提高列车的区间通过能力。

二、制动形式与分类

闸瓦制动

所谓制动形式是指列车制动力的形成方式。

(一)具体制动形式

1. 机械制动

机械制动是利用闸瓦或闸片直接作用于轮对，通过摩擦将列车动能转换为热能，并转移到车轮与闸瓦(或制动盘与闸片)，再逸散于大气。铁路上常用的机械制动分为闸瓦制动和盘形制动两种。

(1)闸瓦制动(也称踏面制动)

通过控制传动装置将制动原动力传递给闸瓦，使闸瓦压紧车轮踏面，从而产生摩擦形成制动作用的方式，称为闸瓦制动，如图 1-1 所示。

图 1-1　闸瓦制动

(2)盘形制动

通过控制传动装置将制动原动力传递给制动钳，使带有闸片的制动钳夹紧车轴(或车轮)上的制动盘，从而产生摩擦形成制动作用的方式，称为盘形制动。

盘形制动按制动盘位置不同有两种类型：制动盘装在车轮上的叫轮盘式盘形制动基础制动装置；制动盘装在车轴上的叫轴盘式盘形制动基础制动装置，如图 1-2 所示。

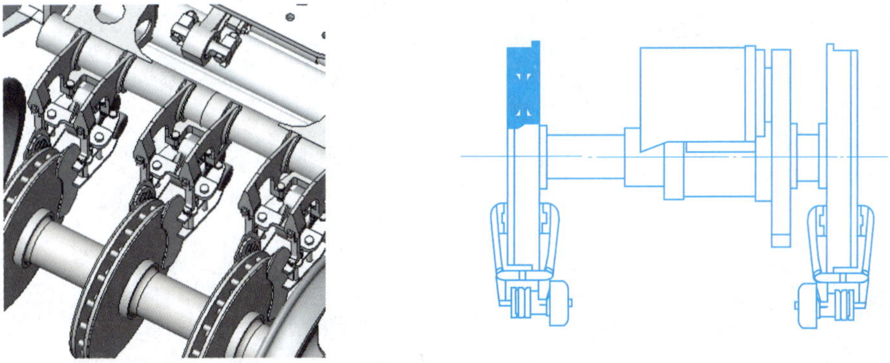

(a)轴盘式　　(b)轮盘式

图 1-2　盘形制动

机械制动的原动力有以下三个来源：一是人力，通过机械装置传递给闸瓦或闸片；二是压缩空气，通过制动缸产生原动力；三是弹簧力，如弹簧停放制动装置。

动力制动

2. 动力制动

依靠机车的动力机械产生制动作用，包括电阻制动、再生制动、液力制动和飞轮储能制动等。动力制动力的大小受机车动力制动功率的限制。

(1)电阻制动

制动时将牵引电动机转变为发电机，把列车的动能转换成电能，再把电能加在制动电阻上，电阻产生的热量消散于大气中，从而产生制动作用。

(2)再生制动

制动时将牵引电动机转变为发电机，把列车的动能转换成电能，再把电能回馈到电网再生利用，从而产生制动作用。

飞轮储能制动

随着科技的进步，制动技术有了新的突破。

2019 年 7 月，新技术 1MW GTR 飞轮储能系统成功应用于北京地铁房山线广阳城站，首次实现了飞轮储能技术在城市轨道交通列车制动能量回收中的应用。

城市轨道交通列车启动、制动频繁，列车制动时可回收的能量占牵引总能耗的 40% 左右。传统城市轨道交通列车能源回收主要利用制动电阻、逆变回馈装置等，普遍存在能量回收效果差、附加通风能耗大、谐波干扰强等问题。飞轮储能技术是一种物理储能技术，除了可以有效解决上述问题，还具有使用寿命长、绿色环保等独特优势。

3. 电磁制动

(1)磁轨制动(轨道电磁制动)

如图 1-3 所示，制动时，将悬挂在车辆转向架上的电磁铁放下，与钢轨接触，接通励磁电流使制动电磁铁吸附在钢轨上，电磁铁的极靴(磨耗板)与轨面摩擦而产生制动力。靠电磁铁极靴与钢轨做相对运动时的摩擦，将车辆动能转变为热能，由钢轨与电磁铁逸散于大气。

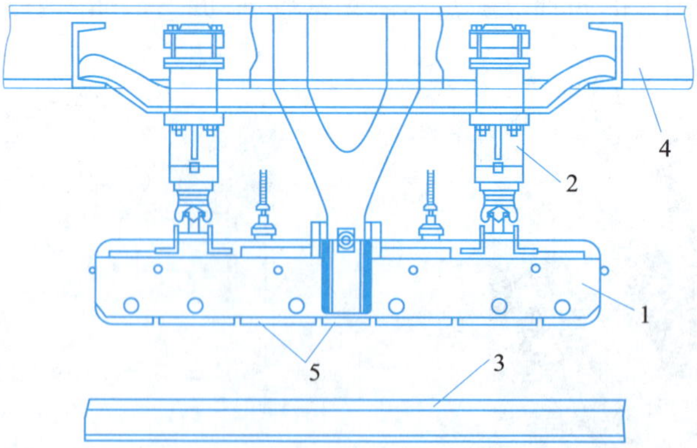

图 1-3　磁轨制动

1—电磁铁；2—升降风缸；3—钢轨；4—转向架构架；5—磨耗板

(2)涡流制动

涡流制动是利用转向架上的电磁铁和电磁感应体的相对运动，引起电涡流产生电磁力从而实现制动作用。感应体切割磁力线产生涡流，使钢轨或涡流盘发热，将列车的动能转换成热能逸散于大气。

利用安装在车轴上的圆盘为感应体的制动方式，称为旋转涡流制动，如图 1-4 所示。

直接利用钢轨为电磁感应体的制动方式称为轨道涡流制动，制动时电磁铁只放到距离轨面几毫米处，不与钢轨发生接触，如图 1-5 所示。

涡流制动的优点是由于制动没有摩擦，所以制动设备表面没有磨损，不需要更换。涡流制动的缺点是由于制动力与列车速度成正比，当列车低速或静止时，制动力不能保持，所以涡流制动必须与盘形制动或闸瓦制动等摩擦制动同时使用。

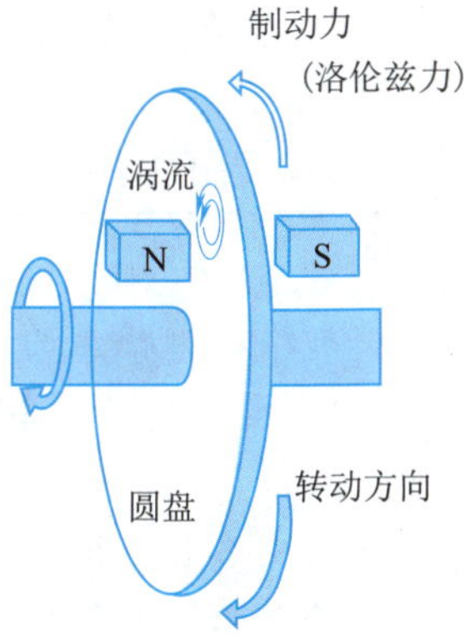

图 1-4　盘形涡流制动

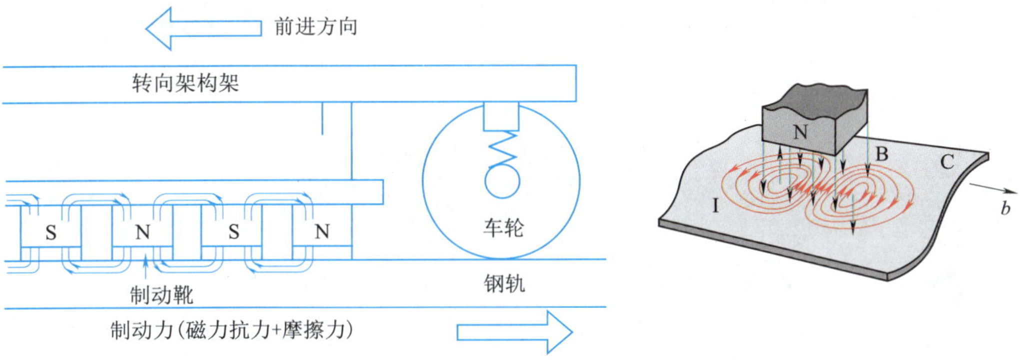

图 1-5　轨道涡流制动

C—钢轨；B—磁力线；I—涡流；***b***—制动力

(二)制动形式的分类

1. 按列车动能转换与转移方式分类

按照列车动能转换与转移方式的不同，制动形式可分为热逸散和将动能转换成有用能两种，见表 1-1。

表 1-1　按列车动能转换与转移方式分类

具体制动形式	动能转换位置	动能转换方式	动能转移方式	制动形式
闸瓦制动	闸瓦、车轮踏面	摩擦—热能	自然逸散	热逸散
盘形制动	闸片、制动盘	摩擦—热能	自然逸散	
磁轨制动	磨耗板、钢轨	摩擦—热能	自然逸散	
涡流制动	轨道或制动圆盘	感应—电能	电能(涡流)—热能，自然逸散	
电阻制动	牵引电机	感应—电能	电能—制动电阻—热能，强迫逸散	
再生制动	牵引电机	感应—电能	反馈到电网	动能转换成有用能
飞轮储能制动	飞轮	传递—飞轮动能	传动装置—飞轮储能	

2. 按制动力形成方式分类

按照列车制动力形成是否依赖于轮轨间的黏着，制动形式可分为黏着制动和非黏着制动。

依靠车轮与钢轨的黏着力来实现机车车辆的制动，称为黏着制动。采用黏着制动时，能够获得的最大制动力不会大于黏着力。

专业术语：黏着和黏着力

车轮在钢轨上的运动不是滑动摩擦，也不是纯粹的静摩擦状态，而是“静中有微动”或“滚中有滑”，此种状态我们称为“蠕滑”或“黏着”。伴随着蠕滑产生摩擦力，轮轨之间才能传递切向力。

在铁路牵引和制动理论中，对于这种由于轮轨之间的“黏着”产生的作用力，用“黏着力”来表示。牵引力和制动力都是靠黏着力实现的，机车运行中，如果牵引力大于黏着力，将会产生“空转”现象；制动力大于黏着力，将会产生“滑行”现象。空转和滑行都会对轮对造成机械损伤，影响正常行车。

制动力不依靠轮轨之间获取，不受黏着力限制的制动方式称为非黏着制动。非黏着制动通常作为黏着制动的补充，一般用于高速旅客列车，可与其他制动形式并用。具体制动形式按制动力形成方式分类见表 1-2。

表 1-2　按制动力形成方式分类

具体制动形式	制动力产生原因	制动力产生位置	制动形式
闸瓦制动	闸瓦与车轮踏面摩擦力	车轮与钢轨之间	黏着制动
盘形制动	闸片与制动盘摩擦力	车轮与钢轨之间	
电阻制动	牵引电机产生的阻力矩	车轮与钢轨之间	
再生制动	牵引电机产生的阻力矩	车轮与钢轨之间	
飞轮储能制动	传动装置产生的阻力矩	车轮与钢轨之间	
旋转涡流制动	制动圆盘电磁力	车轮与钢轨之间	
轨道涡流制动	轨道电磁力	制动器与钢轨之间	非黏着制动
磁轨制动	轨道摩擦力	制动器与钢轨之间	

三、人力制动机

制动技术是列车发展的核心技术之一。列车出现初期，铁路机车以蒸汽机车为主，当时列车的制动主要依靠蒸汽机车的逆气运动以及人力为原动力的闸瓦制动。

人力制动即运用人力带动一系列杠杆等传动机械的手工闸的制动方式。我国铁路装用的人力制动机可分为手制动机和脚制动机，其中以手制动机为主流。

手制动机结构原理

（一）手制动机的结构原理

手动制动机是用人力转动手轮或用杠杆拨动的方法，使闸瓦压紧车轮踏面（或使闸片压紧制动盘）而达到制动的目的。手制动机主要有链式手制动机、旋转式手制动机、掣轮式手制动机、卧式手制动机等四种形式，下面以固定链条式手制动机为例介绍其结构原理，其外观图如图 1-6 所示。

1. 结构

固定链条式手制动机的结构如图 1-7 所示，由手制动手轮、手制动轴、手制动轴导架、棘子、棘子锤、棘子托、棘轮、踏板、手制动轴托、手制动轴链、链条滑轮、手制动拉杆托、手制动拉杆等零部件组成。

图 1-6　固定链条式手制动机

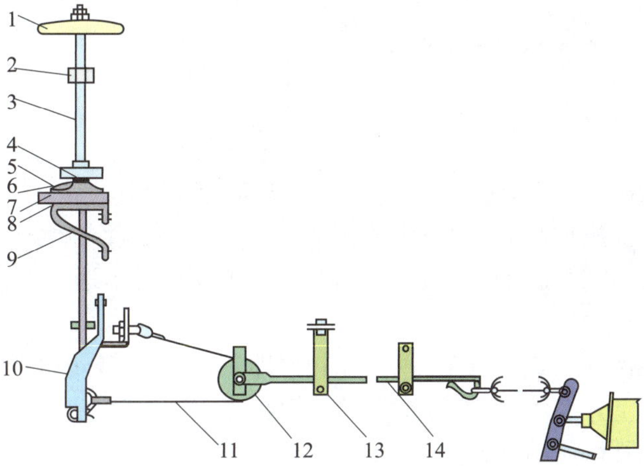

图 1-7　固定链条式手制动机结构示意图

1—手制动手轮；2—手制动轴导架；3—手制动轴；4—棘轮；5—棘子锤；6—棘子；7—棘子托；8—踏板；9—手制动踏托板；10—手制动轴托；11—手制动轴链；12—链条滑轮；13—手制动拉杆托；14—手制动拉杆

2. 工作原理

制动时，通过人力转动制动手轮 1，带动手制动轴 3 旋转，将手制动轴链 11 绕到手制动轴上，从而带动链条滑轮 12、手制动拉杆 14 向左运动，再通过基础制动装置，将闸瓦压向车轮踏面（或闸片压向制动盘），产生制动作用。制动作用产生后，由于棘轮的作用，制动力不会自动消失（手轮不会回转）；缓解时，需抬起棘子锤解除锁定，手制动拉杆在基础制动装置缓解弹簧的作用下右移，闸瓦离开车轮，失去制动作用。

（二）手制动机的应用

手制动机用于空气制动机故障时以及调车作业、坡道停留时的制动。其具体用途有以下四方面。

（1）调车作业时，溜放车辆无空气制动机制动力支持，作为调车员控制车辆制动的制动机，用以调整车速或停车，提高调车效率，保证作业安全。

（2）在运行途中，如在坡道上停留时间较长时，使用空气制动机停车后，还应拧紧手制动机，防止空气制动机因制动缸的漏泄发生自然缓解而失去制动作用。

（3）在运行途中，当空气制动机发生故障失去作用时，用以代替空气制动机，继续慢行到前方站，以免停留途中，妨碍运输。

（4）当车列或车辆停在有坡道的线路上时，用以防止其发生溜车。

（三）人力制动机的特点

1. 优点

构造简单，费用低廉，是铁路历史上使用最久远、生命力最顽强的制动机。

2. 缺点

制动力弱，动作缓慢，不便于司机直接操纵，所以很快就被非人力制动机取而代之，人力制动机成为辅助的备用制动机。

在我国铁路车辆上，除了极个别的特种车辆无法安装外，均装有手制动机，一般安装在车辆一端（在个别车辆中，也有两端都安装手制动机的）。

任务实施

一、合作探究

1. 制动：人为地________机车车辆运动，使其________、________或者防止静止的机车车辆移动。施加制动作用的操作称“________”，解除或减弱制动作用的操作称为“________”。

2. 由司机控制、通过制动装置产生的，与列车运行方向相反并可根据需要调节的外力称为________。

3. 制动装置一般包括两个部分：即制动控制部分和制动________部分。制动控制部分由制动________产生、传输装置以及制动________装置组成，称为制动机；制动________部分通常称为基础制动装置。

4. 人力制动机制动力弱，动作________，不便于司机________操纵，所以很快就被非人力制动机取而代之，人力制动机成为辅助的________制动机。

5. 具体的制动形式主要有哪几种？

6. 按照列车动能转换与转移方式的不同，制动方式可分为____________和____________两种。

二、展示汇报

◆组内分工合作，完成展示汇报

组别：　　　　　　　　　　组长：　　　　　　　　　　完成日期：

序号	工作内容	责任人	备注
1			
2			
3			
4			
5			
6			

◆展示汇报内容与要求

1. 绘制手制动机结构简图，总结手制动的实现过程，并到讲台按图讲解。

2. 解释各种具体制动形式。

3. 按照制动力形成方式，请说出制动方式的分类(以思维导图形式呈现)。

任务评价

制动基本知识与人力制动的实现任务展示评价标准

序号	评价项目	评价内容与标准	分值
1	知识点	能够准确完整地说明手制动机的工作过程	20
2		能够按图解释各种具体制动形式	20
3		能够按照两种标准对制动方式进行分类，并说明各自特点	20
4	绘图	绘图规整，标示清晰，图面整洁，颜色搭配合理	15
5	表达能力	仪态得体，逻辑严密，口齿清楚，声音洪亮，讲解生动	15
6	课堂表现	遵守课堂纪律，学习态度端正，组员合作默契	10
合　计			100

个人学习成果评价

序号	评价项目	分值	自评	组内评价	组外评价	师评	小计
1	知识与技能	10			—	—	
2	纪律与态度	7			—	—	
3	组内贡献度	8			—	—	
4	学习成果(工作页)	20	—	—	—		
5	展示汇报	15	—	—			
本任务得分							
目前总得分							

任务拓展

1. 黏着制动力产生在什么地方？是怎么产生的？

2. 棘轮机构的结构原理是怎样的？在手制动机中起什么作用？

巩固练习

一、填空题

1. 用人力转动手轮或用杠杆拨动的方法，使闸瓦压紧车轮踏面而达到制动目的的制动机称为____________。

2. 在列车制动过程中，单位时间内转移的列车动能，称为____________。动力制动力的大小受到机车动力____________的限制。

3. 用闸瓦压紧车轮踏面，使其发生摩擦阻力而产生制动作用的制动方式称为__________。

4. 以压缩空气为动力，通过控制传动装置使闸片压紧装在车轴(或车轮)上制动盘产生摩擦而形成制动力的方式称为____________。

5. 制动盘装在车轮上的叫________盘形制动基础制动装置，装在车轴上的叫________盘形制动基础制动装置。

6. 电磁制动应用在高速列车上，属于____________________。

二、判断题

1. 在我国铁路车辆上均装有手制动机，用于空气制动机故障时以及调车作业、坡道停留时的制动。（　　）

2. 在坡道上停留时间较长时，为防止空气制动机因制动缸漏泄发生自然缓解，还应拧紧手制动机。（　　）

三、综合题

1. 什么叫制动？什么叫制动装置？

2. 什么叫制动力？其产生形式有哪几种？

3. 什么情况下使用手制动机？

任务二　空气制动的实现与控制

任务描述

随着铁路运输的不断发展，列车变得更长更重，运行速度大幅提高。人力制动方式制动效果差，已经满足不了列车的制动需求，列车运行的安全与可靠性需要新制动技术的发展来保障。1866 年，美国一位年轻人乔治·威斯汀豪斯目睹了一起铁路事故，了解到既有制动装置的不足。1869 年，当时年仅 23 岁的乔治·威斯汀豪斯通过大量的研究和试验，成功研制了世界上第一套“直通空气制动机”。直通空气制动机是第一种摆脱了人力的制动机，它使得司机一个人可以控制全列车，大大提高了列车制动的同时性，减小了制动冲击，改善了列车的制动效果。

直通空气制动机是怎样控制列车的？现代机车车辆用的空气制动机是什么样的？它是如何工作的？——这就是我们本任务的研究内容。

任务目标

1. 掌握直通空气制动机的结构、原理和特点。
2. 理解阶段制动、阶段缓解的概念。
3. 掌握自动空气制动机的结构、原理和特点。
4. 理解三通阀的基本组成及功能。
5. 展示各组的研究分析成果。

任务信息

从制动功能的实现来看，制动装置大致分为三类：一是实现机械制动（闸瓦、盘形制动）的专用设备，一般分为制动机和基础制动装置；二是实现动力制动（电阻、再生制动）的设备，主要包括控制部分、牵引电机和能量转移设备；三是实现电磁制动（磁轨、涡流制动）的专用设备。本教材只讨论第一类装置。

一、直通空气制动机

直通空气制动机组成原理

（一）组成

直通空气制动机如图 1-8 所示，由空气压缩机、总风缸、总风缸管、自动制动阀、制动管（又称列车管）、制动缸、基础制动装置等组成。

空气压缩机的作用是生产压缩空气。压缩空气储存在总风缸中，供列车各用气设备使用，与总风缸相连的管路称为总风管。制动管又称列车管，既是一根贯通全列车的压力空气输送管，向各车辆制动机供给压力空气，也是一根传递列车制动、保压或缓解指令的控制管，司机通过机车上的自动制动阀来操纵制动管中的空气压力变化，从而控制全列车各车辆制动机产生相应的动作。

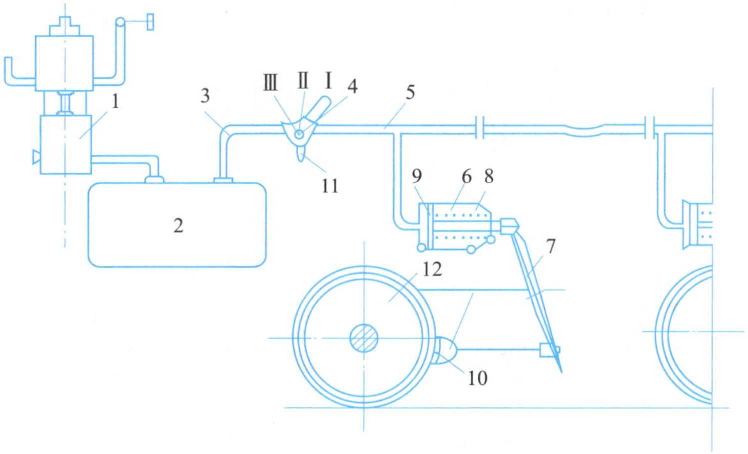

图 1-8　直通空气制动机

1—压缩机；2—总风缸；3—总风管；4—自动制动阀；5—制动管；6—制动缸；7—基础制动装置；8—制动缸缓解弹簧；9—制动缸活塞；10—闸瓦；11—制动阀排气口（EX）；12—车轮；Ⅰ—制动位；Ⅱ—中立位；Ⅲ—缓解位

（二）工作原理

1. 缓解

列车正常运行时或为了达到制动目的需减小、解除制动力时，自动制动手柄置于“运转位”（也称“缓解位”），如图 1-9 所示。各车辆制动缸内的压缩空气经制动管从制动阀排气口（EX）排入大气。若制动手柄在“运转位”放置的时间足够长，将使制动缸内的压缩空气排尽，压力降低至零。此时制动缸活塞借助制动缸缓解弹簧的复原力，使活塞回到缓解位，闸瓦离开车轮，实现车辆缓解。

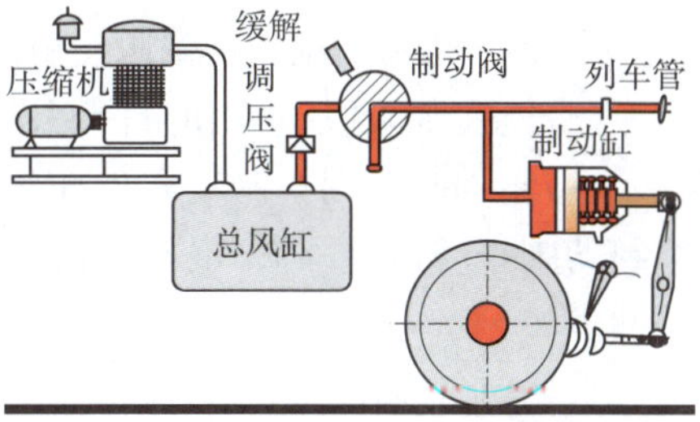

图 1-9　缓解位

专业术语：闸

制动操作中经常用到“闸”的概念。“闸”一般有两个含义，一是指制动装置的操纵机构，如自动制动阀简称自阀，俗称“大闸”，控制全列车的制动与缓解；单独制动阀简称单阀，俗称“小闸”，只控制机车的制动与缓解。二是指“制动装置”的执行机构，如闸瓦制动的闸瓦或盘形制动的闸片。

施行制动常称为“制动”或“撂闸”“上闸”，“撂闸”一般指司机的制动操作，“上闸”一般指闸瓦（闸片）压紧车轮（制动盘）；当达到所需的制动力时，要保持列车的制动力不变，此时需进行“保压”操作；对已制动的列车减弱或解除其制动作用称为“缓解”或“松闸”。

2. 制动

当列车需要制动时，自动制动手柄放在“制动位”，如图 1-10 所示。总风缸的压缩空气经制动阀进入制动管再由制动管进入各车辆的制动缸，推动制动缸活塞移动，并通过活塞杆带动基础制动装置，使闸瓦压紧车轮，产生制动作用。制动力的大小，取决于制动缸内压缩空气的压力(即制动管压力),由司机操纵手柄在"制动位"放置时间的长短而定。

3. 保压

当达到预期的制动力而需要保持时,自动制动手柄置于"中立位"(也称"保压位"),如图 1-11所示。此时制动管既不与总风管相通,亦不与大气相通,保持原有压力。制动缸与制动管相连,保持制动力。

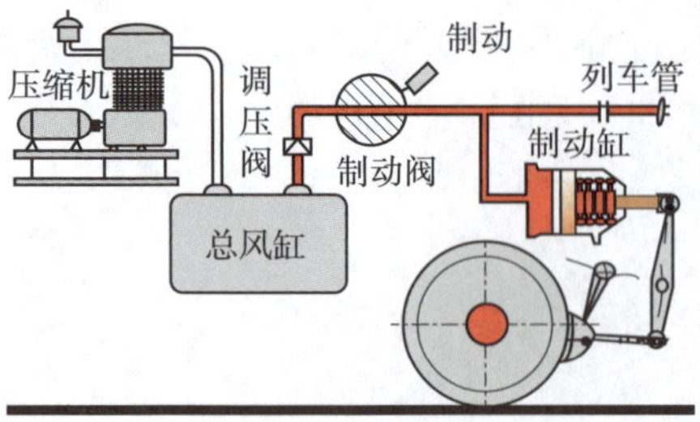

图 1-10　制动位

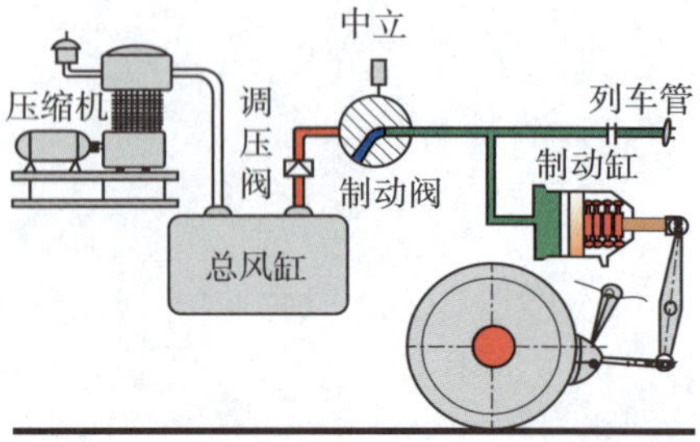

图 1-11　中立位

当司机操纵手柄在"制动位"与"中立位"之间来回扳动,或在"运转位"与"中立位"之间来回扳动时,制动缸压力能分阶段上升或下降,此即阶段制动或阶段缓解。

(三)直通空气制动机的特点

(1)制动管增压制动、减压缓解,列车分离时不能自动停车。

(2)能实现阶段缓解和阶段制动。

(3)制动时全列车制动缸的压缩空气都由总风缸供给;缓解时,各制动缸的压缩空气都需经制动阀排气口排入大气。因此前后车辆制动(缓解)的一致性不好,从而造成较大的列车制动冲击。

直通空气制动机是第一种摆脱了人力的制动机,它使得司机一个人可以控制全列车。但由于直通空气制动机在列车分离时不能自动停车,造成巨大的安全问题,因此使用几年后就被自动空气制动机取代了。

二、自动空气制动机

自动空气制动机与三通阀组成原理

由于直通空气制动机存在着致命弱点——当列车分离时将失去制动作用。1872 年,乔治·威斯汀豪斯在直通空气制动机的基础上,研制出了一种新型的空气制动机——自动空气制动机。自动空气制动机克服了直通空气制动机的致命弱点,从而在铁路运输中得到了广泛的应用。直到科技高度发达的今天,世界各国铁路运输所使用的空气制动机,其工作原理仍源于此。

(一)组成

自动空气制动机由空气压缩机、总风缸、总风管、给气(调压)阀、自动制动阀、制动管、三通阀、副风缸、制动缸、基础制动装置等组成,如图 1-12 所示。

与直通空气制动机相比,自动空气制动机增设了一个副风缸和一个三通阀(或分配阀、控制阀)。其中,副风缸是用来储存由制动管充入的压力空气,以备在制动时供给制动缸使用;三通阀是根据制动管的压力变化,控制制动缸的充排气(也称充排风),以实现制动和缓解作用。

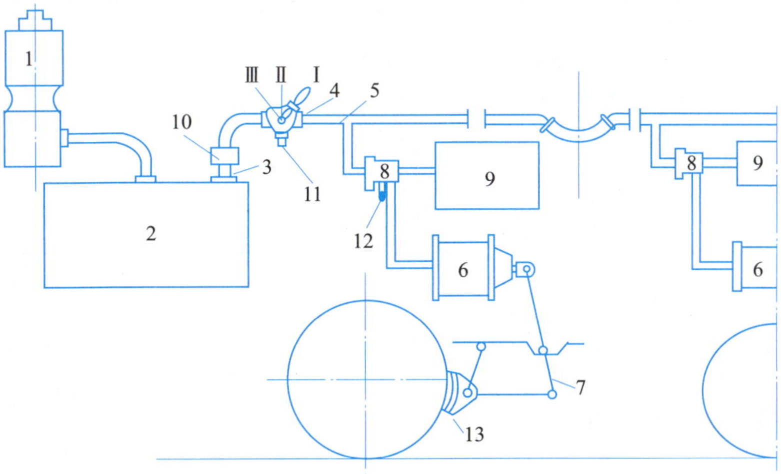

图 1-12　自动空气制动机

1—压缩机；2—总风缸；3—总风管；4—自动制动阀；5—制动管；6—制动缸；7—基础制动装置；
8—三通阀；9—副风缸；10—给气（调压）阀；11—制动阀排气口（EX）；
12—三通阀排气口；13—闸瓦；Ⅰ—运转位；Ⅱ—中立位；Ⅲ—制动位

（二）工作原理

1. 缓解

自动制动手柄置于“运转位”，总风缸中的压缩空气经给气（调压）阀、制动阀送到制动管。制动管的增压信号送到各车辆的三通阀，三通阀动作，控制制动缸内的压缩空气经三通阀排气口排入大气，列车缓解；三通阀同时将制动管的压缩空气引入副风缸，为下次制动做好准备。

列车正常运行时，自动制动手柄总是处于“运转位”，此时总风管与制动管通过自动制动阀始终连通。由于总风缸的压力是不稳定的（压缩机间歇式工作），将造成制动管的压力时高时低。当制动管压力下降时，将引起三通阀动作，从而产生自然制动作用。因此，自动制动手柄在“运转位”时应能保证制动管的压力恒定，这个恒定的压力称为制动管定压，我国铁路规定制动管定压为 500 kPa 或 600 kPa。制动管定压是由给气阀（调压阀）来实现的。

小知识：给气阀（调压阀）

给气阀现在一般称为调压阀或减压阀，其功用是将输入端不稳定的压缩空气，调整为某一定值后输出，供给有关处所使用。

如图 1 所示，阀口的开闭取决于膜板上下的压力差，膜板上方是弹簧力，下方是输出端空气压力。图示为输出端压力低于调整压力，阀口打开，输入端压缩空气经阀口送往输出端。随着输出端压力逐渐升高，膜板带动活塞上移，阀口开口逐渐缩小，当输出端压力达到调整压力时，阀口将关闭，气路被切断，以此保证输出端压力保持为调整压力。

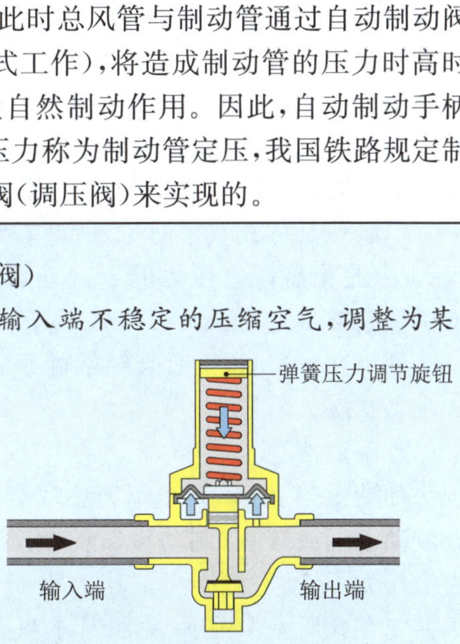

图 1

图 2 分别为调压阀详细符号和简化符号，详细符号形象地表达了阀口开闭受调整弹簧和输出端压力的控制。

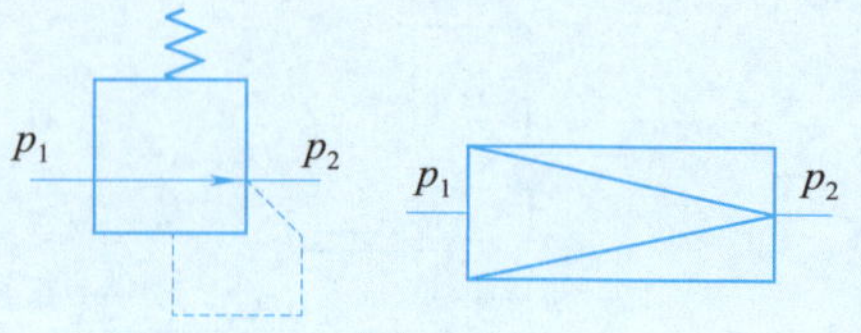

图 2

2. 制动

自动制动手柄置于“制动位”，制动管中的压缩空气经制动阀排气口 EX 排向大气。制动管的减压信号传至三通阀时，三通阀动作，副风缸内的压缩空气经三通阀充向制动缸，制动缸活塞推出，使基础制动装置动作，列车产生制动作用。

3. 保压

自动制动手柄置于“中立位”，此时制动管既不与总风管相通，亦不与大气相通，保持原有压力。制动管的保压信号传至三通阀时，三通阀动作，切断副风缸与制动缸的通路，制动缸与三通阀排气口亦不相通，列车保持制动力。

自动空气制动机制动管增压缓解，减压制动，列车分离时能够自动停车。此作用实现的关键部件是三通阀。

(三)三通阀工作原理

1. 缓解位

三通阀结构

如图 1-12 所示，司机将自动制动手柄放在“运转位”时，压力空气由总风缸 2 经给气阀 10、自动制动阀 4、制动管 5 进入三通阀。制动管充气，如图 1-13 所示，三通阀活塞左侧压力增高，活塞及活塞杆 1 带动节制阀 2 及滑阀 3 一起移至右侧位置。充气沟 i 露出，制动管中的压力空气经充气沟 i 充入副风缸 4。制动缸 5 经滑阀 3 上的联络槽 n 与三通阀的排气口 EX 连通。这时，如制动缸内有压力空气，则由此排入大气。副风缸内压力可一直充至与制动管的压力相等，制动缸缓解后的最终压力为零。

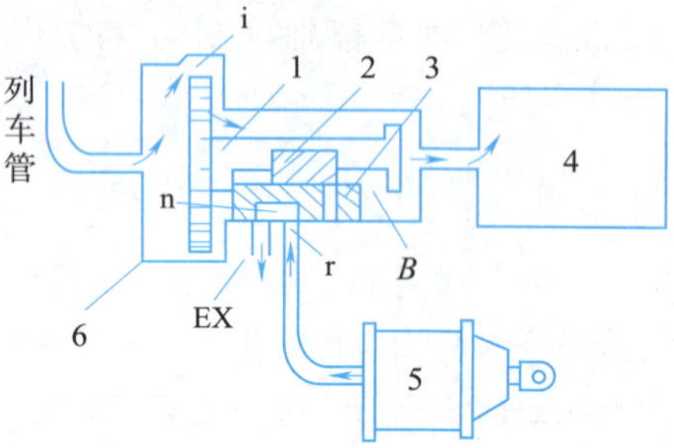

图 1-13　三通阀充气缓解位
1—活塞及活塞杆；2—节制阀；3—滑阀；4—副风缸；5—制动缸；6—阀体；i—充气沟；n—联络槽；z—制动用孔；r—制动缸孔；EX—排气口；*B*—间隙

缓解位又称充气缓解位，所谓缓解是指制动缸通大气；充气是指副风缸压力低于制动管时，由制动管经三通阀使它补足至定压。

列车在行车时，三通阀经常处于这个位置——制动的准备状态。

2. 制动位

如图 1-14 所示，列车运行中需要制动时，司机将自动制动手柄放置在“制动位”，使制动管排气减压，活塞左侧压力降低，右侧副风缸压力大于左侧制动管压力。活塞 1 在此压差作用下，克服其本身及节制阀的滑动阻力，向左移动。先左移一个间隙距离 *B* 之后，再带动滑阀 3 一起移至左端位置。此时，副风缸经滑阀上的 z 孔与制动缸孔 r 相通，副风缸中的压力空气充入制动缸。制动缸压力上升，副风缸压力下降。通过基础制动装置，使闸瓦贴紧车轮，制动机产生制动作用。

3. 保压位

列车制动时，当制动管减压达到了司机所预期的某一个减压量时，司机将自动制动手柄由“制动位”移至“中立位”，使制动管压力下降至一定值后不再继续减压。由于三通阀活塞原来已处在图 1-14 的位置（制动位），故副风缸仍继续向制动缸充气，而压力渐渐下降。等到副风缸压力下降至稍低于制动管压力时，活塞随即回移，带动节制阀右移一个间隙 B 后即停住不动，如图 1-15 所示。节制阀遮住 z 孔，副风缸压力停止下降，活塞两侧不能再产生更大的压差。由于设计计算时，令此微小压差所引起的回移仅能克服活塞及节制阀的移动阻力，而不足以克服活塞及滑阀的移动阻力。所以，制动管减压一经停止，等到副风缸压力稍低于制动管压力时，三通阀便到达制动保压位，副风缸停止向制动缸充气，制动机呈保压状态。

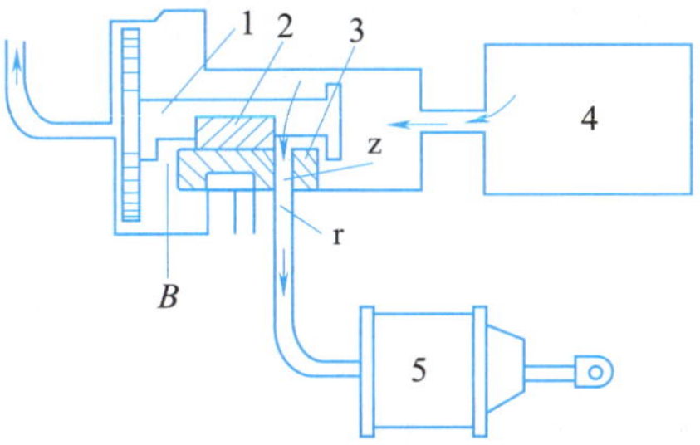

图 1-14　三通阀制动位

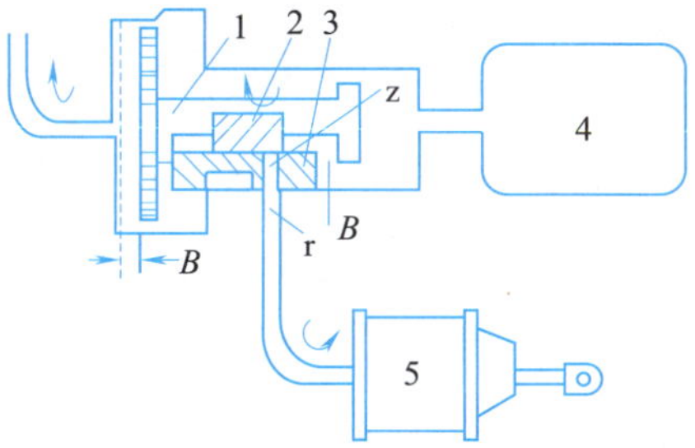

图 1-15　三通阀制动后保压位

保压后如果制动管再减压，三通阀活塞再次左移至制动位，制动缸压力重新上升。所以，只要手柄在“制动位”与“中立位”之间交替操作，三通阀活塞便相应地左右移动一个间隙距离 B，制动缸压力可分阶段上升，实现阶段制动。

由于三通阀结构的限制，它不能实现缓解后的保压，即不能实现阶段缓解。

（四）自动空气制动机的特点

（1）制动管减压制动、增压缓解，列车分离时能够自动停车。

（2）制动时制动缸的压缩空气由各车辆的副风缸供给；缓解时，各制动缸的压缩空气经本节车三通阀排气口排入大气。因此前后车辆制动（缓解）的一致性较好。

任务实施

一、合作探究

1. 对已制动的列车解除或减弱其制动作用称为缓解或“________”。

2. 直通空气制动机中空气压缩机将压缩空气储入________内，经总风管通至自动制动阀。自动制动阀有“________”（也称缓解位）“制动位”和“中立位”（也称________）3 个不同位置。在缓解位时，________内的压缩空气经制动阀 EX 口排向________；在“中立位”时，自动制动阀保持总风缸管、制动管和 EX 口各不相通；在“制动位”时，________管压缩空气经自动制动阀通向________。

3. 自动空气制动机在直通空气制动机的基础上增加了三个部件：在总风缸与自动制动阀

之间增加了________；在每节车辆的制动管与制动缸之间增加了________和________。给气（调压）阀的作用是实现________定压，即无论总风缸压力多高，给气阀出口的压力总保持在一个设定的值。

4. 题图1-1中，(a)图所示为________位，(b)图所示为________位，填出三通阀各部分的名称。

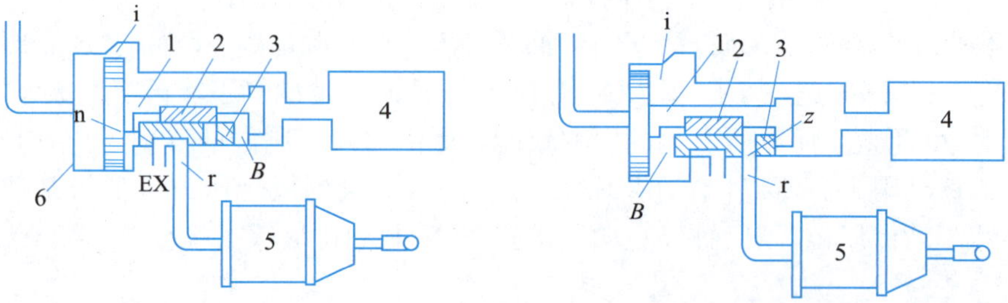

(a)　　　　(b)

题图1-1　三通阀

1—________________；2—____________；3—____________；4—____________；5—____________；

6—____________；i—____________；B—____________；r—________________；z—________________

二、展示汇报

◆组内分工合作，完成展示汇报

组别：　　　　　　　　组长：　　　　　　　　完成日期：

序号	工作内容	责任人	备注
1			
2			
3			
4			
5			
6			

◆展示汇报内容与要求

1. 分析直通空气制动机的组成与工作过程，并到讲台按图讲解。

2.分析自动空气制动机的组成与工作过程,并到讲台按图讲解。

3.画出三通阀制动位(或保压位、缓解位)的原理图,标明连接管路的名称,并写出三通阀在制动位(或保压位、缓解位)的工作原理,到讲台展示讲解。

4.分析、对比直通空气制动机和自动空气制动机的优缺点。

任务评价

空气制动的实现与控制任务展示评价标准

序号	评价项目	评价内容与标准	分值
1	知识点	能够准确完整地说明直通空气制动机的组成和工作过程	15
2		能够准确完整地说明自动空气制动机的组成和工作过程	10
3		能够准确完整地说明三通阀在制动位、缓解位和保压位的工作原理	20
4		能够准确完整地分析直通空气制动机和自动空气制动机的优缺点	15
5	绘图	绘图规整，位置正确，标示清晰，图面整洁，颜色搭配合理	20
6	表达能力	仪态得体，逻辑严密，口齿清楚，声音洪亮，讲解生动	10
7	课堂表现	遵守课堂纪律，学习态度端正，组员合作默契	10
合　计			100

个人学习成果评价

序号	评价项目	分值	自评	组内评价	组外评价	师评	小计
1	知识与技能	10			—	—	
2	纪律与态度	7			—	—	
3	组内贡献度	8			—	—	
4	学习成果(工作页)	20	—	—	—		
5	展示汇报	15	—	—			
本任务得分							
目前总得分							

任务拓展

1. 解释阶段制动、阶段缓解的概念。

2. 三通阀中间隙 B 有何作用？

巩固练习

一、判断题

1. 直通空气制动机总风缸的用途是推动闸瓦压紧车轮踏面，从而产生制动作用。（　）
2. 制动管是贯通列车底部，两端封闭的压力空气输送管和控制信息的传递管路。（　）
3. 直通空气制动机在“制动位”时制动管与排气口相通，制动缸减压。（　）
4. 直通空气制动机只能实现阶段制动，不能实现阶段缓解。（　）
5. 自动空气制动机中的自动制动阀与制动管始终直接相通。（　）
6. 自动空气制动机中，自动制动手柄放在“运转位”时，制动管中的压缩空气经制动阀排气口 EX 排向大气。（　）

二、综合题

简述直通空气制动机的工作原理。

任务三　电空制动的实现与控制

任务描述

自动空气制动机操纵灵活方便，安全性、可靠性高，但由于靠制动管压力变化传递制动信号，制动时仍存在较明显的纵向冲击。随着科技水平的进步，人们在传统空气制动机的基础上加以改良，引入了电气控制技术，称为电空制动机。相对于传统空气制动机来说，电空制动机的主要优点为全列车制动和缓解的一致性好，列车制动或缓解的纵向冲动小，制动距离也更短。列车越长，速度越高，电空制动机的这种优点就越明显。和谐系列电力机车均采用电空制动机。

此外，为了灵活控制机车的制动，现代机车的制动一般采用间接控制方式。HXD_3 型电力机车采用 CCBⅡ电空制动机，机车的制动作用是由作用管控制模块 16CP 提供控制压力，由制动缸控制模块 BCCP 控制制动缸的充气与排气实现的。电信号如何控制气路变化？HXD_3 型电力机车是如何实现制动作用的？——这就是我们本任务的主要研究内容。

任务目标

1. 掌握电磁阀的结构原理和类型。
2. 理解作用管的设置目的和功能。
3. 掌握制动缸控制模块 BCCP 的组成与功能。
4. 了解 BCCP 作用阀的结构原理。
5. 掌握作用管控制模块 16CP 的组成与功能。
6. 能够分析制动缸压力的控制过程。

任务信息

和谐系列电力机车是中国有代表性的交流传动电力机车之一。根据制造厂商可以分为 HXD_1 系列、HXD_2 系列、HXD_3 系列，均采用电空制动机。

电空制动机仍以压力空气作为制动原动力，但用电信号来控制列车（或本节车）的制动、缓解和保压等作用。实现电信号控制制动机气路变化的关键部件是方向控制阀。

一、方向控制阀

空气管路系统（包括制动机系统）中有很多控制阀，其中应用最多的是方向控制阀。方向控制阀利用流道的更换控制气流的通断和方向，制动机系统中常用的方向控制阀有单向阀、梭阀和换向阀等。

（一）单向阀

单向阀是一种不需要人力操作的自动启闭阀，依靠管道中介质本身的压力打开或者关闭阀口，主要用来防止管道中的介质反向流动，故也称为止回阀、逆流阀或逆止阀。止回阀只有一个流动方向，一般安装在防止介质回流的场合。

单向阀的原理很简单，如图 1-16 所示，介质按指定的方向流入，当输入端压力超过止回阀的开启压力(弹簧力)时，阀芯在流体压力的作用下被顶开，从而流向输出端；反之，当输入端的压力小于输出端压力时，阀芯自动关闭，切断介质流通。

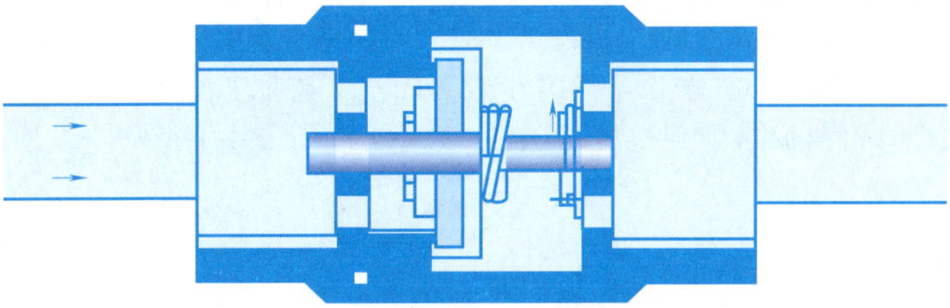

图 1-16　单向阀

图 1-17 为单向阀符号，介质只能向右侧流动，由 P_1 流向 P_2。

(二)梭阀

梭阀又称为变向阀、双向阀，有两个输入口 P_1、P_2 和一个输出口 A，如图 1-18 所示。当两个输入口中任何一个有输入压力时，输出口就会有输出。当两个输入压力不等时，梭阀则输出压力高的一个。

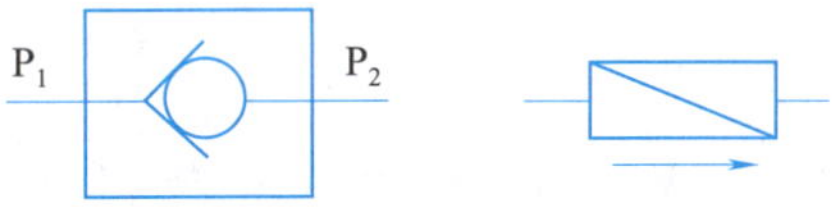

图 1-17　单向阀符号

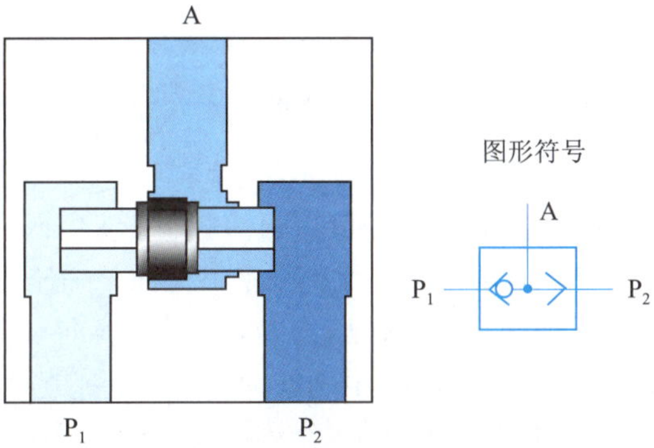

图 1-18　梭阀示意图与符号

(三)换向阀

换向阀是通过改变气流通道而使气体流动方向发生变化，从而达到控制气路的目的。按操作阀芯运动的方式有手动、机动、电磁、气控等形式；按阀芯在阀体内停留的工作位置数分为二位、三位等；按与阀体相连的气路数分为二通、三通、四通和五通等。

1. 电磁换向阀

电空制动机以电信号控制制动装置的动作，大大提高了制动控制的自动化程度，是实现无人驾驶的基础和前提。电磁换向阀是实现电空制动的关键部件，在列车制动领域常称为电磁阀或电空阀，本书中统一称为电磁阀。

电磁阀是进行电路、气路转换的元件，通过电磁力来控制空气管路的连通或切断，从而实现远距离控制气动装置。电磁阀的结构由两部分组成，即气阀部分和电磁机构部分，电磁阀的实物和结构示意图如图 1-19 所示。

图 1-19 为二位三通电磁阀，它的符号如图 1-20 所示，上端部“⧄”表示电磁控制，下端部为弹簧；方框表示阀的工作位置数量，此阀为二位；方框内的箭头表示在此位时气路处于接通状态，但并不一定表示气路的实际流向；方框内符号“┤”或“├”表示此气路处于封闭状态；任一个方框与外部连接的接口数表示几“通”，此阀为三通。一般地，P 为输入口，A 为输出口，T 为排气口。当电磁阀无(失)电时，弹簧伸张，下位接入气路，P 与 A 连通，T 被封闭，如图 1-20(a)所示；电磁阀有(得)电时，线圈励磁，弹簧被压缩，上位接入气路，P 被封闭，A 与 T 连通，如图 1-20(b)所示。

(a) 实物图

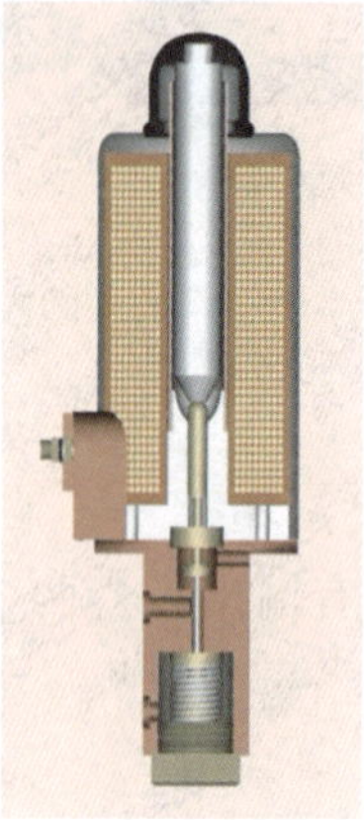
(b) 结构示意图

图 1-19　电磁阀

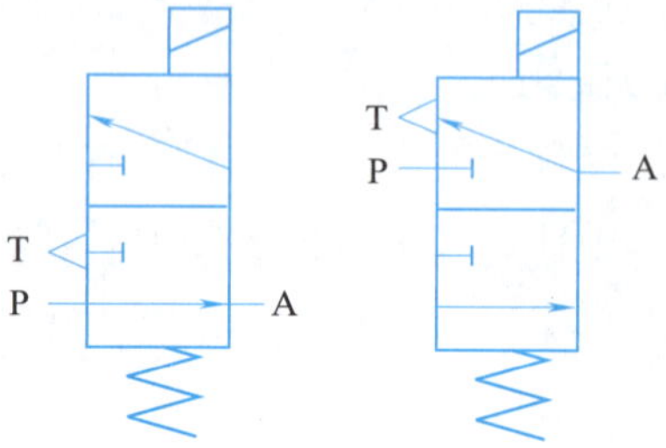

(a)　(b)

图 1-20　电磁阀符号

2. 气控换向阀

气压控制换向阀，是利用气体压力来使主阀芯运动而改变气路流向的。按控制方式不同分为加压控制、卸压控制和差压控制三种。加压控制是指所加的控制信号压力是逐渐上升的，当气压增加到阀芯的动作压力时，主阀便换向；卸压控制是指所加的气控信号压力是减小的，当减小到某一压力值时，主阀换向；差压控制是使主阀芯在两端压力差的作用下换向。

如图 1-21 所示为单气压控制换向阀的结构示意图。它主要由阀体、换向活塞阀、阀芯、进气阀、复位弹簧等组成，图中 P 为供气口，A 为输出口，T 为排气口，K 为控制信号(加压控制)。图形符号如图 1-22 所示。当 K 无控制压力时，在复位弹簧作用下，阀芯处于上端，对应符号图下位接入气路[图 1-22(a)]，此时，P 与 A 的通路被切断，A 与 T 接通，管路 A 排气；当 K 有控制压力时，气压对活塞的作用力克服复位弹簧力，使阀芯切换至下端。对应符号图上位接入气路[图 1-22(b)]，此时，A 与 T 的通路被切断，P 与 A 接通，管路 A 充气。

二、机车制动缸压力的控制

为了灵活控制机车的制动，机车制动缸压力并不是由三通阀直接控制。而是采用间接控制方式，先是根据制动管的压力产生一个预控压力——一般称为作用风缸压力，再由作用风缸压力控制相应的阀动作，从而控制制动缸的充排气。

制动缸压力控制(BCCP)

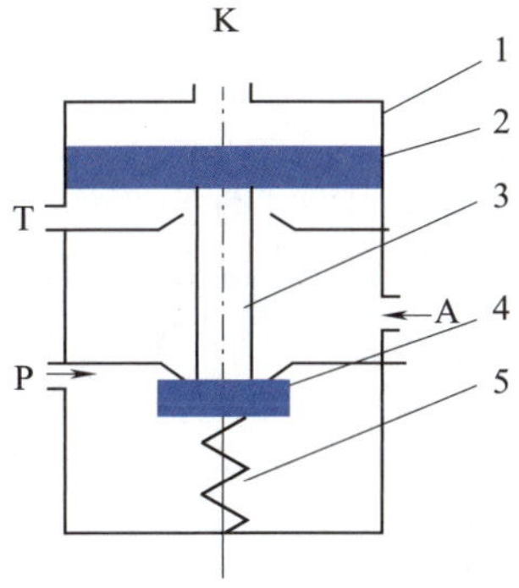

图 1-21　气控换向阀结构示意图

1—阀体；2—换向活塞阀；3—阀芯；
4—进气阀；5—复位弹簧

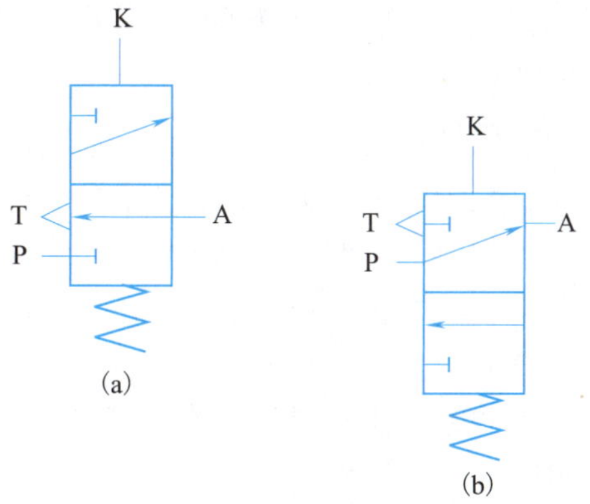

图 1-22　气控换向阀符号

(一)制动缸控制模块概述

HXD3 系列电力机车采用 CCBⅡ电空制动机，机车制动缸由制动缸控制模块 BCCP(Brake Cylinder Control Part)直接控制制动缸的充风与排风。BCCP 不直接接受制动管的指令，它以作用管(16 号管)或平均管(20 号管)作为控制压力，用总风缸作为供风风源，对机车制动缸进行充气和排气控制。

BCCP 位于空气控制柜下部，属大通道的空气中继阀。其由外壳、管座、BCCP 作用阀、46 号充气节流孔、DCV1 变向阀、PVPL 阀等部件组成，DBI-1 型电制动电磁阀也位于 BCCP 的控制管路中，通过此电磁阀实现机车电制动和空气制动互锁功能。各部件的连接示意图如图 1-23所示。

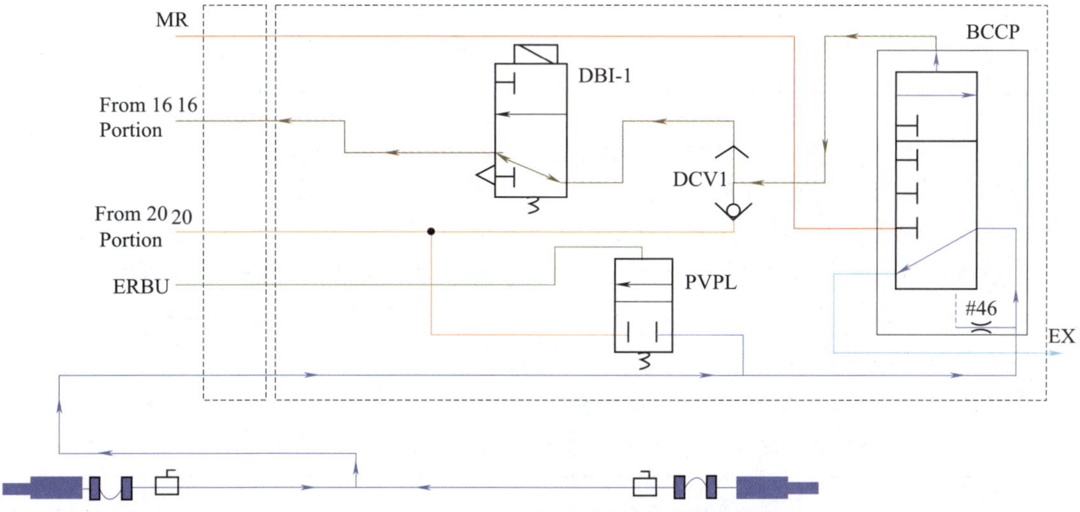

图 1-23　BCCP 部件连接示意图(缓解状态)

(二)管座

管座也是 BCCP 的安装座。管座上设有五根管子的连接孔，即总风管 MR、通往 16CP 的

16 号管(作用管)、通往 20CP 的 20 号管(平均管)、通往 13CP 的 ERBU 管、通往制动缸的制动缸管(BC 管)。

(三)各部件简介

1. BCCP 作用阀:BCCP 是大容量的空气中继阀,又称制动缸中继阀,属气控三位三通换向阀。BCCP 作用阀按照和作用管或平均管控制压力 1∶1 的比率产生制动缸压力。

2. 46 号充气节流孔(缩堵):限制气流的流量,防止充气速度过快造成冲击,使 BCCP 作用阀动作不稳定。

3. DCV1 变向阀:DCV1 在作用管和平均管中选择最高压力,导通此压力作为 BCCP 作用阀的控制压力。

4. PVPL 阀:PVPL 阀在 ERBU 工作期间、ERCP 断电均衡风缸排气期间或机车补机状态设置时连接制动缸和机车平均管,避免本机机车不能产生平均管压力,从而导致补机没有制动缸控制压力。

在系统失电情况下,均衡风缸控制模块 ERCP 内部的 MVER 电磁阀失电,连通均衡风缸(管)与 ERBU 管,13CP 缩堵 C1 限制均衡风缸压力的排放,BCCP 中的 PVPL 在均衡风缸后备管路压力大于 69 kPa 前保持开通,使制动缸与平均管连接,产生平均管压力,这样补机就可以同本务机一样产生制动。

三、作用管压力的控制

作用管压力控制(16CP)

(一)作用管控制模块概述

作用管控制模块 16CP 又称为电子分配阀,它根据电信号控制作用管(16 号管)压力变化,为制动缸控制模块 BCCP 提供控制压力。电信号和气路的转换由电磁阀实现。

在本机状态时,16CP 响应制动管压力变化、机车单独缓解指令以及单独制动阀的指令,来控制作用管压力,从而控制 BCCP 动作,使机车的制动作用与车列保持一致。

在补机状态时,除了制动管压力降到 140 kPa 以下或总风重联管压力开关动作以外,不再根据制动管的减压而产生制动缸的控制压力。重联机车的制动缸压力由平均管来控制。

> **专业术语:本务机车与补机**
>
> 为了增加运力或爬坡,通常使用两台(或以上)机车共同牵引列车。采用多机牵引可以使线路的通过能力大大增加,提高铁路运输的经济指标。
>
> 在干线上使用多机车牵引时,可以由几名司机各操纵一台机车相互配合;也可以仅由一名司机在一台机车上操纵,而将各台机车通过机车两端的多芯电缆插头、连接软管使其电气线路和气路连接起来,实现由一名司机操纵多台机车。
>
> 多机牵引时,担当主要牵引任务的机车称为"本务机车",起助推(拉)作用的机车称为"补机"。我们称后一种运行方式为机车的重联运行,此时非操纵机车又称为"重联机车"。

在本机模式下,作用管增加的压力同制动管减压量的比值为 2.5∶1,并且作用管增加的压力最大不超过(450±15)kPa。

一旦制动管压力小于 140 kPa,16CP 内部的紧急限制阀(ELV)将增加作用管压力到一个常规值 440 kPa,这样会产生一个最小 420 kPa 的制动缸压力。产生的制动缸压力在补机单元不能自动释放，只有当制动管的压力被充到高于 140 kPa 时，补机单元中的制动缸压力才可随制动管压力增高进行缓解。

当出现电源故障时，16CP 对作用管压力自动释放，然后通过 DBTV（本务状态）或者 20CP 控制作用管，对制动缸压力进行控制。

在均衡网和控制模块故障情况下，16CP 与作用管隔离，通过 3 个电磁阀的动作连接到均衡风缸（ERBU 上电，MV16 和 MVER 断电），这样 16CP 可以控制均衡风缸的压力。制动缸的控制压力则由 DBTV 控制。

在 20CP 故障情况下，16CP 可以根据本务机车单独制动手柄的位置产生制动缸控制（作用管）压力，但是不能产生相应的平均管压力。

16CP 由外壳、管座、REL（Releast）缓解电磁阀、APP（Alppy）作用电磁阀、MV16 预控电磁阀、PVTV 三通阀、DCV2 变向阀、PVE 紧急压力阀、ELV 紧急限压阀、DCV1 变向阀、16T 压力传感器、BPT 制动管压力传感器、BCT 制动缸压力传感器、C1 充气节流孔、TP16 作用管压力测试点、TPBC 制动缸压力测试点、过滤器及作用风缸等部分组成。各部件的连接示意图如图 1-24所示。

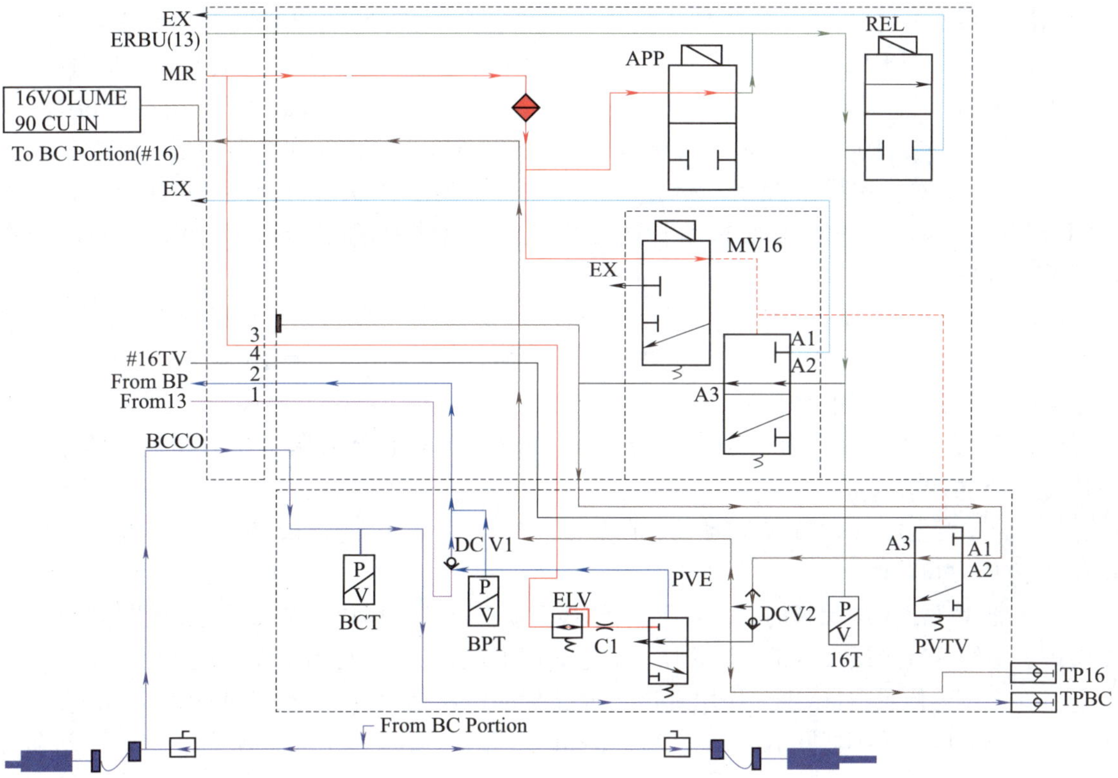

图 1-24　16CP 部件连接示意图（制动状态）

（二）管座

管座也是 16CP 的安装座。管座上设有七根管子的连接孔，即均衡风缸备用管 ERBU（13）、总风管 MR、制动缸控制管 16 号管、通 DBTV 控制管 16TV 管、制动管 BP、单独缓解管

13 号管、制动缸压力反馈管 BCCO。作用风缸(90 立方英寸)直接连接在管座上。

(三)各部件简介

16CP 的其他部件均集成在外壳内,图 1-24 中右侧虚线框表示外壳。

1. REL 缓解电磁阀,此处“缓解”的含义是“排气”。REL 得电——作用风缸通大气,作用风缸减压;REL 失电——切断作用风缸与大气通路,作用风缸保压。

2. APP 作用电磁阀,此处“作用”的含义是“充气”。APP 得电——总风通作用风缸,作用风缸增压;APP 失电——切断总风与作用风缸通路,作用风缸保压。

16CP 通过 REL、APP 电磁阀实现对作用风缸压力的控制。在缓解或制动后,两个电磁阀均失电,作用风缸保压。若将机车设置在补机位,REL 电磁阀得电,将作用风缸的压力空气排空。

3. MV16 预控电磁阀:用来控制其机械阀及 PVTV 三通阀接口的通断,从而改变 16CP 的工作状态。MV16 得电——产生控制压力,使机械阀接口和 PVTV 三通阀接口的 A2 通 A3,作用风缸接受 REL、APP 电磁阀控制。MV16 失电——控制压力排大气,使机械阀接口和 PVTV 三通阀接口 A1 通 A3,切断 REL、APP 电磁阀与作用风缸的通路,作用风缸同 DBTV 连通并受其控制。

当制动系统断电、ERCP 故障处于备用模式、16CP 故障处于备用模式,MV16 电磁将失电,16CP 失去对作用风缸的控制能力,同时允许 DBTV 模块对作用风缸进行控制,即对制动缸压力进行控制;其他状态无论机车设置为本机/投入、本机/切除或补机,MV16 电磁均得电。

4. PVTV 预控三通阀:此阀为机械阀,受电磁阀 MV16 控制,和 MV16 配合作用,完成 16CP 或 DBTV 对作用风缸控制的选择转换。在正常的工作状态下,作用风缸的压力应由 16CP 控制,但 DBTV 一直根据制动管的压力变化产生控制压力 16TV,但此控制压力在 PVTV 三通阀处被堵截。

5. DCV2 变向阀:DCV2 从 16/16TV 或 ELV 中选择最高压力,向作用风缸充气。

6. PVE 紧急压力阀:当 BP 压力低于 140 kPa 时,PVE 动作,接通 ELV 和 DCV2,允许总风通 ELV 直接进入作用风缸。

7. ELV 紧急限压阀:将 MR 压力限制到 440 kPa,使通过 PVE 紧急压力阀控制的作用风缸压力不超过 440 kPa。

8. DCV1 变向阀:DCV1 从制动管 BP 和单独缓解管 13 中选择最高压力,最高压力控制 PVE 紧急压力阀动作。

在紧急制动后单独缓解时,13 号管强制 PVE 动作,切断总风与作用风缸的通路,可进行机车缓解。但当解除单缓命令后,PVE 恢复原态,作用风缸压力恢复到 440 kPa。

9. 16T 压力传感器:产生与作用管压力成比例的电压信号,传送给微处理器 IPM,进行数据处理。16T 压力传感器同 REL、APP 电磁阀配合作用,实现作用风缸压力的精确控制和自动保压功能。

10. BPT 制动管压力传感器:产生与制动管压力成比例的电压信号,传送给微处理器 IPM,进行数据处理。如果 BPCP 上的 BPT 压力传感器故障,本压力传感器将代替其功能,在显示屏显示制动管压力。

11. BCT 制动缸压力传感器:产生与制动缸压力成比例的电压信号,传送给微处理器 IPM 进行数据处理,并在显示屏显示制动缸压力。

12. TP16 作用管压力测试点：此测试点直接和作用风缸连接，通过与系统外部的压力表连接，能够检测出任何状态下作用风缸的实际压力。

13. TPBC 制动缸压力测试点：此测试点直接和制动缸反馈管 BCCO 连接，通过与系统外部的压力表连接，能够检测出任何状态下制动缸的实际压力。

任务实施

一、合作探究

1. 说明电磁阀的用途和分类，画出四种电磁阀的符号，写出其中一种的工作原理。

2. 制动缸控制模块________的作用是以________管或平均管作为控制压力，用________作为供风风源，对机车制动缸进行充气和排气控制。

3. 在图 1-23 中找到 BCCP 作用阀，把它的符号画在下面，标出连接管路的名称，并写出它的工作原理。

4. 图 1-23 为 BCCP 缓解位，对应制动缸________，写出具体气路。

5. 为了灵活控制机车的制动，机车制动缸控制模块 BCCP 不直接接受________的指令，它接受________或平均管的指令。

16CP 根据________压力控制作用管，从而使机车的制动与车列保持一致；平均管受单独制动阀控制，可以使机车产生与车列不同的制动作用。

6. 在本机模式下，16 号管增加的压力同制动管减压量的比例为________，并且 16 号管增加的压力最大不超过________ kPa；在补机状态时，除了制动管压力降到 140 kPa 以下并且总风重联管压力开关动作以外，不再根据制动管的减压而产生________的控制压力。

7. 图 1-24 所示为 16CP 制动位，对应作用(16 号)管________，写出具体气路。

二、展示汇报

◆组内分工合作，完成展示汇报

组别：　　　　　　　　　　组长：　　　　　　　　　　完成日期：

序号	工作内容	责任人	备注
1			
2			
3			
4			
5			
6			

◆展示汇报内容与要求

1. 将 BCCP 作用阀补画到题图 1-2 中，要求：

(1)补画 BCCP 作用阀为制动位。

(2)用箭头标出气路流向，总风管、作用管、制动缸管用不同颜色彩色笔描出以示区分。

(3)分析 BCCP 制动位工作原理，说明 BCCP 作用阀动作原因、动作过程、沟通气路、完整气路。

(4)展示作品，讲解工作原理。

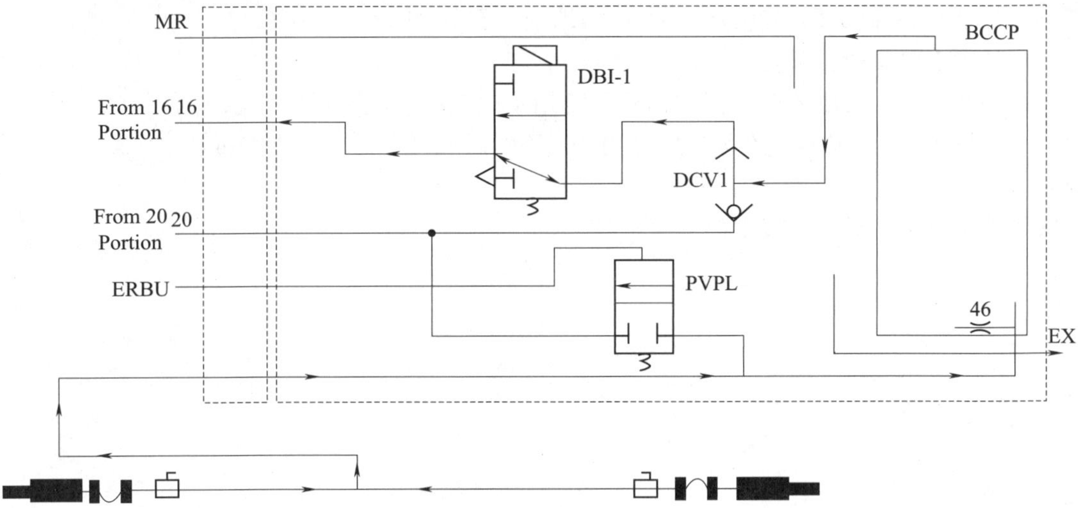

题图 1-2

2. 总结 BCCP、16CP 的基本组成和功能，并到讲台按图讲解。

3. 将作用电磁阀 APP 和缓解电磁阀 REL 补画到题图 1-3 中，要求：

(1)补画电磁阀为缓解位。

(2)用箭头标出气路流向，总风管、作用管用不同颜色彩色笔描出以示区分。

(3)分析 16CP 缓解位工作原理，说明 16CP 电磁阀动作原因、动作过程、沟通气路、完整气路。

(4)展示作品，讲解工作原理。

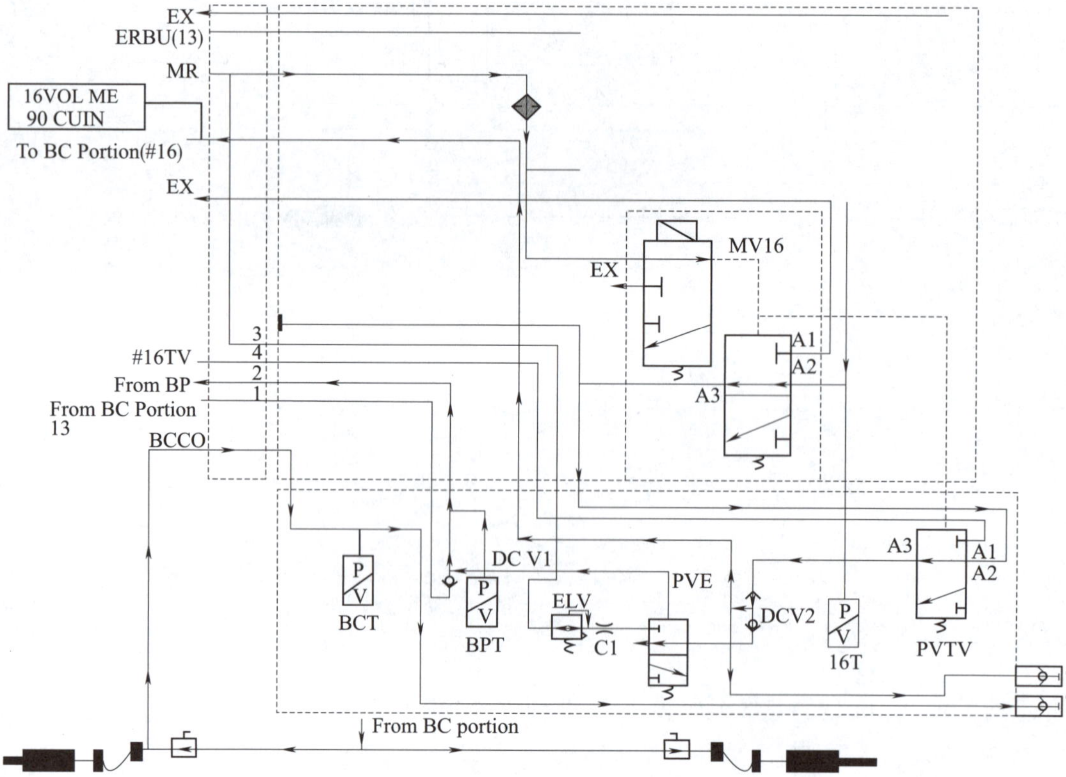

题图 1-3

4. 列表总结制动位、缓解位、保压位时，制动管压力变化、16CP 作用电磁阀 APP 和缓解电磁阀 REL 得失电情况和作用管气路状态。

任务评价

电空制动的实现与控制任务展示评价标准

序号	评价项目	评价内容与标准	分值
1	知识点	能够准确完整地说明 BCCP 制动位或保压位的工作原理	15
2		能够准确完整地说明 BCCP、16CP 的基本组成和功能	10
3		能够准确完整地说明 16CP 的工作原理	15
4		正确总结 16CP 制动位、缓解位、保压位的状态	10
5	绘图	BCCP 作用阀制动位绘制正确，气路描绘准确	10
6		16CP 电磁阀缓解位绘制正确，气路描绘准确	10
7		绘图规整，标示清晰，图面整洁，颜色搭配合理	10
8	表达能力	仪态得体，逻辑严密，口齿清楚，声音洪亮，讲解生动	10
9	课堂表现	遵守课堂纪律，学习态度端正，组员合作默契	10
合　计			100

个人学习成果评价

序号	评价项目	分值	自评	组内评价	组外评价	师评	小计
1	知识与技能	10			—	—	
2	纪律与态度	7			—	—	
3	组内贡献度	8			—	—	
4	学习成果(工作页)	20	—	—	—		
5	展示汇报	15	—	—			
本任务得分							
目前总得分							

任务拓展

1. 解释机车电制动和空气制动互锁功能。

2. 作用管的设置目的是什么？

3. 什么是制动机的本机模式和补机模式？

巩固练习

一、填空题

1. 自动制动手柄常用制动区，BCCP响应________压力变化，机车制动缸压力上升。

2. CCBⅡ电空制动机16CP提供________的控制压力，相当于其他制动机分配阀的作用。

二、选择题

1. CCBⅡ电空制动机中，产生制动缸压力的模块是(　　)。

A. 制动缸控制模块BCCP　B. 制动管控制模块BPCP　C. 13CP

2. CCBⅡ电空制动机中，响应制动管的减压量、平均管压力及单缓指令，产生制动缸的控制压力的模块是(　　)。

A. 16CP　B. 制动管控制模块BPCP　C. 13CP

3. CCBⅡ电空制动机在本机模式下，16号管增加压力同制动管减少压力的比率为(　　)。

A. 2∶1　B. 1∶2.5　C. 2.5∶1

4. 16CP 中的 APP 作用电磁阀得电时，其作用为（　　）。

A. 作用风缸通大气，作用风缸减压

B. 总风缸通作用风缸通路被关断，作用风缸保压

C. 总风通作用风缸，作用风缸增压

5. 16CP 中的 REL 缓解电磁阀得电时，其作用为（　　）；REL 缓解电磁阀失电时，其作用为（　　）。

A. 作用风缸通大气，作用风缸减压

B. 作用风缸通大气通路被关断，作用风缸保压

C. 总风通作用风缸，作用风缸增压

三、综合题

1. 简述作用管控制模块 16CP 中电磁阀的分类及其功能。

2. 制动缸控制模块 BCCP 的作用是什么？

3. 简述作用管控制模块 16CP 的作用。

项目二
列车制动与机车单独制动控制

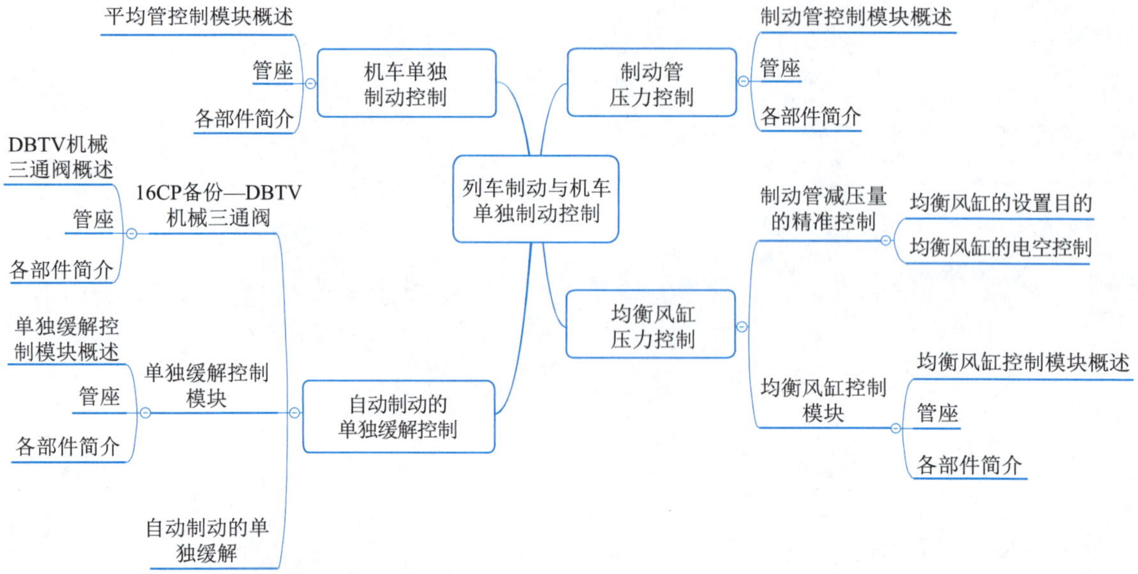

项目概述

CCBⅡ制动机属于电空制动机，自动制动阀通过电信号引起均衡风缸控制模块 ERCP 动作，从而控制均衡风缸压力变化；均衡风缸压力变化引起制动管控制模块 BPCP 动作，进而控制制动管的充排气，向全列车发出制动或缓解的信号。机车以制动管空气压力变化为依据，由 IPM 发出电信号引起作用管控制模块 16CP 动作，从而控制作用风缸压力变化；作用风缸压力变化引起制动缸控制模块 BCCP 动作，进而控制机车制动缸的充排气，实现机车的制动功能。后部车辆制动机根据制动管压力变化，控制各节车实现制动功能。

为了灵活控制机车的制动，机车制动缸控制模块 BCCP 不直接接受制动管的指令，它接受作用管或平均管的指令动作。这意味着机车既可以接受自动制动阀的指令，产生与车列一致的制动作用；也可以接受单独制动阀的指令，使机车制动作用与车列不一致。这个功能是靠平均管控制模块 20CP、单独缓解控制模块 13CP 实现的。

学习目标

1. 掌握制动管控制模块 BPCP、均衡风缸控制模块 ERCP 的结构原理，理解制动管的控制过程。
2. 掌握平均管控制模块 20CP 的结构和工作原理，理解机车单独制动的控制过程。
3. 掌握 DBTV 机械三通阀的用途与结构原理，理解作用管控制模块 16CP 的故障转换过程。
4. 掌握单独缓解控制模块 13CP 的结构与工作原理，理解自动制动的单独缓解作用。
5. 掌握 CCBⅡ电空制动机自动制动、单独制动的控制关系。

任务一　制动管压力控制

任务描述

每台机车车辆制动系统都有三通阀（分配阀、控制阀或电子分配阀），它控制着本节车的制动、保压和缓解作用。三通阀是根据制动管的压力变化动作的，要实现对全列车空气制动的控制，关键在于制动管。那么，制动管的压力又是如何控制的呢？——这就是我们本任务的研究内容。

任务目标

1. 掌握制动管控制模块 BPCP 的基本组成和功能。
2. 能够分析制动管压力控制的具体过程。
3. 理解制动管在空气制动系统中的地位和作用。

任务信息

制动操作中，司机是通过控制制动管的压力变化来控制整列车的制动和缓解的。也就是说司机要想使全列车得到一定的制动力，必须将每一节车辆制动管内的压力减去适当的数量，以达到制动的目的。现代机车制动机，制动管的压力都不是司机操纵自动制动阀直接控制的，而是根据均衡风缸的压力变化，由专门的阀来控制。

一、制动管控制模块概述

在CCBⅡ电空制动机中，制动管的压力是由制动管控制模块BPCP(Brake Pipe Control Part)控制的。BPCP模块响应均衡风缸的压力变化，由内部BP作用阀控制制动管的充气、排气及保压，从而完成列车的缓解、制动和保压。它的作用相当于JZ-7或DK-1制动机中中继阀的作用。

制动管控制模块BPCP可实现制动管投入/切除、补风/不补风、一次缓解/阶段缓解等功能。此外还可以监测制动管的压力，并可接收自动制动阀、IPM的指令。当发现制动管压力快速下降或接收到来自自动制动阀、IPM的紧急制动指令时，BPCP模块会加快制动管减压产生紧急制动。此作用相当于JZ-7制动机中分配阀紧急部或DK-1制动机中电动放风阀和紧急阀的作用。

制动管压力控制(BPCP)

专业术语:常用制动与紧急制动

列车制动操纵可分为“常用制动”和“紧急制动”两种。

在正常情况下为调节或控制列车速度，包括进站停车所施行的制动，称为“常用制动”，它的特点是作用比较缓和而且制动力可以调节。

在紧急情况下为使列车尽快停住所施行的制动，称为“紧急制动”(也称为“非常制动”)，它的特点是要最大限度地发挥列车的制动能力，因此作用比较迅速。

对于现代制动机来说，紧急制动与常用制动一般是分开的，由专门的设备(紧急阀、紧急部)实现。根据车辆紧急阀的工作原理，司机使用列车紧急制动后，需经15 s后才可以充气缓解，以防意外事故发生。

从原理上来看，紧急制动时制动管减压速率更快，三通(分配)阀的动作更迅速，向制动缸充气的通路更大，制动缸最终风压更高，也即制动力更早更大，能有效缩短制动距离，尽快停车，避免事故发生或扩大。

在本务机车(制动管切除)或补机状态时，制动管不受均衡风缸压力控制，但通过自动制动阀仍可产生紧急制动作用。如果本务机车状态时制动系统失电，制动管会自动转到投入状态，允许以常用制动的速率将制动管压力排向大气，当制动管压力降到69 kPa左右时，BPCP内部将再次自动切除。

制动管控制模块由外壳、管座、BP作用阀、MV53预控电磁阀、BPCO机械阀、BPT制动管压力传感器、MRT总风压力传感器、FLT制动管流量传感器、C1充气节流孔、TPBP制动管压力测试点，EMV紧急电磁阀(74 V)、MVEM紧急电磁阀(24 V)、PVEM气动紧急放风阀、C3充气节流孔等部分组成。BPCP部件连接示意图如图2-1所示。

二、管座

管座也是BPCP的安装座。管座上设有五根管子的连接孔，即总风管MR、制动管表接口、制动管压力反馈管 BPVV、均衡风缸管(制动管控制管)、21 号管、制动管 BP。

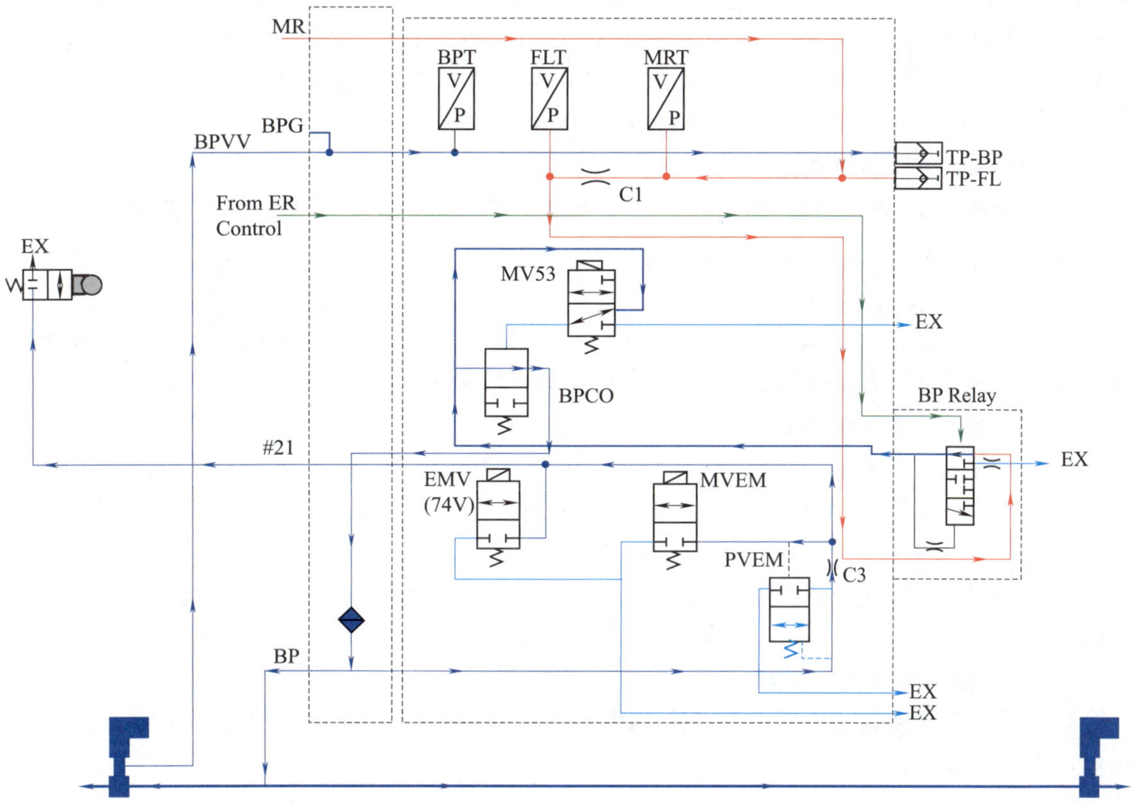

图 2-1　BPCP 部件连接示意图(缓解状态)

三、各部件简介

1. BP Relay 作用阀(制动管中继阀)

BP 作用阀接受均衡风缸的控制压力,产生与之相等的制动管压力,实现对列车的制动、缓解控制功能。制动管排气速度受其排气管路(EX)节流孔限制,不会引起紧急制动。

此阀是 BPCP 的核心部件,属于机械阀。

2. MV53 电磁阀/BPCO 机械阀

MV53 预控电磁阀同 BPCO 机械阀共同作用,实现机车制动管投入/切除、补风/不补风、一次缓解/阶段缓解等功能。

MV53 电磁阀失电——允许由 BP 作用阀产生的制动管压力通过本电磁阀,进而控制 BPCO 机械阀使其开通。BPCO 开通后,由 BP 作用阀产生的制动管压缩空气通过 BPCO 机械阀,经过滤后进入列车制动管。

MV53 电磁阀得电——由 BP 作用阀产生的制动管压力不能通过本电磁阀,并且本电磁阀控制 BPCO 机械阀的预控压力排向大气,从而使得 BPCO 机械阀通路关闭。机车的制动管和 BP 作用阀隔离,处于保压状态。BP 作用阀虽仍受均衡风缸压力的控制,但它不再控制机车的制动管压力。

机车处于本机/补风/阶段缓解状态时，MV53 电磁阀处于常失电状态。机车处于本机/不补风状态时：①当自动制动阀在“运转位”，MV53 电磁阀失电；②当自动制动阀在制动区，制动管减压到均衡风缸控制压力后，微处理器使 MV53 电磁阀得电。如果运行时产生紧急制动作用或将机车设置为单机状态(操纵端/切除)、补机状态，则 MV53 电磁阀将常得电。

当制动管压力低于 69 kPa 时，BPCO 将自动关闭通路。

3. BPT 制动管压力传感器

BPT 制动管压力传感器产生与制动管压力成比例的电压信号，传送给微处理器 IPM，进行数据处理并通过制动显示屏显示压力值。

4. MRT 总风压力传感器

MRT 产生与第二总风缸压力成比例的电压信号，并传送给微处理器 IPM。如果均衡风缸控制模块上的总风压力传感器故障，本压力传感器将代替其功能，在显示屏显示总风压力。

5. FLT 制动管流量传感器

FLT 产生与经过充气节流孔 C1 的总风压力成比例的电压信号，并传送给微处理器 IPM。IPM 通过比较 MRT 和 FLT 的电压信号，计算出制动管的充气流速，并在显示屏显示。

6. C1 充气节流孔

C1 的作用是限制总风给制动管的充气速度，避免长大列车充气太快，引起列车制动缓解不同步。

7. TPBP 制动管压力测试点

此测试点直接和制动管压力反馈管 BPVV 连接，通过与系统外部的压力表连接，能够检测出制动管的实际压力。

8. EMV 紧急电磁阀(74 V)

此电磁阀由微处理器 IPM 直接控制，产生紧急作用。EMV 紧急电磁阀失电，21 号管不排气(正常操作模式)；EMV 紧急电磁阀得电，21 号管排气，产生紧急制动。

9. MVEM 紧急电磁阀(24 V)

此电磁阀接收电子制动阀 EBV 的紧急制动指令，产生紧急作用。EBV 不在“紧急制动位”，MEMV 紧急电磁阀失电，21 号管不排气；EBV 在“紧急制动位”，MVEM 紧急电磁阀得电，21 号管排气，产生紧急制动。

10. PVEM 紧急放风阀

由于 21 号管排气，造成 PVEM 紧急放风阀动作，使得制动管内压缩空气以足够大的流速排向大气，保证紧急制动的发生。

任务实施

一、合作探究

1. CCBⅡ电空制动机中，制动管的压力是由____________ BPCP 控制的。BPCP 的含义是：B—________，P—________，C—________，P—________。BPCP 响应________的压力变化，由内部 BP ________控制制动管的____________，从而完成列车的制动、保压和缓解。

2. 在图 2-1 中找到 BP 作用阀，把它的符号画在下面，标出连接管路的名称，并写出它的工作原理。

3. 图 2-1 所示为 BPCP 缓解位，对应制动管________，写出具体风路。

二、展示汇报

◆组内分工合作，完成展示汇报

组别：　　　　　　　　　　组长：　　　　　　　　　　完成日期：

序号	工作内容	责任人	备注
1			
2			
3			
4			
5			
6			

◆展示汇报内容与要求

1. 总结制动管在空气制动系统中的地位和作用，并到讲台讲解。

2. 分析制动管控制模块 BPCP 的基本组成和功能，并到讲台按图讲解。

3. 将 BP 作用阀补画到题图 2-1 中，要求：

(1)补画 BP 作用阀为制动位。

(2)用箭头标出气路流向，总风管、制动管用不同颜色彩色笔描出以示区分。

(3)分析 BPCP 制动位工作原理，说明 BP 作用阀动作原因、动作过程、沟通气路、完整气路。

(4)展示作品，讲解工作原理。

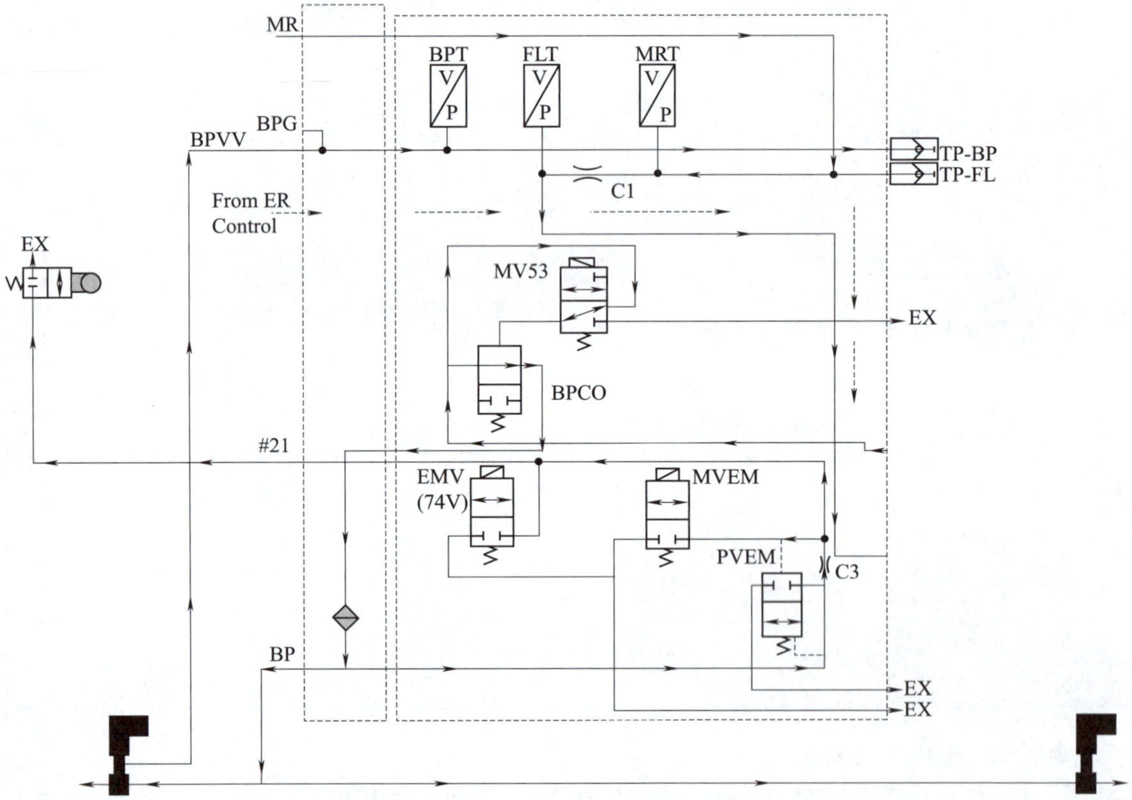

题图 2-1

任务评价

制动管压力控制任务展示评价标准

序号	评价项目	评价内容与标准	分值
1	知识点	能够准确完整地说明制动管的地位和作用	10
2		能够准确完整地说明 BPCP 的基本组成和功能	20
3		能够准确完整地说明 BPCP 制动位工作原理	30
4	绘图	BP 阀制动位绘制正确，气路描绘准确	10
5		绘图规整，标示清晰，图面整洁，颜色搭配合理	10
6	表达能力	仪态得体，逻辑严密，口齿清楚，声音洪亮，讲解生动	10
7	课堂表现	遵守课堂纪律，学习态度端正，组员合作默契	10
合　计			100

个人学习成果评价

序号	评价项目	分值	自评	组内评价	组外评价	师评	小计
1	知识与技能	10			—	—	
2	纪律与态度	7			—	—	
3	组内贡献度	8			—	—	
4	学习成果(工作页)	20	—	—	—		
5	展示汇报	15	—	—			
本任务得分							
目前总得分							

任务拓展

1. DK-2 型电空制动机应用于 HXD_1 型电力机车，DK-2 型电空制动机是如何控制制动管压力的？

2. 司机是通过什么渠道获知制动管压力的?

3. 若 MV53 电磁阀得电,会产生什么后果?

巩固练习

一、填空题

1. 制动操作中,司机是通过控制________的压力变化来控制整列车的制动和缓解的。

2. BPCP 模块响应____________的压力变化,由内部____________控制制动管的排气、保压及充气,从而完成列车的制动、保压和缓解。

3. 制动管控制模块 BPCP 相当于 DK-1 型制动机中的________。

二、选择题

1. BPCP 是(　　)。

A. 均衡风缸控制模块　　B. 制动管控制模块　　C. 总风控制模块

2. CCBⅡ制动系统中,实现列车的制动、保压、缓解功能的模块是(　　)。

A. 均衡风缸控制模块 ERCP

B. 制动管控制模块 BPCP

C. 13 号管控制模块 13CP

3. 接受均衡风缸的控制压力产生与之相等的制动管压力,实现对列车的制动、缓解控制功能的部件是制动管控制模块 BPCP 上的(　　)。

A. BP 作用阀　　B. MV53 电磁阀　　C. BPCO 机械阀

4. 关于制动管控制模块 BPCP,下列说法错误的是(　　)。

A. 制动管控制模块 BPCP 响应均衡风缸的压力变化,从而实现制动管的充风、排风及保压。

B. 制动管控制模块 BPCP 相当于 DK-1 型制动机的中继阀。

C. 紧急制动时,制动管控制模块 BPCP 不动作。

三、综合题

简述缓解位时制动管控制模块 BPCP 的空气通路。

任务二　均衡风缸压力控制

任务描述

机车车辆都接受制动管压力的控制，使全列车产生缓解、制动以及保压的作用。在我们前面学过的直通空气制动机和自动空气制动机中，制动管的压力都是由自动制动阀(大闸)控制的。而 CCBⅡ电空制动机中，制动管的压力是 BPCP 根据均衡风缸压力控制的。CCBⅡ电空制动机为什么不用自动制动阀直接控制制动管呢？均衡风缸有什么作用？均衡风缸压力是如何控制的？——这就是我们本次任务的研究内容。

任务目标

1. 理解均衡风缸的设置目的。
2. 掌握均衡风缸控制模块 ERCP 的基本组成。
3. 能够分析均衡风缸压力的控制过程。
4. 了解无动力回送装置的用途与工作原理。

任务信息

一、制动管减压量的精准控制

(一)均衡风缸的设置目的

实际上，制动时到车制动力的大小取决于制动管的减压量，一定的减压量，其减压所需的时间与制动管的容积是成正比的。由于机车每次牵引的列车长短和制动管的粗细不固定，制动管的容积也就不固定，如果直接控制制动管减压，排气时间和减压量就很难掌握。

为了准确控制制动管的减压量，现代制动机制动管均不采用直接控制的方式，而是在自动制动阀和制动管之间增设了一个容积固定不变的均衡风缸和中继机构，制动管压力不再由自动制动阀直接控制，而是由中继机构根据均衡风缸的压力变化间接控制。

均衡风缸是一个小风缸，其容积是固定的，司机可以方便地准确控制它的压力。均衡风缸的设置目的是：以均衡风缸压力变化为标准参量，依此准确地控制制动管减压量，从而达到准确控制列车制动力的目的。

制动管的压力则交由中继机构控制，在 JZ-7 型空气制动机和 DK-1 型电空制动机上，这个部件叫作主中继阀；在 CCBⅡ电空制动机中，则是制动管控制模块 BPCP。

(二)均衡风缸的电空控制

在空气制动机中，均衡风缸的压力是由自动制动阀直接控制的，如我国内燃机车曾经使用的主型制动机——JZ-7 型空气制动机。

在电空制动机中，均衡风缸的压力是由电磁阀控制的。如我国韶山系列机车的主型制动机——DK-1 型电空制动机，和谐系列机车采用的 DK-2 型、CCBⅡ型、法维莱型电空制动机等。CCBⅡ电空制动机中，均衡风缸的压力由均衡风缸控制模块 ERCP(Equalizing Reservoir Control Part)控制。ERCP 中的电磁阀接受自动制动手柄发出的电信号指令控制均衡风缸的充排气，进而控制制动管控制模块 BPCP 动作，BPCP 根据均衡风缸压力信号控制制动管压力变化。

二、均衡风缸控制模块 ERCP

(一)均衡风缸控制模块概述

均衡风缸压力控制(ERCP)

本务机车状态时，ERCP 接收来自电子制动阀(EBV)自动制动手柄的指令、微处理器(IPM)以及机车监控系统(ATP)的指令，控制机车均衡风缸的压力，即制动管的控制压力；补机和失电状态时均衡风缸压力降为零。

ERCP 内部装有均衡和总风压力传感器，通过 LCDM 显示屏可以读取，如果总风压力传感器故障，位于 BPCP 内部的 MRT 将被投入。

均衡风缸控制模块通过电子信号能够准确地控制均衡风缸的压力，且具有自保压功能，如果此模块发生了故障，会自动由其他模块(16CP)来代替其功能。

无动力回送装置也集成于 ERCP 上，由 DE 无动力塞门、DER 压力调整阀、C2 充气节流孔、CV 单向止回阀等部分组成，连接在机车的制动管与总风管之间。机车无动力回送时，由于其空气压缩机无电停止使用，空气制动系统没有风源，此时必须开放机车无动力装置塞门。

专业术语：无动力回送

无动力回送又称无火回送，是指新造机车、故障机车、铁路运用机车运行到规定的里程后等情况，将机车按规定附挂在货物列车中运行到机务段、机车制造厂等目的地。

蒸汽机车时代正常运行时是生火的，而回送时则要熄火，所以习惯上也称无火回送。

无动力回送时机车没有动力，即内燃机车不启动内燃机，电力机车不升受电弓。

均衡风缸控制模块由外壳、管座、均衡风缸、REL 缓解电磁阀、APP 作用电磁阀、MVER 预控电磁阀、MRT 总风压力传感器、ERT 均衡风缸压力传感器、TPER 均衡压力测试点、TPMR 总风压力测试点、过滤器等部分组成；无动力回送装置由 DE 无动力塞门、DER 调压阀、C2 充气节流孔、CV 单向止回阀等部分组成。各部连接示意图如图 2-2 所示。

(二)管座

管座也是 ERCP 的安装座。管座上设有四根管子的连接孔，即制动管 BP、总风管 MR、制动管控制管 BP Control(类似 DK-1 中的均衡管，JZ-7 中的中均管)、均衡风缸备份管 ERBU。均衡风缸容积约 1.47 L(90 立方英寸)，直接连接在管座上。

(三)各部件简介

ERCP 的其他部件均集成在外壳内。

1. REL 缓解电磁阀

得电——均衡风缸通大气，均衡风缸减压；失电——切断均衡风缸与大气的通路，均衡风缸保压。

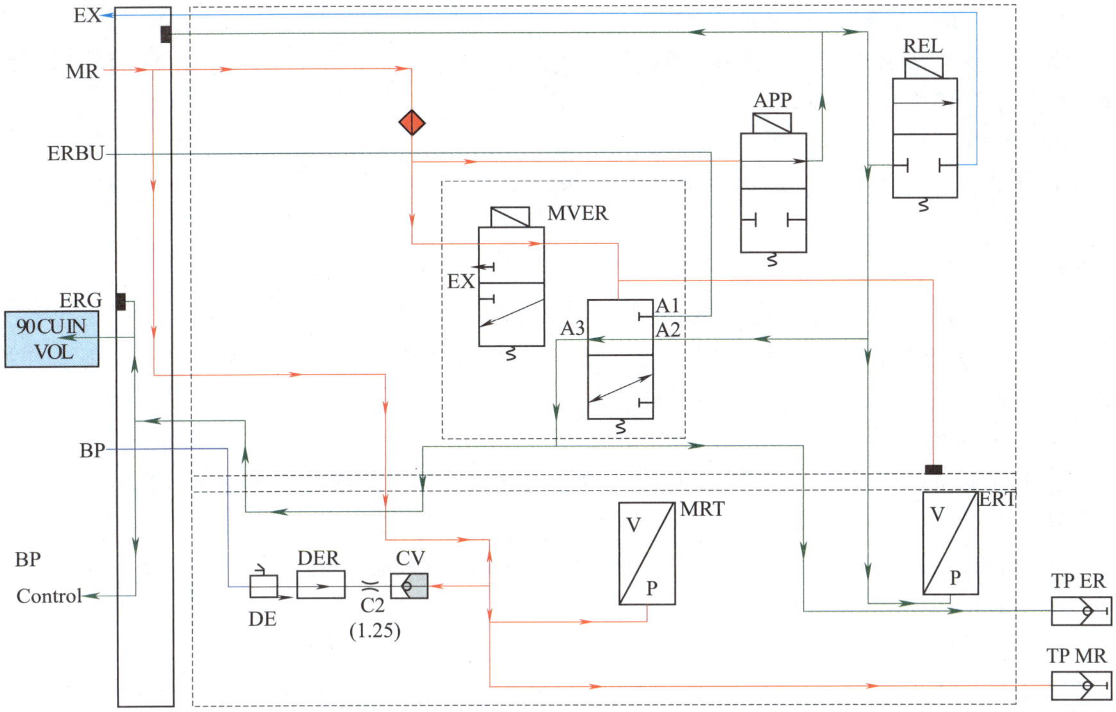

图 2-2　ERCP 部件连接示意图(缓解状态)

2. APP 作用电磁阀

得电——总风通均衡风缸,均衡风缸增压;失电——切断总风与均衡风缸的通路,均衡风缸保压。

ERCP 通过 REL、APP 电磁阀实现对均衡风缸压力的控制。在缓解或制动后的保压状态,两个电磁阀均失电。若将自动制动手柄置“重联位”,REL 电磁阀得电,将均衡风缸风排空到零。

3. MVER 预控电磁阀

得电——产生预控压力,允许机械阀接口 A2 通 A3,均衡风缸接受 REL、APP 电磁阀控制。失电——预控压力排大气,允许机械阀接口 A1 通 A3,使均衡风缸同 ERBU 管连通。

本电磁阀用来控制机械接口的连通状态,是模块的预控电磁阀。当制动机断电、机车设置为补机或 ERCP 故障处于备用模式下时,MVER 电磁阀失电;其他状态下均得电。

4. MRT 总风压力传感器

产生与第二总风缸压力成比例的电压信号,并通过 IPM 转换,在制动显示屏上显示总风压力。如果此传感器故障,会自动由 BPCP 中的 MRT 压力传感器代替其功能。

5. ERT 均衡风缸压力传感器

产生与均衡风缸压力成比例的电压信号,并通过 IPM 转换,在制动显示屏上显示均衡风缸压力。备用模式下,均衡风缸压力由 16CP 中的 16T 压力传感器通过 IPM 转换,在制动显示屏上显示。

ERT 均衡风缸压力传感器同 REL、APP 电磁阀配合作用,实现均衡风缸压力的精确控制和自动保压功能。

6. TPER 均衡风缸压力测试点

此测试点直接和均衡风缸连接，通过与系统外部的压力表连接，能够检测出任何状态下均衡风缸的实际压力。

7. TPMR 总风压力测试点

此测试点直接和第二总风缸连接，通过与系统外部的压力表连接，能够检测出第二总风缸的实际压力。

8. DE 无动力塞门

此塞门在机车附挂（无动力回送）时使用，有投入和切除两个位置。投入——将制动管和第二总风缸连通，允许制动管给总风缸充气，机车附挂时使用此位置。切除——断开制动管和第二总风缸的通路，机车在正常运行时使用此位置。

9. DER 调压阀

当无动力塞门在投入位时，限制制动管给总风缸充气的最高压力为 250 kPa 左右。

10. C2 充气节流孔

当制动管给总风缸充气时，限制其压缩空气的流速，同时避免制动管压力下降太快而引起牵引机车紧急制动。

11. CV 单向止回阀

防止机车在正常状态或无动力回送状态时，总风缸压力空气向制动管逆流的现象发生。

任务实施

一、合作探究

1. 直通空气制动机和自动空气制动机制动管的压力变化都是司机操纵__________直接控制的。以制动管减压为例：司机计划使制动管减压 70 kPa，需将自动制动手柄置于“________位”停留一段时间，待制动管压力下降 70 kPa 后（观察压力表）再将手柄移至“________位”保压。但由于司机观察到的是________制动管的实时压力，而制动管很长，当后部制动管内的压缩空气流到前部后，整个制动管减压量将________ 70 kPa。

2. 现代机车制动机均采用制动管__________的方式，即在自动制动阀和制动管之间增设了一个容积固定不变的__________和中继机构。制动管压力不再由自动制动阀直接控制，而是由__________根据均衡风缸的压力变化间接控制。均衡风缸是一个小风缸，其容积是________的，司机可以方便地________控制它的压力。

3. CCB Ⅱ 电空制动机制动管压力由 ERCP ________控制：ERCP 接受自动制动手柄发出的________指令控制均衡风缸，进而控制 BPCP，BPCP 根据________信号控制制动管。

4. CCB Ⅱ 电空制动机中，均衡风缸控制模块 ERCP 接受__________的指令，控制__________的充气与排气。ERCP 的含义是：ER—________，C—________，P—________。

5. 均衡风缸控制模块（ERCP）上的无动力回送塞门 DE 打至“投入位”时，沟通的通路是制动管与__________。当无动力塞门在投入位时，限制制动管给________充气的最高压力为________ kPa 左右。

二、展示汇报

◆组内分工合作,完成展示汇报

组别:　　　　　　　　　　　　组长:　　　　　　　　　　　　完成日期:

序号	工作内容	责任人	备注
1			
2			
3			
4			
5			
6			

◆展示汇报内容与要求

1. 分析均衡风缸的设置目的,并到讲台讲解。

2. 分析均衡风缸控制模块 ERCP 的基本组成和功能,并到讲台按图讲解。

3. 将作用电磁阀 APP 和缓解电磁阀 REL 补画到题图 2-2 中,要求:

(1)补画电磁阀为制动位或保压位。

(2)用箭头标出气路流向,总风管、制动管、均衡风缸管,用不同颜色彩色笔描出以示区分。

(3)分析 ERCP 制动位或保压位工作原理,说明作用电磁阀和缓解电磁阀得失电情况、动作过程、沟通气路、完整气路。

(4)展示作品,讲解工作原理。

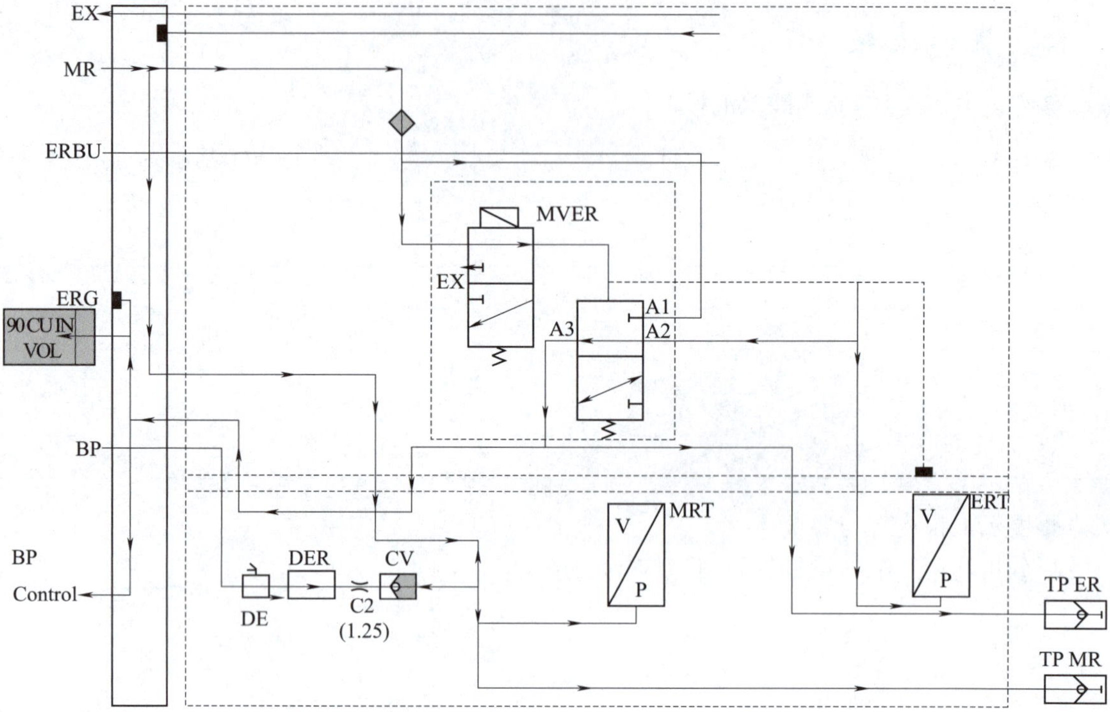
EX
MR
ERBU
ERG
90 CU IN VOL
BP
BP Control
MVER
EX
A1
A2
A3
MRT
V
P
ERT
V
P
DER
CV
DE
C2
(1.25)
TP ER
TP MR

题图 2-2

任务评价

均衡风缸压力控制任务展示评价标准

序号	评价项目	评价内容与标准	分值
1	知识点	能够准确完整地分析均衡风缸的设置目的	15
2		能够准确完整地说明均衡风缸控制模块的组成与作用	20
3		能够准确完整地说明均衡风缸压力控制的过程	25
4	绘图	电磁阀绘制正确，位置对应状态描绘准确	10
5		绘图规整，标示清晰，图面整洁，颜色搭配合理	10
6	表达能力	仪态得体，逻辑严密，口齿清楚，声音洪亮，讲解生动	10
7	课堂表现	遵守课堂纪律，学习态度端正，组员合作默契	10
合　计			100

个人学习成果评价

序号	评价项目	分值	自评	组内评价	组外评价	师评	小计
1	知识与技能	10			—	—	
2	纪律与态度	7			—	—	
3	组内贡献度	8			—	—	
4	学习成果(工作页)	20	—	—	—		
5	展示汇报	15	—	—			
本任务得分							
目前总得分							

任务拓展

1. ERCP、16CP 是根据什么信号动作的？CCBⅡ制动机属于哪种类型的制动机？

2. 举例说明空气制动机和电空制动机的区别。

3. 什么叫无动力回送？分析无动力回送装置各部件的作用。

巩固练习

一、选择题

1. 和谐型电力机车均衡风缸控制模块 ERCP 本机状态下，响应自动制动阀指令，控制均衡风缸压力即(　　)控制压力。

A. 总风缸　　B. 平均管　　C. 制动管

2. CCBⅡ电空制动机中，通过改变均衡风缸压力产生制动管控制压力的模块是(　　)。

A. 均衡风缸控制模块 ERCP

B. 制动管控制模块 BPCP

C. 13CP

3. 均衡风缸控制模块 ERCP 中的作用电磁阀 APP 得电时，其作用为(　　)；失电时，其作用为(　　)。

A. 总风通均衡风缸的通路被关断，均衡风缸保压

B. 均衡风缸通大气的通路被关断，均衡风缸保压

C. 总风通均衡风缸，均衡风缸增压

4. 均衡风缸控制模块 ERCP 中的缓解电磁阀 DEL 得电时，作用为(　　)；失电时，作用为(　　)。

A. 均衡风缸通大气，均衡风缸减压

B. 均衡风缸通大气的通路被关断，均衡风缸保压

C. 总风通均衡风缸，均衡风缸增压

5. 均衡风缸控制模块 ERCP 上的无动力回送塞门 DE 打至“投入”位时，沟通的通路是(　　)。

A. 均衡管与制动管　　B. 制动管与平均管　　C. 制动管与第二总风缸

6. 当无动力塞门在投入位时，限制制动管给总风缸充气的最高压力为(　　)左右。

A. 420 kPa　　B. 320 kPa　　C. 250 kPa

二、综合题

1. 简述 CCBⅡ电空制动机均衡风缸控制模块 ERCP 的作用？

2. 总结 CCBⅡ电空制动机自动制动(全列车制动)的控制关系。

任务三　机车单独制动控制

任务描述

通过前面任务的学习，我们已经掌握了 CCBⅡ电空制动机对全列车制动控制的原理。为了灵活控制机车的制动，制动缸控制模块 BCCP 既可以接受自动制动阀→均衡风缸→制动管→作用管的指令，使机车产生与车列相同的制动作用；也可以接受单独制动阀→平均管的指令，使机车产生与车列不一致的制动作用——单独制动。机车单独制动与缓解的功能是靠平均管实现的，本任务我们研究平均管的控制过程。

任务目标

1. 理解机车单独制动的概念和意义。
2. 掌握单独制动的操作方法。
3. 理解平均管控制模块 20CP 的工作原理。

平均管压力控制(20CP)

任务信息

一、平均管控制模块概述

为了灵活控制机车的制动，现代机车除设有控制全列车的自动制动阀外，还设置了单独控制机车的单独制动阀。单独制动阀向平均管(Brake Balance Pipe)控制模块 20CP 发出电信号，控制平均(20 号)管充排气，进而控制 BCCP 模块动作；BCCP 模块控制机车制动缸的充排气，从而使机车产生与车列不同的制动作用。

20CP 接受制动管减压量、单独缓解、本机/单机模式下单独制动手柄位置等信号，控制平均管压力。平均管压力取自动制动或单独制动命令中压力较高者。

自动制动时，平均管压力为制动管减压量的 2.5 倍；当制动管压力增加 14 kPa 或者在单独缓解时，平均管压力缓解；单独制动时，根据单独制动手柄位置，平均管压力可实现从“运转位”的 0 到“全制动”位 300 kPa 的连续变化。

20CP 只在本务机车上有效，在补机中不起作用，将保持在失电状态。

20CP 在电源故障时进行管路保压作用，保持平均管原压力值。当 20CP 故障时，16CP 会根据本务机车单独制动命令产生作用管压力，但不再产生平均管压力。

由 IPM 控制的 20CP 同时响应动力制动信号,动力制动时可缓解平均管压力。

20CP 由外壳、管座、REL 缓解电磁阀、APP 作用电磁阀、MVLT 预控电磁阀、20R 中继阀、PVLT 预控机械阀、20TL 压力传感器、20TT 压力传感器、C1 充气节流孔、TP20 平均管压力测试点、过滤器及作用风缸等部分组成。各部件的连接示意图如图 2-3 所示。

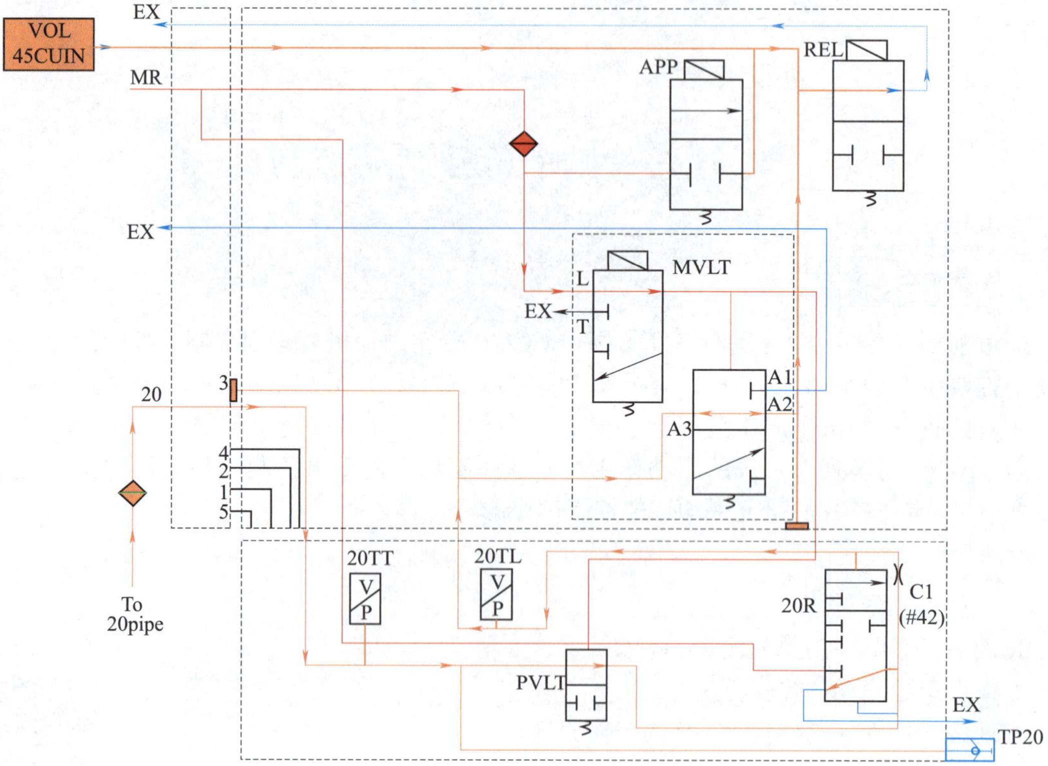

图 2-3 20CP 部件连接示意图(缓解状态)

二、管座

管座也是 20CP 的安装座。管座上设有两根管子的连接孔,即总风管 MR、平均(20 号)管。作用风缸(45 立方英寸)直接连接在管座上。

三、各部件简介

1. REL 缓解电磁阀

得电——作用风缸通大气,作用风缸减压;失电——切断作用风缸与大气的通路,作用风缸保压。

2. APP 作用电磁阀

得电——总风通作用风缸,作用风缸增压;失电——切断总风与作用风缸的通路,作用风缸保压。

20CP 通过 REL、APP 电磁阀实现对作用风缸压力的控制。在缓解或制动后,两个电磁阀均失电,作用风缸保压。若将机车设置在补机位,两个电磁阀均处于失电状态。

3. MVLT 预控电磁阀

得电——产生控制压力，允许机械阀接口 A2 通 A3，同时开通 PVLT 阀，可以通过 REL、APP 电磁阀对 20R 中继阀进行控制；失电——控制压力排大气，允许机械阀接口 A1 通 A3，同时关闭 PVLT 阀，从而使 20R 中继阀失去对平均管的控制能力。

本电磁阀用来控制其机械阀和 PVLT 阀，是 20CP 的预控电磁阀。机车设置为本机、单机模式，MVLT 电磁阀均得电。当制动系统断电、20CP 故障、机车处于补机模式时，MVLT 电磁阀失电，PVLT 阀关闭，20CP 失去对平均管的控制能力，机车平均管管路呈自保压状态。

4. 20R 中继阀

接受作用风缸压力变化指令控制平均管，提供较大的充气、排气通道。

5. PVLT 预控机械阀

和 MVLT 电磁阀配合使用，实现 20CP 的投入与切除。此阀属两位两通阀，在关断后不能将机车平均管排空。

6. 20TL 压力传感器

机车在本机模式下，产生与平均管压力成比例的电压信号，传送给微处理器 IPM，进行数据处理。

20TL 压力传感器同 REL、APP 电磁阀配合作用，实现作用风缸压力的精确控制和自动保压功能。

7. 20TT 压力传感器

机车在补机模式下，产生与机车平均管压力成比例的电压信号，传送给微处理器 IPM 进行数据处理。

8. TP20 平均管压力测试点

直接和 PVLT 阀前部的平均管相连，通过与系统外部的压力表连接，能够检测出任何状态下平均管的实际压力。

任务实施

一、合作探究

1. 机车制动缸控制模块 BCCP 不直接接受制动管的指令，它接受________或平均管的指令动作，控制制动缸的充气与排气。BCCP 到底接受谁的指令呢？参考图 1-23 BCCP 模块部件连接示意图，画出变向阀 DCV1 的符号，并说明它的工作原理。

2. 单独制动手柄上的工作位置包括“运转位”，通过________到达“全制动位”。单独制动阀通过控制________压力变化从而使机车产生单独制动作用。

3. 根据图 2-3，分析 20CP 缓解位的工作原理(空气回路)。

二、展示汇报

◆组内分工合作，完成展示汇报

组别：　　　　　　　　　　　　组长：　　　　　　　　　　　　完成日期：

序号	工作内容	责任人	备注
1			
2			
3			
4			
5			
6			

◆展示汇报内容与要求

1. 总结机车单独制动的操作过程，并到讲台讲解。

2. 总结平均管控制模块 20CP 的基本组成和功能，并到讲台按图讲解。

3. 将作用电磁阀 APP、缓解电磁阀 REL 和 20R 中继阀管路补画到题图 2-3 中，要求：

(1)补画电磁阀、20R 阀管路为制动位。

(2)用箭头标出气路流向，总风管、作用风缸管、平均管用不同颜色彩色笔描出以示区分。

(3)分析 20CP 制动位工作原理,说明 20CP 相关阀动作原因、动作过程、沟通气路、完整气路。

(4)展示作品,讲解工作原理。

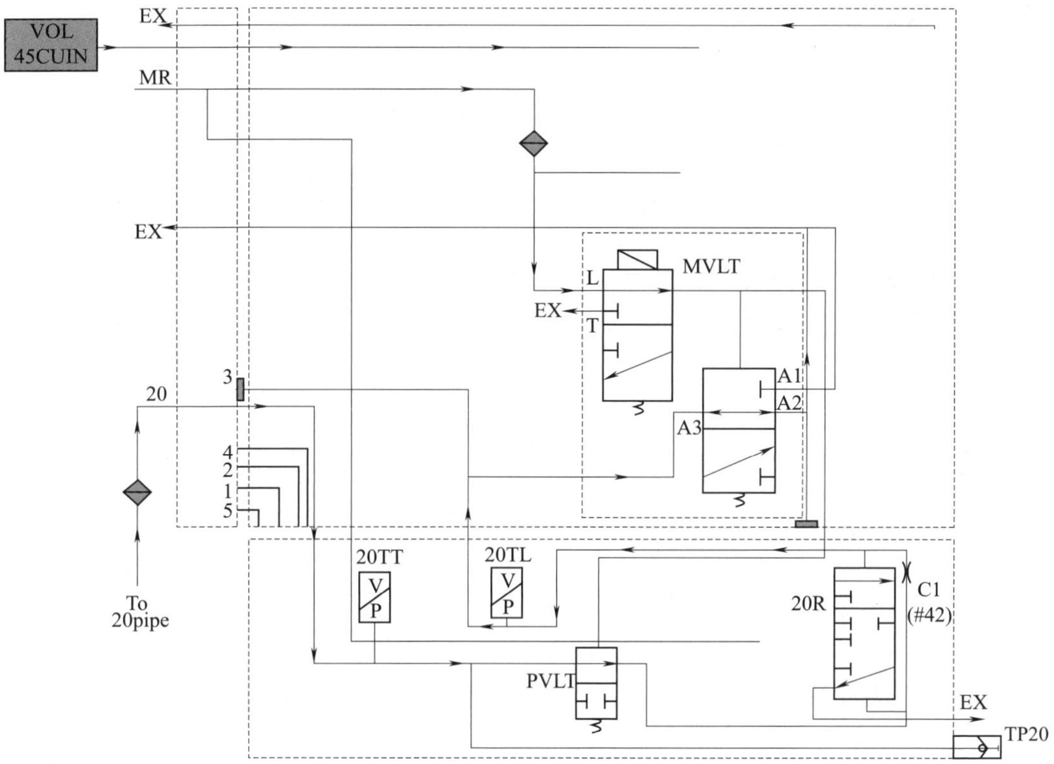

题图 2-3

任务评价

机车单独制动控制任务展示评价标准

序号	评价项目	评价内容与标准	分值
1	知识点	能够准确完整地说明机车单独制动的操作过程	15
2		能够准确完整地说明 20CP 的基本组成和功能	15
3		能够准确完整地说明 20CP 制动位的或保压位的工作原理	25
4	绘图	20CP 电磁阀、20R 中继阀制动位绘制正确，气路描绘准确	15
5		绘图规整，标示清晰，图面整洁，颜色搭配合理	10
6	表达能力	仪态得体，逻辑严密，口齿清楚，声音洪亮，讲解生动	10
7	课堂表现	遵守课堂纪律，学习态度端正，组员合作默契	10
合　计			100

个人学习成果评价

序号	评价项目	分值	自评	组内评价	组外评价	师评	小计
1	知识与技能	10			—	—	
2	纪律与态度	7			—	—	
3	组内贡献度	8			—	—	
4	学习成果(工作页)	20	—	—	—		
5	展示汇报	15	—	—			
本任务得分							
目前总得分							

拓展提高

1. 20CP 中的作用风缸管和平均管是什么关系？

2. MVLT 预控电磁阀的作用是什么？

巩固练习

一、填空题

1. 20CP 本机状态时，通过响应____________和单缓指令，产生平均管压力。

2. 20CP 响应手柄的不同位置，使制动缸产生作用压力为________ kPa。当侧压手柄时，实现缓解机车的自动制动作用。

3. 自动制动手柄“运转位”，________响应制动管压力变化，将作用管压力排放。

二、选择题

1. 单独制动手柄位置包括“运转位”，通过制动区到达“全制动位”。手柄向前推为（　　）作用。

A. 制动　　B. 缓解　　C. 保压

2. CCBⅡ电空制动机中，响应制动管的减压量及小闸单缓指令，产生平均管压力的模块是（　　）。

A. 16CP　　B. 20CP　　C. 13CP

三、综合题

1. 简述平均管控制模块 20CP 的作用。

2. 机车单独制动时，自动制动手柄置于什么位置？总结单独制动时的控制关系。

任务四　自动制动的单独缓解控制

任务描述

自动制动阀对机车的控制是通过 16CP 和 BCCP 实现的，16CP 故障后还能否控制机车的制动呢？自动制动手柄“运转位”时，全列车处于缓解状态，我们可以通过单独制动阀控制机车单独制动、保压和缓解。自动制动手柄制动区时，全列车处于制动（或保压）状态，此时能否单独缓解机车的制动呢？——这就是我们本任务要解决的问题。

任务目标

1. 理解 16CP 备份的意义和转换过程。
2. 掌握 DBTV 三通阀的结构和工作原理。
3. 掌握 13CP 的结构和工作原理。
4. 能够正确分析 16CP 正常工作和备份的情况下，机车单独缓解的操作和实现过程。

任务信息

作用管压力控制(DBTV)

一、DBTV 机械三通阀模块

(一)DBTV 机械三通阀模块概述

DBTV 机械三通阀模块为 16CP 提供了一个空气备份功能，当 16CP 故障时，制动系统自动转换到空气模式，使其仍可继续工作。此时系统采用纯机械三通阀 DBTV 来代替 16CP 控制作用管压力，再通过 BCCP 控制制动缸的充排气。DBTV 模块中的重要部件始终是工作的，但是由于制动系统的微机控制，它的作用被屏蔽了。

如图 1-24 所示，16CP 故障时，MV16 预控电磁阀失电，其机械阀和 PVTV 三通阀失去控制压力，16CP 失去对作用管的控制；同时允许 DBTV 对作用管进行控制。

DBTV 模块由外壳、管座、DBTV 机械三通阀、BO 单独缓解阀、缩堵、辅助风缸和 3 号风缸等部件组成，各部件的连接示意图如图 2-4 所示。

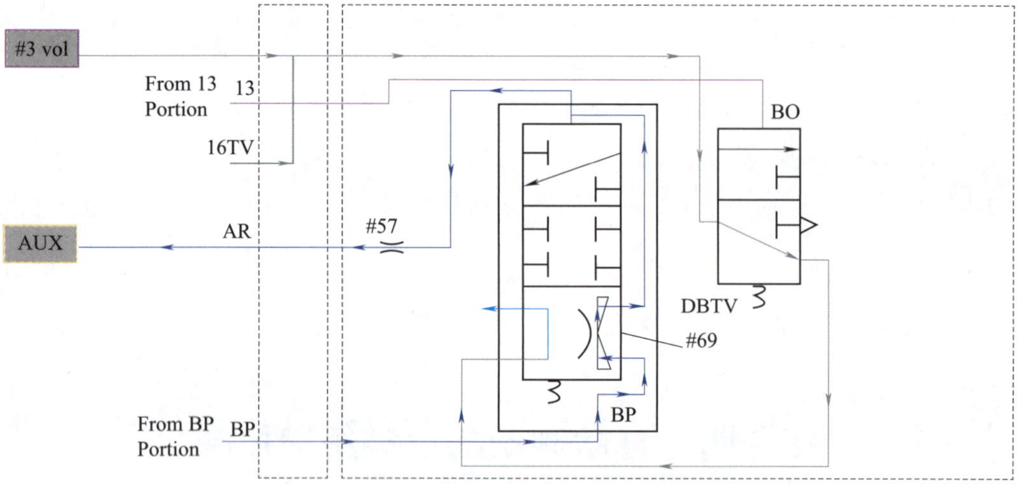

图 2-4　DBTV 模块部件连接示意图(缓解状态)

(二)管座

管座也是 DBTV 模块的安装座。管座上设有三根管子的连接孔，即制动管 BP、通往 16CP 的 16TV 管、通往 13CP 的 13 号管。辅助风缸(435 立方英寸)和 3 号风缸(60 立方英寸)直接连接在管座上。

(三)各部件简介

1. DBTV 机械三通阀

制动管压力增加——制动管向辅助风缸充气，3 号风缸、16TV 管排气；制动管压力降低——制动管向辅助风缸充气的通路被切断，辅助风缸与 16TV 管连通，向 3 号风缸、16TV 管充气；制动管压力不变——3 号风缸、16TV 管充排气通路均关闭，保压。当产生全制动时，DBTV 会使辅助风缸与 3 号风缸(含 16TV 管)压力均衡而达到全制动。

由于 DBTV 阀为纯机械结构，为使每次产生的作用管压力达到目标值，在列车缓解时，辅助风缸必须完全充满。

知识链接：完全缓解

完全缓解有两层含义，一是指制动缸压力空气全部排出，闸瓦离开车轮，列车制动力降为零。二是指副风缸(或辅助风缸、定压风缸)充至制动管定压——不论二压力机构还是三压力机构，制动机缓解时都对应制动缸排气，副风缸(或辅助风缸、定压风缸)充气。由于副风缸充风较慢，如果制动缸排完风而副风缸(或辅助风缸、定压风缸)未充到定压时实施制动，将使列车(尤其是后部车辆)制动力不足而酿成事故。

故制动操作中要遵循动力制动优先的原则，等副风缸充满风后再实施空气制动。

2. BO 单独缓解阀

DBTV 模块中 13 号管压力高于 140 kPa 时，将导致 16TV 管通过 BO 阀排气，自动制动作用缓解。

二、单独缓解控制模块 13CP

(一)13CP 概述

本机状态时，向右侧推单独制动手柄，13CP 控制 13 号管充气，对 DBTV 模块的 BO 阀进行控制，排空 16TV 作用管的风压，实现单独缓解机车制动缸压力(该压力由自动制动产生)的功能。

单独缓解控制(13CP)

在 ER 备用情况下，13CP 与 16CP 共同配合来实现均衡风缸的压力控制。

13CP 由外壳、管座、MV13S 单独缓解电磁阀和 ERBU 均衡风缸备用电磁阀等部件组成，各部件的连接示意图如图 2-5 所示。

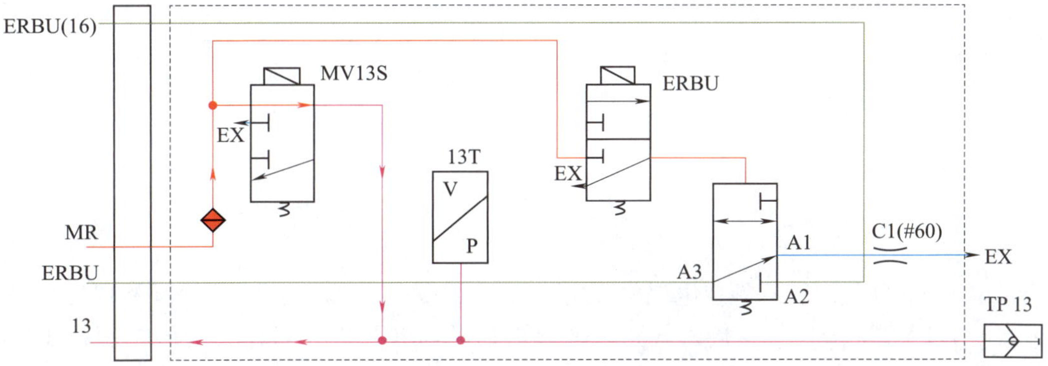

图 2-5　13CP 部件连接示意图(单独缓解位)

(二)管座

管座也是13CP的安装座。管座上设有四根管子的连接孔,即总风管MR、通往16CP的ERBU(16)管、通往ERCP的ERBU管、通往16CP和DBTV模块的13号管。

(三)各部件简介

1. MV13S单独缓解电磁阀

单独制动手柄侧压,得电——总风向13号管充气,帮助DBTV模块内部实现机械的单缓功能,单独制动手柄复位,失电——切断总风与13号管充气的通路,13号管与大气相通。

2. ERBU均衡风缸备用电磁阀

正常情况下失电,其机械阀失去控制压力,允许接口A3通A1,ERBU管通大气;当ERCP故障失效时,系统自动控制ERBU电磁阀得电,总风经ERBU电磁阀向机械阀提供控制压力,其机械阀A3通A2,ERBU管通过ERBU(16)管与16CP连通。

此时ERCP中MVER电磁阀失电,ERBU管连通均衡风缸;16CP中的MV16电磁阀失电,ERBU(16)管连通16CP中的REL缓解电磁阀、APP作用电磁阀,从而代替ERCP中REL缓解电磁阀、APP作用电磁阀的作用,实现对均衡风缸的控制。

三、自动制动的单独缓解

本机状态时,当自动制动手柄实施常用制动后,全列车发生制动作用。此时向右侧推单独制动手柄,制动系统控制16CP中的缓解电磁阀得电,排空16号管的压力;控制20CP中的缓解电磁阀得电,排空平均(20号)管的压力;同时13CP控制13号管充气,对DBTV模块中的BO单独缓解阀进行控制,排空16TV作用管的风压。

这样,不管是正常情况还是16CP备份情况,制动缸控制模块BCCP的控制压力(作用管或平均管)均排空,机车制动缸压力缓解到0,实现单独缓解机车的功能。此时车辆制动机仍保持制动状态。

任务实施

一、合作探究

1. 写出正常情况下自动制动的控制关系。

2. 16CP故障时,MV16预控电磁阀失电,________接入气路,其机械阀和PVTV三通阀失去控制压力,PVTV ________接入气路,A2口被切断,16CP失去对作用管的控制;A1和A3口接通,允许________对作用管进行控制。

3. 图 2-4 所示为缓解状态时 DBTV 连接示意图，DBTV 阀________接入气路，分析此时的气路走向。

4. DBTV 模块的 BO 阀为二位________气控阀，接受______管的控制。图 2-4 所示为________控制压力的状态。

5. 本机状态时，向右侧推单独制动手柄，13CP 控制 13 号管________，对 DBTV 模块的 BO 阀进行控制，排空________作用管的风压，实现单独缓解机车制动缸压力（该压力由自动制动产生）的功能。

二、展示汇报

◆组内分工合作，完成展示汇报

组别：　　　　　　　　　　组长：　　　　　　　　　　完成日期：

序号	工作内容	责任人	备注
1			
2			
3			
4			
5			
6			

◆展示汇报内容与要求

1. 对照图 1-24，详细说明 16CP 故障时的切换过程。

2. 在题图 2-4 上将制动管、辅助风缸管、16TV 管连接到 DBTV 机械三通阀上，要求：

（1）各管路连接为制动位。

（2）用箭头标出气路流向，制动管、辅助风缸管、16TV 管用不同颜色彩色笔描出以示区分。

（3）分析 DBTV 模块制动位工作原理，说明机械三通阀动作原因、动作过程、沟通气路、完整气路。

(4)展示作品,讲解工作原理。

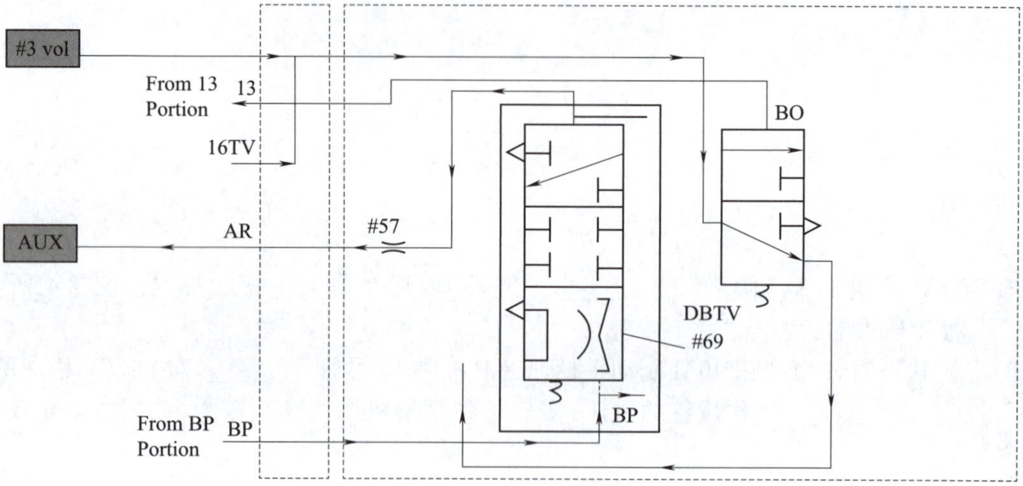

题图 2-4

3. 分析 13CP 单独缓解位的工作原理,并对照原理图讲解。

4. 侧压单独制动手柄时,对照原理图讲解 16 号管、16TV 管和 20 号管的排气过程。

任务评价

自动制动的单独缓解控制任务展示评价标准

序号	评价项目	评价内容与标准	分值
1	知识点	能够正确说明 16CP 故障的转换过程	15
2		能够准确完整地说明 DBTV 机械三通阀各位置的工作原理	20
3		能够准确完整地说明 13CP 的控制原理	10
4		能够按图说明单独缓解时 16 号管、20 号管、16TV 管的排气气路	15
5	绘图	控制关系流程路线正确，对应状态描绘准确	10
6		绘图规整，标示清晰，图面整洁，颜色搭配合理	10
7	表达能力	仪态得体，逻辑严密，口齿清楚，声音洪亮，讲解生动	10
8	课堂表现	遵守课堂纪律，学习态度端正，组员合作默契	10
合　计			100

个人学习成果评价

序号	评价项目	分值	自评	组内评价	组外评价	师评	小计
1	知识与技能	10			—	—	
2	纪律与态度	7			—	—	
3	组内贡献度	8			—	—	
4	学习成果(工作页)	20	—	—	—		
5	展示汇报	15	—	—			
本任务得分							
目前总得分							

任务拓展

1. 总结 16CP 故障时自动制动的控制关系。

2. 分析自动制动单缓的使用时机和控制关系。

巩固练习

一、填空题

1. 和谐型电力机车侧压单阀手柄时,________工作,可实现缓解机车的自动制动作用。

2. 和谐型电力机车自阀制动后需单独缓解机车时,单阀应在“运转位”向________侧压,此时 13 号管________。

二、选择题

1. CCBⅡ电空制动机中,实现机车单缓功能的模块是(   )。

A. 均衡风缸控制模块 ERCP

B. 制动管控制模块 BPCP

C. 单独缓解控制模块 13CP

2. 13CP 本机状态时,侧推单独制动手柄来实现单独(   )压力的功能。

A. 增加机车制动缸　　B. 缓解均衡风缸　　C. 缓解机车制动缸

三、综合题

1. 16CP 故障时,机车制动如何实现?

2. 简述自动制动的单独缓解过程。

项目三
CCB Ⅱ 电空制动机综合作用及辅助功能分析

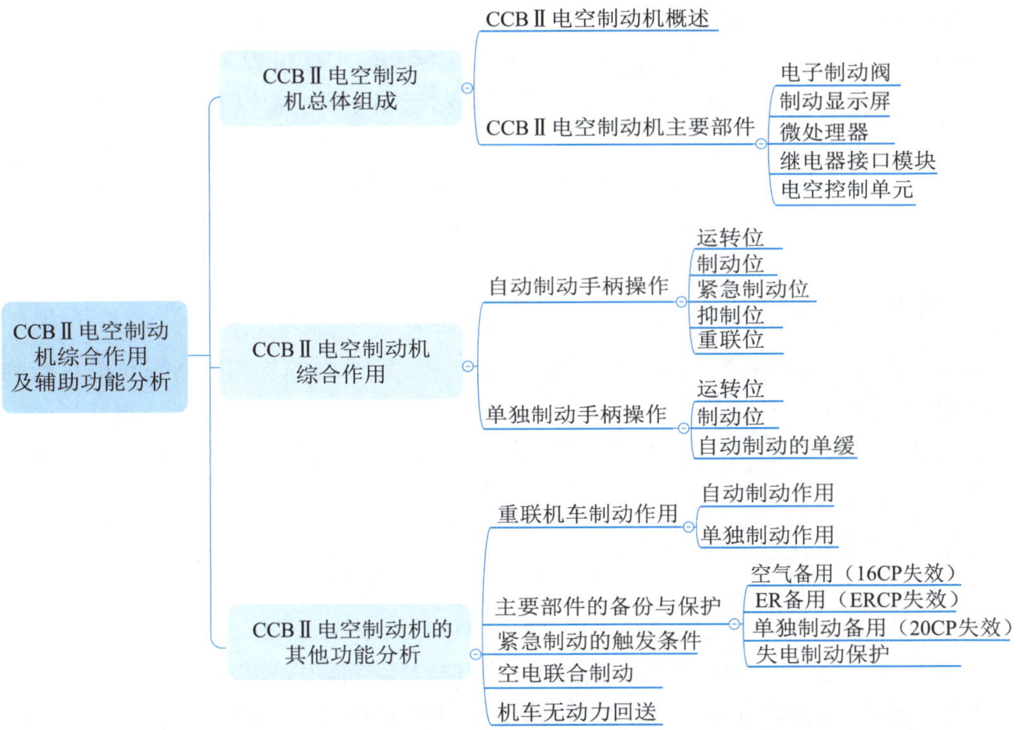

项目概述

CCBⅡ电空制动机是基于微处理器和LON网的电空制动控制系统，除了紧急制动作用由机械阀触发，其他所有逻辑控制指令均由微处理器(IPM)发出。CCBⅡ电空制动机包括5种主要部件：两套电子制动阀(EBV)、两台制动显示屏(LCDM)、一个微处理器(IPM)、一套电空控制单元(EPCU)、一套继电器接口模块(RIM/JCB)。

列车运行作业中，要合理使用自动制动阀、单独制动阀对车速进行控制，平稳进站停车，保障行车安全。此外，CCBⅡ电空制动机合并了许多冗余功能，如果发生故障，具有独特的识别、重新配置、备份主要部件的能力，有较高的安全保障。

学习目标

1. 掌握CCBⅡ电空制动机的总体组成。
2. 理解常用制动、紧急制动、抑制、重联、理解无动力回送等概念。
3. 能够分析自动制动阀“运转位”“常用制动区”“抑制位”“重联位”“紧急制动位”制动系统的综合作用。
4. 能够分析单独制动阀“运转位”“制动区”“侧缓位”的综合作用。
5. 掌握CCBⅡ电空制动机的控制关系。
6. 能够正确操纵自动制动手柄和单独制动手柄。
7. 理解16CP备用、ERCP备用、20CP备用、失电制动的工作过程。
8. 理解重联机车制动、空电联合制动的实现过程，为制动机的操纵和试验打好基础。

任务一　CCBⅡ电空制动机总体组成

任务描述

通过前面的学习，我们理解了机车制动的实现过程，掌握了CCBⅡ电空制动机对全列车制动控制、对机车单独控制的原理。

本任务我们系统总结一下CCBⅡ电空制动机的总体组成，具体分析各组成部分的功能和相互联系。

任务目标

1. 了解CCBⅡ电空制动机的特点和制动控制原则。
2. 了解CCBⅡ电空制动机各组成部分的外观、位置和控制关系。
3. 掌握自动制动手柄和单独制动手柄的位置设置和各位置的用途。
4. 掌握制动显示屏的功能和显示信息。
5. 了解微处理器、继电器接口模块的功能。
6. 掌握电空控制单元的组成和位置。

任务信息

和谐型电力机车制动系统采用的是克诺尔的 CCBⅡ或法维莱电空制动机，采用了集成化气路的电空制动系统，具有空电制动功能。

一、CCBⅡ电空制动机概述

CCB(Computer Controlled Brake)型电空制动系统的原型是德国产的 KNR 型制动机，CCBⅡ(第二代)型是基于网络的微机控制电空制动机，可以与我国车辆配套使用。

CCBⅡ电空制动机的技术特点是：控制准确性高、反应迅速、安全性高，部件集成化程度高，可进行部件的线路更换、维护简单，有自我诊断、故障显示及处理方法提示功能。系统内部通过 LON 网通信，系统同机车间通过 MVB 网进行通信。CCBⅡ电空制动机合并了许多冗余功能，如果发生故障，具有独特的识别、重新配置、备份主要部件的能力。

1. CCBⅡ电空制动机的组成

CCBⅡ电空制动机是基于微处理器和 LON 网的电空制动控制系统，除了紧急制动作用由机械阀触发，其他所有逻辑控制指令均由微处理器(IPM)发出。CCBⅡ电空制动机包括 5 种主要部件：两套电子制动阀(EBV)、两台制动显示屏(LCDM)、一个微处理器(IPM，又称集成计算机)、一套电空控制单元(EPCU)、一套继电器接口模块(RIM/JCB)。

电子制动阀、紧急制动按钮和制动显示屏位于司机室操纵台左侧，如图 3-1 所示。微处理器、电空控制单元和继电器接口模块位于空气控制柜，如图 3-2 所示。

图 3-1 HXD3C 型电力机车操纵台制动操作部件

1—紧急制动按钮；2—制动显示屏；3—电子制动阀

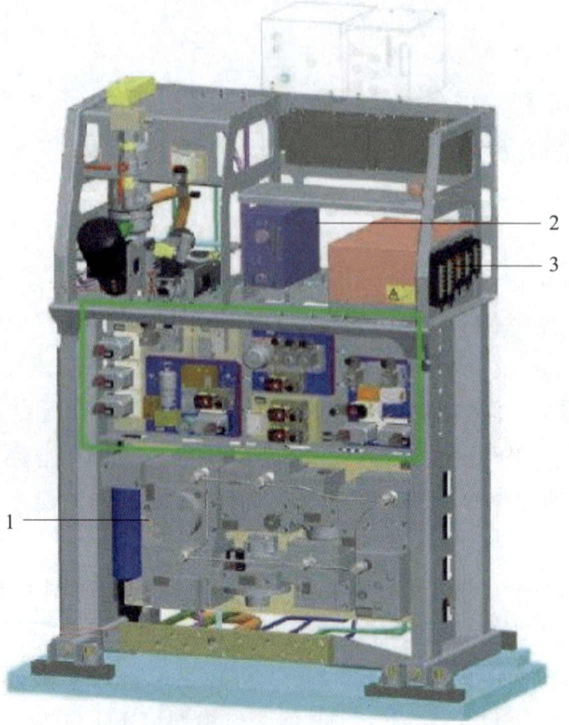

图 3-2　HXD3C 型电力机车空气控制柜设备布置

1—电空控制单元；2—微处理器；3—继电器接口

2. CCBⅡ电空制动机控制关系

电子制动阀（EBV）——→电空控制单元（EPCU）——→基础制动装置

↕

继电器接口（RIM）←——→微处理器（IPM）←——→制动显示屏（LCDM）

↕

机车控制系统（TCMS）

以上各部件中，EBV、EPCU、RIM、IPM 之间通过 LON 网线进行通信，IPM、LCDM 之间通过 RS422 数据线进行通信，TCMS、RIM 之间通过开关模拟量进行通信。

3. HXD3C 型电力机车制动控制原则

（1）优先使用机车动力制动。

（2）通过自动制动阀或监控装置实施常用制动，经计算，机车施加同空气制动力相当的动力制动，列车施加空气制动。

（3）通过自动制动阀、车长阀或监控装置实施紧急制动，经计算，机车施加同空气紧急制动力相当的动力制动，列车施加空气紧急制动。

（4）通过紧急按钮实施紧急制动时，机车断开主断路器后施加空气制动，列车施加空气制动。该紧急按钮为非常情况（如机车起火，主断路器粘接等电器故障）设计。

（5）通过单独制动阀实施制动，机车施加空气制动。

（6）通过司控器（司机控制器）可以施加动力制动，其最大值为 480 kN。

(7)若司控器和自动制动阀同时实施动力制动,取其大值。

(8)若单独制动阀施加的空气制动大于 90 kPa,机车将不再施加动力制动;若单独制动阀减压使空气制动小于 60 kPa,机车可以施加动力制动或恢复动力。

小知识:守车与车长阀

守车,又称瞭望车,是挂在货物列车尾部的工作车,用来瞭望车辆及协助制动。它主要是供运转车长乘坐的,一般采用四轴守车。守车里面的主要设备是一块风表和一个紧急制动阀。在列车开车前,运转车长(现无此岗位)要检查风表的风压是否达到了规定要求,也就是列车的主风管(制动主管)是否贯通。列车运行途中,运转车长还要负责观察列车运行情况,监控货物装载情况。

20 世纪 80 年代以来,随着技术的发展,铁路部门逐渐取消了守车。至此,挂在长龙似的货物列车尾部、轻飘摇摆宛如铁龙尾翼的守车,从中国大地纵横交错的铁道线上淡出了。

紧急制动阀也称为车长阀,它直接与制动主管相通,可控制列车产生紧急制动。机车和客车内也装有车长阀,在铁路客车车厢的端部,有标明"危险!勿动!"的手把,这就是紧急制动阀。

二、CCBⅡ电空制动机主要部件

CCBⅡ电空制动机总体组成

(一)电子制动阀 EBV

电子制动阀 EBV(Electronic Brake Valve)是 CCBⅡ电空制动机系统的人机操纵接口,除紧急制动情况外,是一个全电子制动阀,其外观如图 3-3 所示。

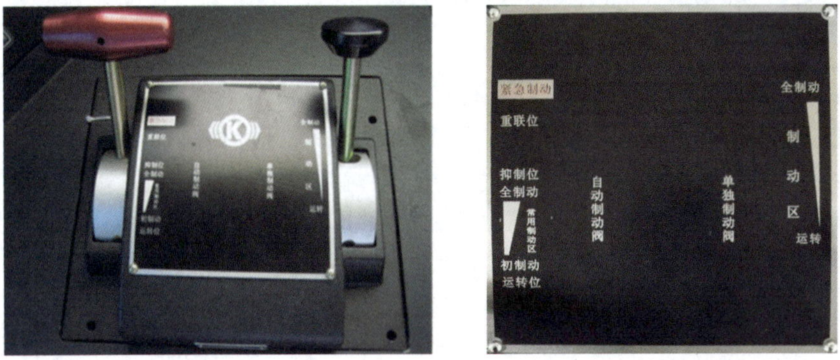

图 3-3　电子制动阀

电子制动阀采用水平安装结构,设有自动制动阀(简称自阀俗称"大闸")和单独制动阀(简称单阀俗称"小闸"),均采用推拉式操作,并有自动保压特性。自动制动手柄位于左侧,单独制动手柄位于右侧,中间为手柄位置的指示标牌。司机通过自动制动阀和单独制动阀的操作手柄实施全列车制动及机车单独制动。在 EBV 内部有一个机械阀,当自动制动手柄置于"紧急制动位”时机械阀动作，保证机车车辆在任何状态下均能产生紧急制动作用。司机通过电子制动阀直接给电空控制单元(EPCU)发送指令，并通过微处理器(IPM)进行逻辑控制。

机车两端司机室各装有一个电子制动阀，当操纵端司机室的机车显示屏(LCDM)被激活，微处理器(IPM)将激活操纵端的电子制动阀，操作者可以用来进行制动控制；此时非操纵端司机室的电子制动阀未被激活，不能够送出制动指令。未被激活的自动制动阀手柄，需用销子(插针)将其锁定在“重联位”，以免误动作触发紧急制动，单独制动阀手柄应放置在“运转位”。

1. 自动制动手柄

自动制动手柄有“运转位”“初制动(最小减压)位”“全制动(最大减压)位”“抑制位”“重联位”和“紧急制动位”(简称紧急位)等操作位置，在“初制动位”和“全制动位”之间是“常用制动区”(简称制动区)。

运转位：向制动管充气，从而缓解全列车制动。

初制动位：提供最小制动力，实现最小减压量(减压 40～60 kPa)。

常用制动区：即“初制动位”与“全制动位”之间，制动管减压量在最小减压量和最大有效减压量之间。

全制动位：提供全制动，制动管实现最大有效减压量(140 kPa 或 170 kPa)。

抑制位：故障解除位。机车产生常用惩罚制动后，必须将手柄放置此位置 1 s 以上，使制动机复位后再置“运转位”，制动作用才可缓解。

重联位：用于换端操作重联机车或制动机系统断电状态(无动力机车)。手柄放此位置时，均衡风缸压力为 0。

紧急制动位：产生紧急制动作用。紧急制动产生后，必须将自动制动阀置于“紧急制动位”60 s 后才能缓解。

2. 单独制动手柄

单独制动手柄位置包含“运转位”，通过“制动区”到达“全制动位”。手柄向前推为制动作用，向后拉为缓解作用，通过侧压单独制动阀手柄可以实现机车的单独缓解功能。

运转位：将单独制动手柄置“运转位”可缓解机车(单独产生的)制动。重联机车可将手柄固定在此位置。

制动区：单独制动手柄置“制动区”，手柄向前移动时，机车空气制动力增加。

全制动位：单独制动手柄置“全制动位”，实现机车单独制动最大制动力，机车制动缸压力 300 kPa。

单独缓解位：在任何位置(向右)侧压单独制动手柄，可单独缓解(自动制动产生的)机车制动。这个作用重联机车亦可实现。

(二)制动显示屏 LCDM

制动显示屏 LCDM(Locomotive Cab Display Module)位于司机室操纵台左侧，是 CCBⅡ电空制动机系统的人机接口，其外观如图 3-4 所示。

制动显示屏在机车正常操作时，实时显示均衡风缸、制动管、总风缸和制动缸的压力值，也实时显示制动管流量和空气制动模式的当前状况。通过显示屏还可以实时显示制动机故障信息并将其记录。

通过显示屏还可以对制动机进行如下操作：进行本机/补机、均衡风缸压力设定、制动管投入/切除、客车/货车、补风/不补风、CCBⅡ制动机系统自检、风表值标定、故障查询等功能的选择和应用。

HXD3B 型电力机车每个司机室的操纵台上装有一个机车显示屏，取消了制动显示屏 LCDM，将其功能全部集成在机车显示屏中。

(三)微处理器 IPM

微处理器 IPM(Integrated Processor Module)安装在机车空气控制柜，是 CCBⅡ电空制动机的中央处理器，其外形如图 3-5 所示。它进行各制动功能的软件运算，并对各部分软状态进行检测和维护。它处理所有与制动显示屏(LCDM)有关的接口任务，并通过 LON 网络和 EPCU、EBV 通信，通过 RS422 电缆线和 LCDM 通信，通过 MVB 网络和机车 TCMS 通信，并可提供二进制输出，驱动机车继电器。

微处理器也通过继电器接口模块(RIM)与机车控制系统(TCMS)和安全装置(ATP)进行通信。

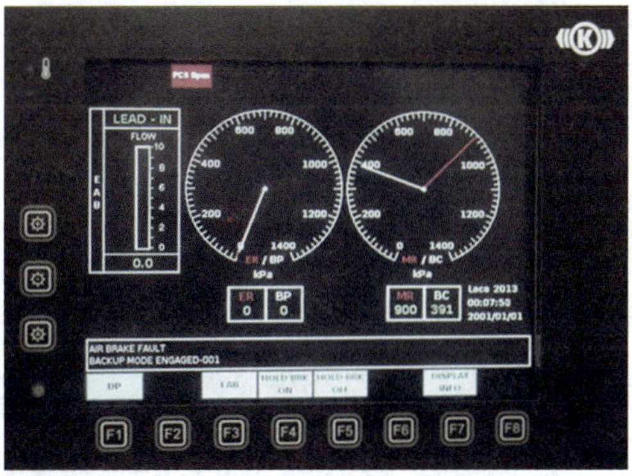

图 3-4　制动显示屏

图 3-5　IPM 实物

1. 指示灯

微处理器前端设有 13 个指示灯，用来提供制动系统状态的反馈信息。若制动系统处于正常状态，则微处理器顶端两个绿色的指示灯处于指示状态，而其他指示灯没有指示信息。各指示灯的指示含义如下。

(1)POWER——绿色 LED 表示 IPM 已加电。如果在 IPM 得电的情况下，指示灯熄灭，则很有可能是电源失效。

(2)CPU OK——根据内部看门狗计时器，该绿色 LED 显示 IPM CPU 的状况良好，该 LED 表示 IPM 成功通过每 15 min 一次的自检。

(3)DP LEAD——该绿色 LED 表示该机车处于动力分散本机机车模式。

(4)DP REMOTE——该绿色 LED 表示该机车处于动力分散重联机车模式。

(5)DP TX A——该黄色 LED 表示该机车电台 A 正在传输 DP 无线信息。

(6)DP TX B——该黄色 LED 表示该机车电台 B 正在传输 DP 无线信息。

(7)DP RX——该绿色 LED 表示该机车正接受 DP 无线信息。

(8)DP COMM INT——该红色 LED 表示该机车 DP 无线通信故障。

(9)DATALINK FA——该红色 LED 表示该机车 IPM 无法通过 LON 网或 RS422 数据线

与机车控制系统或 EPCU、LCDM 通信。

(10)NETWORK FA——该红色 LED 表示 LOCOTROL EB 或 CCBⅡ电空制动机内部(IPM、EPCU、EBV)LON 通信有问题。

(11)EBV FALL——该红色 LED 表示 CCBⅡ电空制动机 EBV 失效,可能是电子部分故障或空气部分故障。

(12)EPCU FAIL——红色 LED 表示 CCBⅡ电空制动机 EPCU 失效,可能是电子部分故障或空气部分故障。

(13)EAB BACKUP——该红色 LED 表示 CCBⅡ电空制动机已工作于一项后备模式,比如第一总风缸传感器失效,系统工作于第二总风缸传感器。

2. 电缆接口

IPM 前端 7 个电缆接口,其具体含义如下。

J1——数据传输装置,通过 RS422 数据线连接制动显示屏。

J2——测试接口,用于系统软件的更新及维护软件的下载。

J3——远程控制用电台连接接口(HXD$_3$ 机车无此功能)。

J4——连接继电器接口模块(RIM)。

J5——电源输入接口。

J6——网络接口,连接电空控制单元(EPCU)。

J7——远程控制接口(HXD$_3$ 机车无此功能)。

(四)继电器接口模块 RIM

继电器接口模块 RIM(Relay Interface Module)是微处理器(IPM)与机车间进行通信的继电器接口,实物如图 3-6 所示。信号输入部分包括:由安全装置(ATP)产生的惩罚制动和紧急制动,A/B 端司机室操作激活信号,再生制动投入信号,MREP 压力开关工作状态信号,机车速度信号。信号输出部分包括:紧急制动信号,动力切除(PCS)信号,撒砂动作信号,再生制动切除信号,重联机车故障信号。

图 3-6 RIM 实物图

(五)电空控制单元 EPCU

电空控制单元 EPCU(Electro Pneumatic Control Unit)用于控制机车制动机空气管路的压力,由 8 个线路可更换模块(LRU)组成。8 个模块分别是:均衡风缸控制模块(ERCP)、制动管控制模块(BPCP)、作用管控制模块(16CP)、平均管控制模块(20CP)、单独缓解控制模块(13CP)、机械三通阀模块(DBTV)、制动缸控制模块(BCCP)、电源接线盒(PSJB),如图 3-7 所示。

电源接线盒 PSJB 内置变压器,将电源箱(PJB)提供的110 V直流电转换为 24 V 交流电后提供给 CCBⅡ电空制动机系统,供电空控制单元、电子制动阀等部件使用。电源箱外部具有多个接插口,允许电空控制单元、电子制动阀、微处理器和继电器接口模块相互连接通信。

除电源接线盒 PSJB 之外,其余 7 个可更换模块由电磁阀和空气阀集成,其中 5 个是智能的,可以通过软件进行自检并通过 LON 网络和 EBV、IPM 进行通信。

电空控制单元内主要部件采用冗余设计,机车运行过程中若发生故障,将自动转换到备用模式并报警将故障记录，此时机车仍可以维持运行。

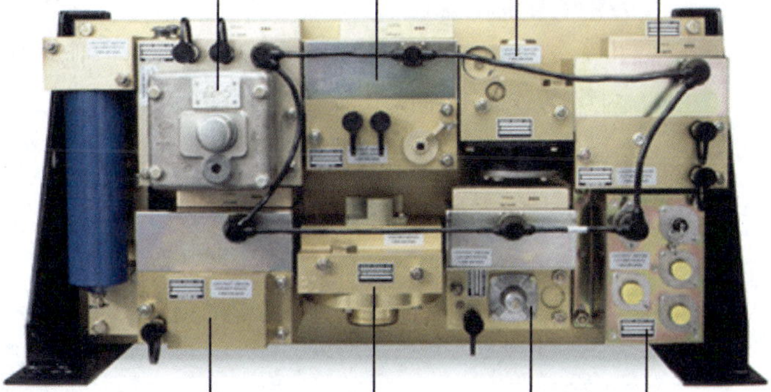

图 3-7　电空控制单元 EPCU

任务实施

一、合作探究

1. CCBⅡ电空制动控制系统是一个为货运和客运________设计的、以网络为基础的__________电空制动系统。

2. CCBⅡ系统是基于微处理器的电空制动控制系统，除了________制动作用开始，所有逻辑都是微机控制的。

3. HXD3 型电力机车制动控制原则：

(1)优先使用机车________制动；

(2)通过________或监控装置实施常用制动，经计算，机车施加同________制动力相当的动力制动，列车施加________制动；

(3)通过________实施紧急制动时，机车断开主断路器后施加________制动，列车施加空气制动。该装置为非常情况设计。

4. CCBⅡ电空制动机主要由 LCDM 制动显示屏、EBV ________、集成处理模块 IPM、继电器接口模块 RIM 和________________ EPCU 等组成。

5. CCBⅡ电空制动机电子制动阀 EBV 内部有一个______________阀，保证机车在任何情况下均能产生紧急制动作用。

6. CCBⅡ电空制动机的操纵机构是________，其主要有两个手柄。________________可以控制全列车的制动与缓解，________________可以控制机车的制动与缓解。

7. 自动制动阀有 6 个作用位置，按顺序为：________、____________、____________、________、________和________________。

8. CCBⅡ电空制动机“抑制位”是____________位，在有惩罚制动的时候，通过将自动制动手柄放抑制位来________惩罚制动。

9. 制动显示屏 LCDM 位于司机室________，通过它可进行本机/补机，____________定压，制动管投入/切除，________________，补风/不补风，CCBⅡ电空制动机系统________，风表值标定，故障查询等功能的选择和应用。

10. 微处理器 IPM 是 CCBⅡ电空制动机的________________。它进行各制动功能的软件________，并对各部分软状态进行________和维护。它处理所有与制动显示屏（LCDM）有关的接口任务，并通过________网络传送制动命令给电空控制单元（EPCU）。

11. 继电器接口模块 RIM 是微处理器（IPM）与________间进行通信的继电器接口。

二、展示汇报

◆组内分工合作，完成展示汇报

组别：　　　　　　　　　　组长：　　　　　　　　　　完成日期：

序号	工作内容	责任人	备注
1			
2			
3			
4			
5			
6			

◆展示汇报内容与要求

1. 制作 CCBⅡ电空制动机组成的 PPT，要求图文并茂，并根据 PPT 说明各部件位置和用途。

2. 分析 CCBⅡ电空制动机控制关系，并到讲台讲解。

3. 总结电子制动阀自动制动手柄、单独制动手柄的位置设置，说明各位置的功能。

任务评价

CCBⅡ电空制动机总体组成任务展示评价标准

序号	评价项目	评价内容与标准	分值
1	知识点	能够准确指出CCBⅡ电空制动机各组成部分的名称、位置，并完整地说明各部分的用途	20
2	知识点	能够正确说明CCBⅡ电空制动机控制关系	20
3	知识点	能够准确完整地说明电子制动阀各手柄位的功能	30
4	PPT制作	内容正确，画面美观，标示清晰，图文并茂	10
5	表达能力	仪态得体，逻辑严密，口齿清楚，声音洪亮，讲解生动	10
6	课堂表现	遵守课堂纪律，学习态度端正，组员合作默契	10
合　计			100

个人学习成果评价

序号	评价项目	分值	自评	组内评价	组外评价	师评	小计
1	知识与技能	10			—	—	
2	纪律与态度	7			—	—	
3	组内贡献度	8			—	—	
4	学习成果(工作页)	20	—	—	—		
5	展示汇报	15	—	—			
本任务得分							
目前总得分							

任务拓展

1. 为什么说 CCB Ⅱ 电空制动机的电子制动阀属于位置闸？

2. HXD_3 型电力机车动力制动是如何产生的？遵循什么原则？

3. 继电器接口模块 RIM 信号输入部分包括哪些？

巩固练习

一、填空题

1. 和谐型电力机车制动系统采用的是克诺尔的________型和法维莱制动机。

2. 和谐型电力机车制动机采用了________气路的空气制动系统，具有空电制动功能。

3. 除紧急制动情况外，EBV 是一个全________制动阀。

4. CCB Ⅱ 电空制动机的自动制动手柄（大闸）和单独制动手柄（小闸）是________闸。

5. 机车产生惩罚制动后，必须将自动制动阀置________制动区才可缓解。

6. 单独制动手柄位置包括运转位，通过制动区到达全制动位。手柄向前推为________作用。

7. 和谐型电力机车自动制动阀制动后需单独缓解机车时，单独制动手柄应在“运转位”向______侧压。

8. 制动显示屏 LCDM 位于司机室操纵台，通过它可进行 CCB Ⅱ 电空制动系统________、故障查询等功能的选择和应用。

二、选择题

1. CCBⅡ电空制动机中，(　　)指令不属于微处理器 IPM 发出。

A. 运转位　　B. 抑制位　　C. 紧急制动位

2. CCBⅡ电空制动机中，直接激活操作端电子制动阀 EBV 的部件是(　　)。

A. 电钥匙　　B. 微处理器 IPM　　C. 微机柜 TCMS

3. 紧急制动产生后，必须将自动制动阀置于紧急位(　　)s 后才能缓解。

A. 30　　B. 45　　C. 60

4. CCBⅡ制动系统中，实现人机接口的部件是(　　)。

A. 电子制动阀 EBV　　B. 制动显示屏 LCDM　　C. 继电器接口模块 RIM

5. LCDM 采用液晶显示屏，带有 8 个功能键，用于(　　)选择。

A. 菜单和功能　　B. 电空配合模式　　C. 弹停制动控制模式

三、综合题

1. CCBⅡ电空制动机由哪几部分组成？

2. 简述制动显示屏(LCDM)的作用。

3. 电空控制单元(EPCU)由哪几部分组成？

任务二　CCBⅡ电空制动机综合作用

任务描述

无论是机车还是车辆，都接受制动管的控制；机车还可通过平均管产生与车列不同的制动作用。通过项目二的学习，我们已经掌握了 CCBⅡ电空制动机对全列车制动控制和对机车单独控制的原理。

本任务系统研究从自动制动手柄发出指令，到全列车实现制动、缓解、保压及紧急制动作用；从单独制动阀发出指令，到机车单独实现制动、缓解、保压作用及自动制动的单独缓解作用，整个制动机系统相互配合的综合作用过程。

任务目标

1. 掌握 CCBⅡ电空制动机自动制动手柄各位的操作时机、部件工作状态和具体空气通路。
2. 掌握单独制动手柄各位的操作时机、部件工作状态和具体空气通路。
3. 深刻理解 CCBⅡ电空制动机部件间的相互控制关系。

任务信息

一、自动制动手柄操作

当 CCBⅡ电空制动机设置为本机（制动管投入）模式时，自动制动手柄可正常操作。

1. 运转位

自动制动手柄置“运转位”。该位置是向全列车初充气、再充气缓解列车制动以及列车正常运行时所使用的位置。

初充气是指均衡风缸、制动管、制动缸压力均为 0 的初始状态充气，再充气是指减压制动后的缓解充气。

当单独制动手柄、自动制动手柄均置“运转位”时，手柄位置信号转为电信号传输到 IPM，IPM 通过 LON 总线将命令传输至各模块，模块按预定的程序动作。ERCP 接收到自动制动阀指令，给均衡风缸充气到设定值；BPCP 响应均衡风缸压力变化，制动管被充气到均衡风缸设定压力。

EBV 手柄位置信号通过 IPM 传至 16CP，控制作用管（16 号管）排气，BCCP 响应作用管压力变化，控制制动缸排气，机车缓解；车辆制动机响应制动管增压，制动缸排气缓解，同时车辆副风缸充气。

充气缓解完成后，制动机各管路技术数据如下：总风缸压力保持在 750～900 kPa，制动缸压力保持为 0，均衡风缸压力保持在定压（500 kPa 或者 600 kPa），制动管压力保持在定压（500 kPa 或者 600 kPa）。

制动区综合作用

2. 常用制动位

制动位包括初制动位和全制动位，两者之间是“常用制动区”。该位置是操纵列车常用制动，使列车正常停车或调整运行速度所使用的位置。

自动制动手柄置“常用制动区”，相应减压量的电信号传至 IPM，IPM 通过 LON 总线传至 ERCP，控制缓解电磁阀 REL 得电，均衡风缸减压，并通过均衡压力传感器 ERT 控制缓解电磁阀 REL 的得电时间，使均衡风缸减压到目标值后保压。BPCP 响应均衡风缸压力变化，控制制动管减压到均衡风缸压力值。其减压速度为常用制动减压速度，确保常用制动的安定性。

专业术语：稳定性、灵敏度与安定性

三通阀(或分配阀)的主活塞移动需要其两侧形成一定的压力差。当制动管的减压速率(减压量)非常小时，由于活塞两侧处于连通状态而不能形成压力差，活塞就不动作。因此三通阀(或分配阀)是否产生动作，产生什么样的动作，取决于制动管的减压速率。

1. 稳定性

当制动管减压速率低于某一数值范围时，制动机不发生制动作用的性能，称为制动机的稳定性。也就是说，要使制动机可靠地产生制动作用，制动管的减压速率必须达到一定值。我国规定，制动管减压速率或漏泄小于 20 kPa/min，制动机不应产生制动作用。

2. 灵敏度

所谓灵敏度就是制动机的感度，它是评价车辆制动机性能的主要指标之一。当制动管减压(或增压)速率达到一定数值范围时，制动机必须产生制动(或缓解)作用的性能，称为制动机的灵敏度。

灵敏度分为制动灵敏度和缓解灵敏度。而制动灵敏度又分为紧急制动灵敏度和常用制动灵敏度。一般地，常用制动灵敏度为 10～40 kPa/s，紧急制动灵敏度为 70 kPa/s。

3. 安定性

常用制动时不发生紧急制动作用的性能，称为制动机的安定性。当制动管减压速率在 10～40 kPa/s 范围时，紧急阀不应动作。

车辆制动机响应制动管减压，副风缸向车辆制动缸充气，车辆制动；EBV 手柄位置信号通过 IPM 传至 16CP，控制作用管(16 号管)充气，BCCP 响应作用管压力控制制动缸充气，机车制动。制动管减压量与机车制动缸增压量之比略低于 1∶2.5。

制动机在货车模式时，自动制动手柄在“常用制动区”可实现阶段制动作用，但只可实现一次缓解功能；制动机在客车模式时，自动制动手柄在“常用制动区”可实现阶段制动和阶段缓解作用。

手柄放置在“初制动位”时，均衡风缸将减压 40～60 kPa；制动管减压到均衡风缸压力的 ±10 kPa；作用管压力上升到 70～110 kPa；机车制动缸压力上升到作用管压力。手柄在“全制动位”时，均衡风缸压力将减少 140 kPa(定压 500 kPa)或 170 kPa(定压 600 kPa)，制动缸压力将上升到 360 kPa(定压 500 kPa)或 420 kPa(定压 600 kPa)。手柄放置在初制动与全制动之间时，均衡风缸的减压量取决于手柄在“常用制动区”停留的位置。

3. 紧急制动位

列车运行过程中遇突发情况需迅速停车时，应将自动制动手柄向前推至极端位置——“紧急制动位”，或按下操纵台紧急按钮。

紧急制动控制

自动制动手柄置“紧急制动位”时，自动制动阀上的机械阀动作，使制动管压力经 NB11 排向大气(参见附图 1);BPCP 中 MVEM 紧急电磁阀得电,控制制动管(21 号)排气,从而触发 PVEM 紧急放风阀加速制动管排气。

为加速制动管排气速度,在机车管路中设置了紧急放风阀 N97,其型号为 KM-2,如图 3-8 所示。它位于机车中部(参见附图 1),远离 EBV 的排风支管。当制动管按紧急制动速率排气时,紧急放风阀 N97 将被触发,它的高排风能力确保在紧急制动时,制动管中的压力快速降低,从而保证紧急制动的灵敏性。

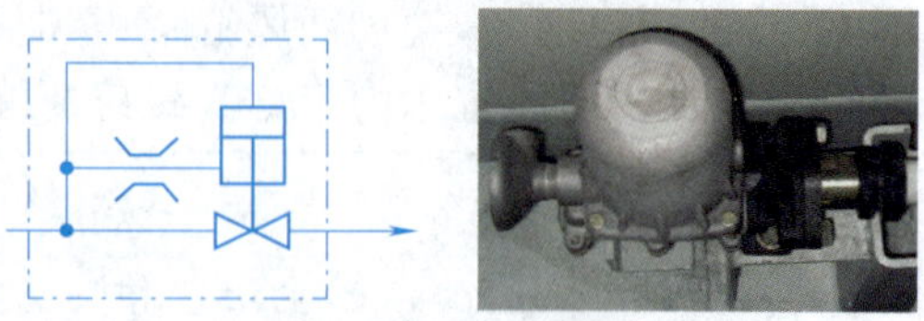

图 3-8 紧急放风阀

紧急制动时制动管迅速减压到零,均衡风缸以常用制动速率减压到零,16CP 响应制动管减压变化,迅速向作用管(16 号管)充气,当制动管压力下降到 140 kPa 时,16CP 中的 PVE 阀动作接通紧急回路(参见图 1-24),作用管充至最大允许压力;BCCP 响应作用管压力增加,控制机车制动缸充气产生紧急制动作用;车辆制动机响应制动管快速减压,副风缸向制动缸充气,车辆产生紧急制动。

自动制动手柄置于“紧急制动位”时,制动机各管路技术数据如下:制动管压力在 3 s 内降为 0,制动缸压力在 3～5 s 内升至 200 kPa,并继续增压至 450 kPa,均衡风缸压力降为 0,紧急制动倒计时 60 s 开始。

为了尽最大可能保护列车安全,在实施紧急制动的同时,同步实施撒砂、切除动力等附加措施。

4. 抑制位

自动制动手柄置“抑制位”时,CCBⅡ电空制动机也会产生常用全制动作用,制动管实施最大有效减压,其气路同“全制动位”。但是这个位置并不是为了常用制动而设置,而是一种解锁惩罚制动的程序,这种解锁是针对列车出现惩罚制动而采取的保护措施。

所谓惩罚制动,是指制动机上电、开关断开、制动系统内部故障、司机误操作或精力不集中等情况下,为保证列车运行安全而自动产生的一种制动措施。其触发条件很多,如电空制动控制单元(EPCU)通电或断电、ILC(机车处理控制器模块)控制台转换、ATP(自动防护系统)故障、制动系统自身故障、无人警惕装置动作等等。

例如,当无人警惕装置动作,均衡风缸、制动管减压 170 kPa,列车产生常用全制动,LCDM 制动显示屏显示“惩罚制动、动力切除”。此时须将自动制动手柄置于“抑制位”1 s 以上,确认“惩罚制动、动力切除”红字消失,再回“运转位”才能缓解制动。

5. 重联位

机车正常运行时,非操纵端自动制动手柄置“重联位”。

换端操作时,两端自动制动手柄均置“重联位”,此时,均衡风缸将按常用制动加速率减压到 0;制动管减压到 69 kPa 后,BPCP 中的 BPCO 机械阀将制动管切除;16CP 控制作用管充气至 450 kPa,BCCP 响应作用管压力控制制动缸制动。

重联机车两端自动制动手柄均置“重联位”,此时均衡风缸压力为 0,BPCP 中的 MV53 预控电磁阀得电,机车失去对制动管的控制作用。

制动机系统断电状态(无动力回送)时,两端自动制动手柄均置“重联位”,此时均衡风缸压力为 0,BPCP 中的 BPCO 机械阀由于失去控制压力,机车失去对制动管的控制作用。

二、单独制动手柄操作

当CCBⅡ电空制动机设置为本机(制动管投入或切除)模式时，单独制动手柄可正常操作。

1. 运转位

单独制动手柄置“运转位”，该位置可缓解机车单独产生的制动。20CP作用电磁阀失电，阻止总风给平均管充气；缓解电磁阀得电，将平均管的压力排空；BCCP响应平均管压力变化，机车制动缸排气缓解。

2. 制动位

单独制动手柄置“制动区”，该位置可使机车单独制动。20CP缓解电磁阀失电，作用电磁阀得电，总风给平均管充气，MVLT电磁阀得电允许总风通过，控制PVLT机械阀开通，平均管压力进入BCCP，制动缸充气，机车制动。根据手柄的不同位置，平均管、制动缸可产生0～300 kPa的压力。

3. 自动制动的单独缓解

自动制动的单独缓解可以分为常用制动后的单独缓解和紧急制动后的单独缓解两种情况。

(1)常用制动后的单独缓解

向右侧压单独制动手柄，该位置为全列车实施制动后需单独降低机车制动力时所使用的位置。

16CP和20CP响应该指令，使16号管和平均管减压；同时13CP响应该指令，控制单缓(13号)管充气，对DBTV模块中的BO阀进行控制，排空16TV作用管的压力空气。

BCCP响应作用管压力下降，使机车制动缸排气缓解；车辆制动仍保持制动状态。

(2)紧急制动后的单独缓解

当自动制动手柄紧急制动后，侧压单独制动手柄单缓，16号管、20号管和16TV管压力均排空(参见图1-24)，16CP紧急限压回路中，紧急制动阀PVE同时受BP和13号管压力控制，“紧急制动位”时BP压力为0，侧压单独制动阀13号管建立压力，PVE断开总风向16号管充气的通路，作用风缸压力通过16CP中的REL电磁阀或DBTV模块的BO阀排向大气，BCCP失去控制压力，制动缸压力可缓解到0。

松开单独制动手柄，此时BP压力为0，13号管排气压力也降为0。PVE接通紧急限压回路，总风通过ELV、C1和PVE向16号管充气，制动缸压力上升至紧急制动压力。

任务实施

一、合作探究

1. 初充气是指均衡风缸、制动管、________压力均为0的初始状态充气，再充气是指________后的缓解充气。

2. 制动位包括“初制动位”和“____________”，两者之间是“常用制动区”。该位置是操纵列车常用制动，使列车____________或调整运行速度所使用的位置。

3. 机车在货车模式时，自动制动手柄在“常用制动区”可实现________制动作用，但只可实现________缓解功能；机车在客车模式时，自动制动手柄在“常用制动区”可实现________制动和________缓解作用。

4. 为加速制动管排气速度，在机车管路中设置了________ N97，其型号为 KM-2。

5. 紧急制动时制动管迅速________；均衡风缸以____________速率减压到零；16CP 响应制动管减压变化，迅速向作用管（16 号管）充气；BCCP 响应________压力增加，控制机车________充气产生紧急制动作用。

6. 所谓惩罚制动，是指制动机________、________、制动系统内部故障、司机________或精力不集中等情况下，为保证列车运行安全而自动产生的一种制动措施。

7. 机车正常运行时，非操纵端自动制动手柄置“____________”。重联机车、制动机系统断电状态（无动力机车）或____________操作时，两端自动制动手柄均置“重联位”，此时，均衡风缸将按常用制动速率减压到________ kPa，机车失去对制动管的控制作用。

8. 侧压单独制动手柄时，16CP 和 20CP 响应该指令，使________管和平均管________；同时 13CP 响应该指令，控制单缓管________，对 DBTV 模块中的 BO 阀进行控制，排空 16TV 作用管的压力空气。

二、展示汇报

◆组内分工合作，完成展示汇报

组别：　　　　　　　　　　　组长：　　　　　　　　　　　完成日期：

序号	工作内容	责任人	备注
1			
2			
3			
4			
5			
6			

◆展示汇报内容与要求

1. 制作自动制动综合作用 PPT，并根据 PPT 进行展示讲解。要求：

(1)在“运转位”“常用制动区”选一个位置，在“抑制位”“重联位”“紧急制动位”选一个位置。

(2)用粗线条表示各模块中有气流的气路，用箭头标出气路流向，相关管路用不同颜色描出以示区分。

(3)说明相应操作位置的使用时机，分析从电子制动阀到制动缸的完整工作过程，说明相关控制模块各阀状态、沟通气路、完整气路。

2. 制作单独制动综合作用 PPT，并根据 PPT 进行展示讲解。要求：

(1)在“运转位”“制动区”“单独缓解”中选一个位置。

(2)用粗线条表示各模块中有气流的气路，用箭头标出气路流向，相关管路用不同颜色描出以示区分。

(3)说明相应操作位置的使用时机，分析从电子制动阀到制动缸的完整工作过程，说明相关控制模块各阀状态、沟通气路、完整气路。

任务评价

CCB Ⅱ 电空制动机综合作用任务展示评价标准

序号	评价项目	评价内容与标准	分值
1	知识点	能够准确完整地说明控制全列车制动的使用时机、各控制模块内阀的状态和气路	40
2		能够准确完整地说明控制机车单独制动的使用时机、各控制模块内阀的状态和气路	20
3	PPT	各控制模块阀的状态、气路状态描绘准确	10
4		绘图规整，标示清晰，文字介绍简洁完整	10
5	表达能力	仪态得体，逻辑严密，口齿清楚，声音洪亮，讲解生动	10
6	课堂表现	遵守课堂纪律，学习态度端正，组员合作默契	10
合　计			100

个人学习成果评价

序号	评价项目	分值	自评	组内评价	组外评价	师评	小计
1	知识与技能	10			—	—	
2	纪律与态度	7			—	—	
3	组内贡献度	8			—	—	
4	学习成果(工作页)	20	—	—	—		
5	展示汇报	15	—	—			
本任务得分							
目前总得分							

任务拓展

1. CCB Ⅱ 电空制动机紧急制动后的单独缓解作用是如何实现的？

2. 分析 16CP 中 PVE、ELV 和 C1 的作用。

巩固练习

一、填空题

1. 自动制动阀“运转位”时，16CP 响应________压力变化，将作用管压力排放。

2. CCBⅡ电空制动机在“抑制位”时，机车将产生________________作用。

3. 和谐型电力机车自动制动阀“紧急位制动”时，其上的________动作，制动管压力排向大气。

4. 和谐型电力机车单独制动手柄移至“制动区”，________响应工作，使制动缸产生 0～300 kPa 作用压力。

二、选择题

1. 自动制动手柄从“运转位”推至初制动位，制动管(　　)。

A. 减压 40 kPa　　B. 减压 50 kPa　　C. 减压 60 kPa

2. 自动制动手柄从“运转位”推至抑制位，制动管(　　)。

A. 实行最大减压　　B. 实行初减压　　C. 减压 100 kPa

三、综合题

1. 简述 CCBⅡ电空制动机自动制动阀“运转位”时的综合作用。

2. 试述 CCBⅡ电空制动机自动制动阀在“常用制动区”时的作用。

3. 简述 CCBⅡ电空制动机自动制动阀“抑制位”时的作用。

4. 简述 CCBⅡ电空制动机自动制动阀“重联位”时的作用。

5. 简述 CCBⅡ电空制动机自动制动阀“紧急制动位”时的作用。

6. 简述 CCBⅡ电空制动机单独制动手柄各位置作用。

任务三　CCBⅡ电空制动机的其他功能分析

任务描述

采用 CCBⅡ电空制动机的机车，如果同时使用两台（或多台）机车牵引，重联机车的制动作用是与车辆一致还是与本务机车一致呢？除司机操纵外，还有什么方式能够引起紧急制动，确保行车安全？当制动控制系统局部发生故障时，制动系统如何维持运行，保障行车安全？制动控制系统失电时，如何保障行车安全？和谐型电力机车同时具有电空制动和电制动功能，空气制动力和电制动力如何协调配合呢？机车无动力回送时，其制动作用如何实现？上述就是我们本次任务要解决的问题。

任务目标

1. 理解重联机车在不同情况下的制动作用原理。
2. 掌握紧急制动的产生方式。
3. 掌握 ER 备用、空气备用、单独制动备用和失电保护功能的实现过程。
4. 理解空电联合制动的操作与配合原理。
5. 掌握机车无动力回送的工作原理。

任务信息

一、重联机车制动作用

和谐型电力机车多机重联时，通过连接平均管，可以使重联机车（简称补机）和本务机车（简称本机）产生相同的制动作用。具体作用原理参考图 1-23。

重联机车自动制动手柄应用销子固定在“重联位”，单独制动手柄应放置在“运转位”。

（一）自动制动作用

1. 缓解

缓解位为本机自动制动手柄在“运转位”时，补机受机车间平均管压力控制而发生缓解作用的位置，其缓解应和本机同步。本机控制制动管充气，16CP 响应制动管压力变化缓解本机；20CP 响应自动制动手柄信号，将平均管压力排空，补机接收平均管压力排空的信号，通过 BCCP 将制动缸压力排空，补机缓解。

2. 制动

制动位为本机自动制动手柄在“制动区”时，补机受机车间平均管压力控制而发生制动作用的位置，其制动应和本机同步。本机制动管减压，作用管、平均管增压，机车制动缸充气产生制动作用；补机接收平均管压力增高的变化，通过 BCCP 给制动缸充气，补机制动。

（二）单独制动作用

1. 制动与缓解

此位置为本机使用单独制动手柄时，补机受机车间平均管压力控制而发生作用的位置，其制动作用应和本机同步。

2. 自动制动的单缓

本机向右侧压单独制动手柄，16CP 和 20CP 响应该指令，使 16 号作用管和 20 号平均管减压；同时 13CP 响应该指令，给 13 号单缓管充气，控制 DBTV 模块中 BO 阀，使 16TV 管减压。本机 BCCP 响应作用管压力下降，使机车制动缸排气缓解；补机 BCCP 响应本机车平均管压力下降，控制其制动缸排气缓解。

二、主要部件的备份与保护

CCBⅡ电空制动机合并了许多冗余功能，如果发生故障，具有独特的识别、重新配置、备份主要部件的能力。

(一)空气备用(16CP 失效)

当机车制动系统 EPCU 中的 ERCP 或 16CP 故障时,制动系统自动转换到空气模式,采用纯机械三通阀(DBTV)来代替 16CP 控制作用管压力,制动系统仍可继续工作。

(二)ER 备用(ERCP 失效)

ERCP 备份作用原理

如果 ERCP 故障失效,软件控制制动系统自动切换至备用模式,由 16CP 和 13CP 共同实现它的功能。此时 ERCP 中的 MVER 电磁阀失电,预控压力排大气,允许机械阀接口 A1 通 A3,从而使均衡风缸同 ERBU 管连通。

13CP 中的 ERBU 得电,产生预控压力,其机械阀切断 ERBU 与大气的通路,允许机械阀接口 A3 通 A2,从而使 ERBU16 与 ERBU 管连通。

16CP 中的 MV16 电磁阀失电,预控压力排大气,机械阀切断 REL 缓解电磁阀、APP 作用电磁阀与作用风缸的通路,机械阀和 PVTV 阀间管路空气经 A1 口排大气;同时 PVTV 阀接口 A1 通 A3,使 16TV 管同作用管连通,DBTV 模块接替 16CP 工作提供机车制动缸控制压力。16CP 中的 REL 缓解电磁阀、APP 作用电磁阀控制管路通过 ERBU16→ERBU13→ERBU 机械阀 A2、A3 口→ERBU→MVER 机械阀 A1、A3 口→均衡风缸,实现对均衡风缸的控制。

(三)单独制动备用(20CP 失效)

20CP 失效时,16CP 将响应单独制动手柄的指令,控制作用管压力,从而控制本机车的单独制动。对于补机,由于平均管无控制压力,不能随本机产生单独制动。

(四)失电制动保护

CCBⅡ制动系统头车的 EPCU 或 IPM 电源丢失,均衡风缸压力以常用制动速率降到 0,这是一个不可抑制的惩罚制动,重联状态的 EPCU 失电不产生惩罚制动。

如果制动系统 EPCU 失电,所有电磁阀均失电。ERCP:均衡风缸通 ERBU;13CP:ERBU 经过缩堵 C1 通大气,单缓管通大气;BPCP:紧急电磁阀不排气,制动管投入状态,制动管以常用制动速率排气至 69 kPa;16CP:PVTV 阀连通 A1 和 A3 口,16TV 控制作用管;DBTV 模块:响应制动管排气,向作用管充气至 450 kPa;BCCP:PVPL 阀在均衡风缸后备管路压力大于 69kPa 前保持开通,使制动缸与平均管连接,产生平均管压力。20CP:PVLT 阀切断平均管气路,平均管保压。

结论:均衡风缸、制动管以常用制动速率排气到零,DBTV 模块控制作用管充气到 420kPa,全列车实施常用全制动;平均管充气后保压,重联机车可以同本务机一样产生制动。

三、紧急制动的触发条件

除去自动制动手柄可以触发紧急制动,还有以下一些条件可以触发紧急制动,这些紧急制动均非 CCBⅡ电空制动机发出的。

(1)开放司机室紧急制动阀(N69)触发紧急制动。

(2)按下操纵台紧急按钮触发紧急制动。

(3)IPM 触发紧急制动。

(4)ATP 触发紧急制动。

(5)列车断钩分离触发紧急制动。

(6)机车警惕装置触发紧急制动。

开放司机室紧急制动阀N69或列车断钩分离触发的紧急制动,先触发紧急放风阀N97,再触发BPCP中PVEM紧急放风阀加速制动管排气,全列车产生紧急制动作用,但均衡风缸压力不变。

其他方式触发的紧急制动,由IPM控制BPCP中的EMV紧急电磁阀得电,21号管排气,PVEM紧急放风阀动作加速制动管排气,再触发机车中部紧急放风阀N97排气,全列车产生紧急制动作用。

四、空电联合制动

HXD_3型电力机车制动系统采用的是克诺尔的CCBⅡ型电空制动机,具有空电联合制动功能。

机车电制动设定值可由司机控制器或自动制动手柄控制产生,如果二者同时产生电制动信号,机车控制系统执行两个设定值中较高的。

司机控制器调节手柄从“0”位推到“制动位”时,机车产生电制动,操纵台上的电制动指示灯亮。此时车辆不产生制动作用。

如果首先通过司机控制器实施了电制动,然后使用自动制动手柄实施常用制动,机车仍保持电制动,空气制动将被电制动互锁电磁阀切除(参考图1-23);车辆实施空气制动。当实施单独制动时,机车空气制动可以激活,当制动缸的压力达到90kPa时,动力制动被切除。

如果先通过单独制动手柄施加空气制动,当制动缸压力达到90 kPa后追加电制动,电制动无法投入。

自动制动手柄在制动位时,机车自动产生空电联合作用。电制动优先于空气制动。此时机车只产生电制动,而车辆产生空气制动,当电制动力不足时,自动追加空气制动。机车产生电制动力与应该产生的空气制动力基本一致。司机可以根据列车运行情况,操纵牵引/制动手柄追加电制动力,但不能缓解由于空电联合作用而产生的电制动力。侧压单独制动手柄后可以缓解由于空电联合而产生的机车空气制动。

五、机车无动力回送

机车无动力回送时,由于其空气压缩机无电停止使用,则空气制动系统没有风源,此时必须开放机车无动力装置塞门。

开通无动力塞门后,制动管压力空气经DE无动力塞门、DER压力调整阀、C2充气节流孔、CV单向止回阀,将调整后的压力空气充入总风缸,充入总风缸的最高压力约为250kPa。此时总风缸在机车制动机系统中相当于车辆的副风缸。

无动力回送的制动原理与空气备份相同。

无动力回送机车连接在本务机车后,制动作用将和本务机车相同。保持原状!

无动力回送机车拖在车辆后(远离本机),受制动管——DBTV模块控制,其制动作用将和车辆相同。但此模式下自动制动手柄的紧急制动作用仍然有效。

任务实施

一、合作探究

1. 重联机车自动制动手柄应用________固定在“重联位”，单独制动手柄应放置在“________”。

2. 本务机车自动制动手柄在“制动区”时，本机制动管________，________管、平均管增压，机车制动缸充气产生制动作用；补机接收________管压力增高的信号，通过 BCCP 给制动缸充气，补机制动。

3. CCBⅡ电空制动机合并了许多________功能，如果发生故障，具有独特的识别、重新配置、________主要部件的能力。

4. 当机车制动系统 EPCU 中的 ERCP 或________故障时，制动系统自动转换到________模式，采用纯机械三通阀(DBTV)来代替________控制作用管压力，制动系统仍可继续工作。

5. 20CP 失效时，________将响应单独制动手柄的指令，控制________压力，从而控制本机车的单独制动。对于重联机车，由于________无控制压力，不能随本务机车产生单独制动。

6. CCBⅡ电空制动机失电时，均衡风缸、制动管以________速率排气到 0，________控制作用管充气到 420 kPa，全列车实施常用全制动；平均管________，重联机车可以同本务机一样产生制动。

7. 机车无动力回送时，由于其________无电停止使用，则空气制动系统没有风源，此时必须开放机车________塞门。

二、展示汇报

◆组内分工合作，完成展示汇报

组别：　　　　　　　　　　组长：　　　　　　　　　　完成日期：

序号	工作内容	责任人	备注
1			
2			
3			
4			
5			
6			

◆展示汇报内容与要求

1. 制作重联机车制动作用原理 PPT，并根据 PPT 进行展示讲解。要求：

(1)选取自动制动作用或单独制动作用的一个状态。

(2)在题图 3-1 上用粗线条表示各模块中有气流的气路，用箭头标出气路流向，不同管路用不同颜色描出以示区分。

(3)分析重联机车制动作用的工作原理,说明相关各阀状态、沟通气路、完整气路。

2. 制作 ERCP 备用工作原理 PPT,并根据 PPT 进行展示讲解。要求:

(1)补全题图 3-1~题图 3-3 各模块状态为 ERCP 备用,均衡风缸充气缓解状态。

(2)在题图 3-1~题图 3-3 上用粗线条表示各模块中有气流的气路,用箭头标出气路流向,不同管路用不同颜色描出以示区分。

(3)分析 ERCP 备用时充气缓解位工作原理,说明相关各阀状态、沟通气路、完整气路。

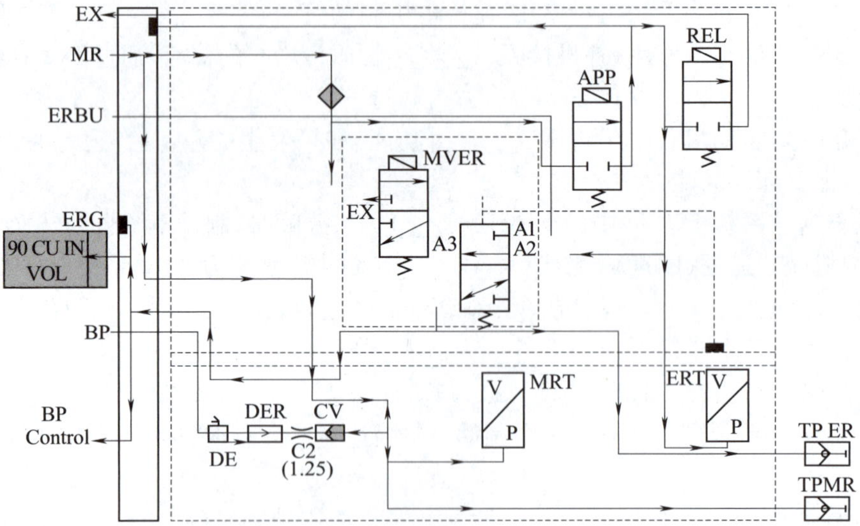

题图 3-1

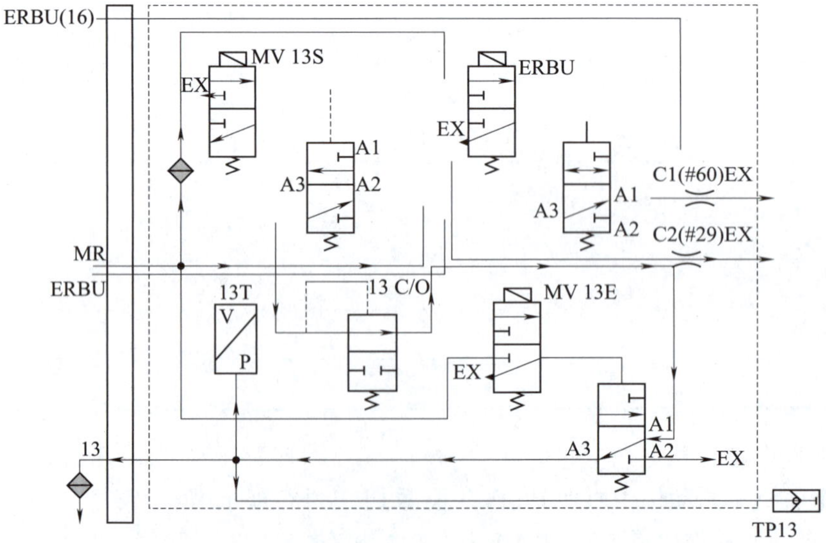

题图 3-2

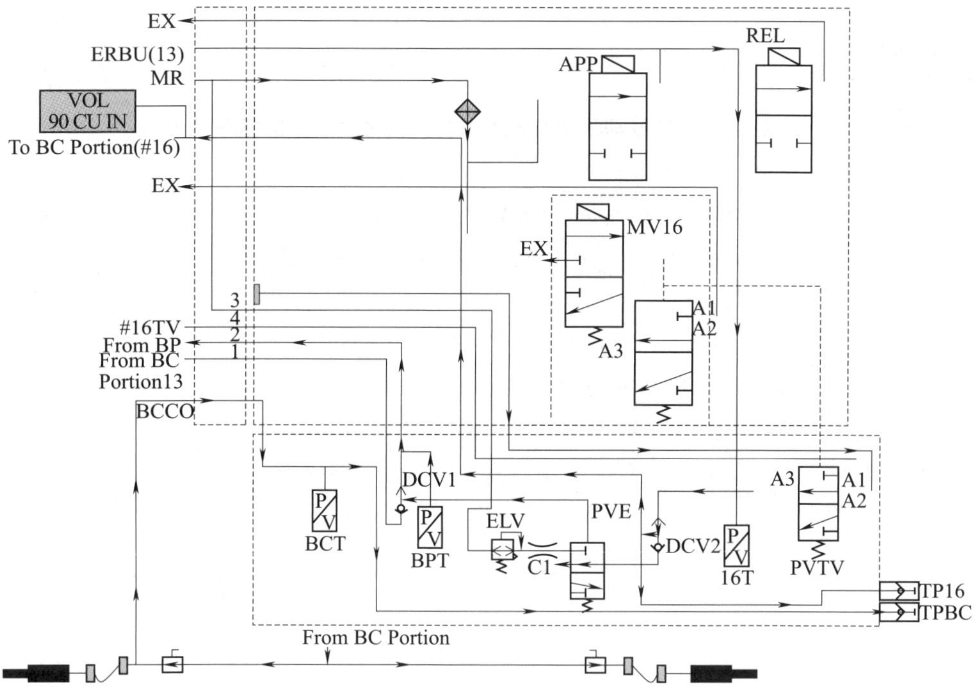

题图 3-3

3. 制作 CCBⅡ电空制动机失电工作原理 PPT，并根据 PPT 进行展示讲解。要求：

(1)ERCP、13CP、BPCP、16CP、DBTV 模块、BCCP、20CP 均处于失电状态。

(2)在题图 3-3 上用粗线条表示各模块中有气流的气路，用箭头标出气路流向，不同管路用不同颜色描出以示区分。

(3)分析失电时各模块的工作原理，说明相关各阀状态、沟通气路、完整气路。

任务评价

CCB Ⅱ 电空制动机的其他功能分析任务展示评价标准

序号	评价项目	评价内容与标准	分值
1	知识点	能够正确说明重联机车的控制过程	10
2		能够准确完整地说明 ERCP 备用时各相关模块的状态和均衡风缸的充气过程	25
3		能够按图说明制动系统失电时的工作状态与气路	25
4	PPT	各控制模块阀的状态、气路状态描绘准确	10
5		绘图规整，标示清晰，文字介绍简洁完整	10
6	表达能力	仪态得体，逻辑严密，口齿清楚，声音洪亮，讲解生动	10
7	课堂表现	遵守课堂纪律，学习态度端正，组员合作默契	10
合　计			100

个人学习成果评价

序号	评价项目	分值	自评	组内评价	组外评价	师评	小计
1	知识与技能	10			—	—	
2	纪律与态度	7			—	—	
3	组内贡献度	8			—	—	
4	学习成果(工作页)	20	—	—	—		
5	展示汇报	15	—	—			
本任务得分							
目前总得分							

任务拓展

1. 总结 ERCP 故障时自动制动的控制关系。

2. 如果不连接平均管，重联机车的制动如何实现？

3. 电制动和空气制动能否同时发生作用？为什么？

巩固练习

一、填空题

1. CCBⅡ电空制动机ERCP、16CP中的REL缓解电磁阀及APP作用电磁阀在得电和失电情况下的作用原理________。

2. ERCP发生故障时，机车自动切换由________和13CP来代替其功能。

3. CCBⅡ电空制动机20CP故障，________可以根据单独制动手柄的位置产生制动缸控制压力。

4. CCBII制动系统头车的________或IPM电源丢失，均衡风缸压力以常用制动速率降到0，这是一个不可抑制的惩罚制动。

5. 拉紧急制动阀时，机车会产生紧急制动作用，但均衡风缸压力________。

6. 和谐型电力机车司机施行自动制动时，机车上产生________制动，车辆上产生空气制动。

7. 无动力装置集成于________中，连接在机车的制动管与________管之间。

8. 无动力回送的制动原理与__________相同。机车被连接在本务机车后，制动作用将和________相同。机车被拖在车辆后(远离本机)，制动作用将和________相同。此模式下自动制动手柄的紧急作用仍然________。

二、综合题

1. 简述本务机车自动制动时，重联机车的控制过程。

2. 紧急制动的触发条件有哪些？

3. 和谐型电力机车采用空电联合制动有哪些特点？

项目四

CCB Ⅱ 电空制动机的设置与试验

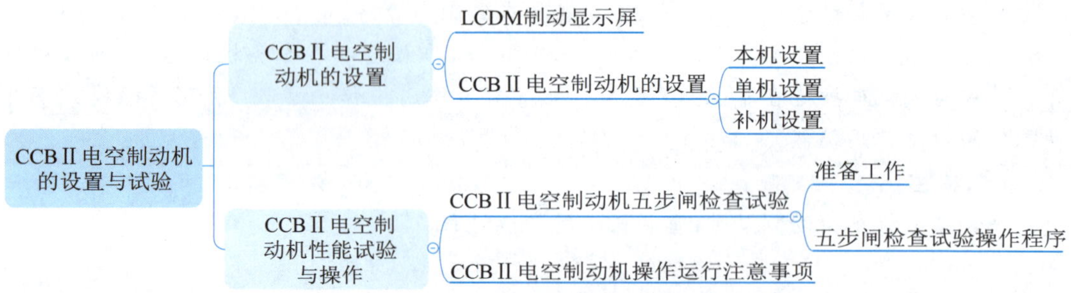

项目概述

CCBⅡ电空制动机具有不同的操作模式，如本机模式、单机模式、补机模式、无动力回送模式等；此外还可以调整制动管定压、补风/不补风、一次缓解/阶段缓解等制动参数和性能。电力机车在日常工作中，要根据具体情况选择不同的操作模式和性能参数。

电力机车乘务员在每次出乘之前，必须要对制动系统进行性能试验，目的在于判定其技术性能是否符合安全行驶的要求。在运行过程中，要遵守制动机操作运行注意事项，确保铁路运输平稳可靠。

学习目标

1. 理解制动显示屏 LCDM 各功能键的作用，掌握 CCBⅡ电空制动机各种设置的方法步骤。
2. 能对制动机进行“本机”“补机”“单机”模式的设置。
3. 掌握正确完成 CCBⅡ电空制动机各项试验操作。
4. 掌握 CCBⅡ电空制动机操作运行注意事项。

任务一　CCBⅡ电空制动机的设置

任务描述

电力机车在日常工作中，会承担不同的牵引任务，例如是担任本务机车(头车)还是机后补机？是牵引旅客列车还是牵引货物列车？相应的就必须要根据实际情况，正确地对 CCBⅡ电空制动机进行各种工作模式的设置，以满足运输任务的需要。

任务目标

1. 掌握 LCDM 制动显示屏的功能和各触摸按键的作用。
2. 理解均衡风缸压力调整、“补风/不补风”设置的依据。
3. 掌握“本机”“补机”“单机”的设置要求和步骤。
4. 能对制动系统进行均衡风缸压力调整，“补风/不补风”设置，“本机”“补机”“单机”的设置操作。

任务信息

一、LCDM 制动显示屏

LCDM(Locomotive Cab Display Module)制动显示屏是 CCBⅡ电空制动机的主要显示和操作装置，是人机接口，位于司机室操纵台左侧。它由 10.4 英寸液晶显示器、下方 8 个功能键和左侧 3 个亮度调节键组成，其实物显示状态如图 4-1 所示。其功能键用来实现操作菜单的选择及制动功能的选定，操作菜单可以选择中文或英文显示，各按键功能如图 4-2 所示。

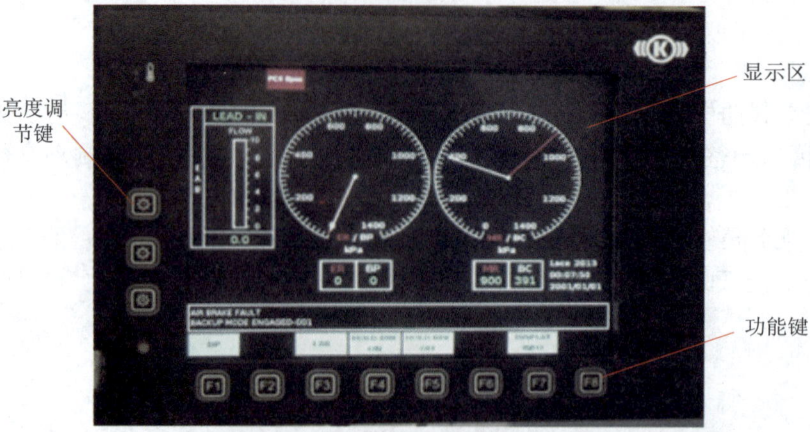

图 4-1　LCDM 制动显示屏

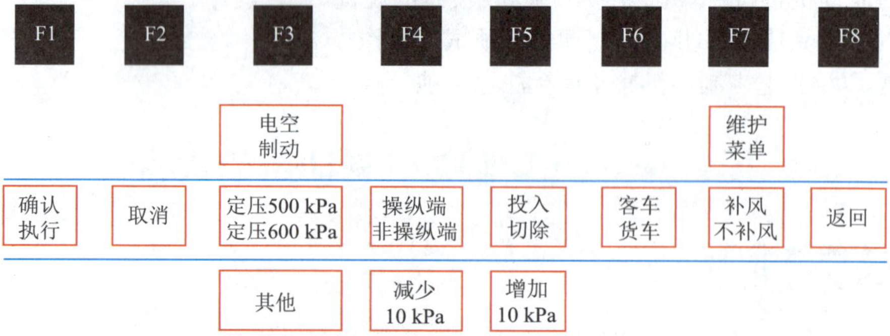

图 4-2　LCDM 制动显示屏各按键作用

二、CCBⅡ电空制动机的设置

CCBⅡ制动系统设置

在使用 CCBⅡ电空制动机时，要根据实际情况选择本机(制动管投入或切除)或补机(制动管切除)操作模式。操作模式可通过司机室制动显示屏(LCDM)上的功能键进行设置。显示错误信息时，必须按照信息提示执行，否则将无法继续进行设置。

(一)本机设置

1. 本机设置(制动管投入)

如果有重联机车，在对本务机车进行设置前，应确保其他机车在补机状态。

(1)本务机车制动显示屏 LCDM 默认的是当前的设置状态。

(2)将自动制动手柄置“运转位”(确保不会发生紧急制动)，单独制动手柄置“全制动位”。

(3)司控器可置任何位置。

(4)按【F3】“电空制动”。机车当前的设置信息显示在制动屏消息栏中。如果再选择其他对应的按键，机车对应的改变设置信息也会显示在制动屏消息栏中。

(5)按【F4】选“操纵端”→按【F5】选“投入”可将制动系统设置为本机状态。此时，“本机—投入”信息将出现在消息栏中。

(6)按【F1】执行。

机车设置本机(制动管投入)后,通过 EBV 单独制动手柄可实施机车单独制动、保压和缓解;通过 EBV 自动制动手柄可控制均衡风缸 ER 和制动管 BP 压力,从而实施全列车制动、保压和缓解。

2. 均衡风缸压力设置

(1)按【F3】两次,进入风压设定菜单。按【定压 500/定压 600】→选择均衡风缸定压 500 kPa或 600 kPa。

(2)要调整均衡风缸设置压力,按【F3】"其他"进入下一菜单,选择【F4】减少或【F5】增加,每按一次,可相应减少或增加均衡风缸定压 10 kPa。

(3)按【F1】执行。

如按压【F3】查询后不需要调整时,按压【F8】返回。

自动制动手柄置于"运转位",均衡风缸 ER 和制动管 BP 将增压到设定的压力。在设置均衡风缸(制动管)压力参数时,其误差范围不得超过±10 kPa。

3. 客车/货车设置

(1)将换向手柄置"0 位"。

(2)按【F3】"电空制动"→按【F6】选"客车"或"货车"→按【F1】执行。

在"货车位",当自动制动手柄由制动区向"运转位"移动,无论是否到达"运转位",均衡风缸 ER 和制动管 BP 的压力均可充至定压,全列车缓解,即可实现"一次缓解"。

在"客车位",当自动制动手柄由制动区向"运转位"移动,均衡风缸 ER 和制动管 BP 将根据手柄位逐步增压,而制动缸 BC 的压力逐步减小。当自动制动手柄到达"运转位"时,均衡风缸 ER 和制动管 BP 的压力才可充至定压,制动缸 BC 压力减小到 0。即可实现"阶段缓解"。

4. 补风/不补风设置

按【F3】2 次→按【F7】选"补风"或"不补风"→按【F1】执行。

在补风状态,如果制动管有泄漏,总风将会自动给制动管充气到均衡风缸的压力;在不补风状态,自动制动手柄在制动区,如果制动管有泄漏,总风将不会自动给制动管补风。

注意:无论牵引客车、货车,均严禁使用制动机的"补风"功能。

(二)单机设置(制动管切除)

1. 制动显示屏 LCDM 默认的是当前的设置状态。
2. 将自动制动手柄置"运转位"(确保不会发生紧急制动),单独制动手柄置"全制动位"。
3. 将换向手柄置"0 位"。
4. 按【F3】"电空制动"→按【F4】选"操纵端"→按【F5】选"切除"→按【F1】执行。

机车设置单机(制动管切除)后,通过 EBV 单独制动手柄可实施机车单独制动;通过 EBV 自动制动阀可控制均衡风缸压力,但不能控制制动管压力,通过自动制动阀仍可产生紧急制动作用。机车制动作用和缓解作用也可根据制动管压力变化产生。

(三)补机设置(制动管切除)

1. 确保司控器在"0 位"。
2. 单独制动手柄置"全制动位",自动制动手柄置"重联位"。
3. 按【F3】"电空制动"→按【F4】选"非操纵端"→按【F1】执行。
4. 连接补机与本机机车之间的制动管、总风管、平均管各端部软管,并开通上述各管路塞门。
5. 移动单独制动手柄置"运转位"。

装置选择非操纵端时默认为切除。此位置自动制动手柄和单独制动手柄都失效,EPCU

对 EBV 手柄的移动不再响应。均衡风缸排大气；制动管压力被切除，不再受均衡风缸压力控制。机车的制动、缓解作用通过平均管来控制。

注意：此模式下自动制动手柄的紧急作用仍然有效，如果 30 s 内对屏幕无操作，LCDM 显示屏将进行屏保。

任务实施

一、合作探究

1. 正确填写题图 4-1 中各空白位置的名称。

题图 4-1

2. 正确填写题图 4-2 中各空白处功能描述。

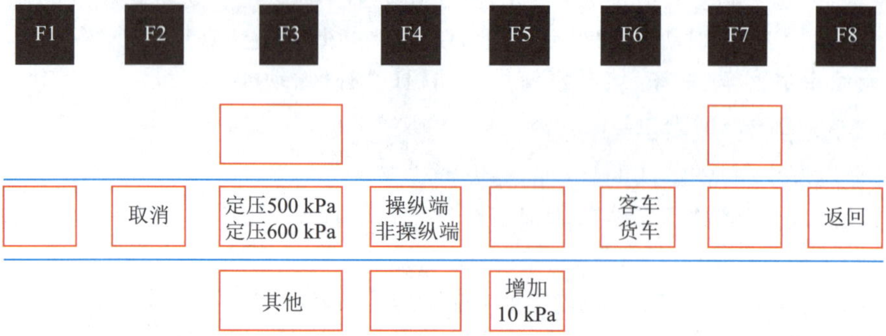

题图 4-2

3. 本机设置（制动管投入）

如果有重联机车，在对本机机车进行设置前，确保其他机车在________状态。

（1）本务机车制动显示屏 LCDM 默认的是当前的设置状态。

（2）将自动制动手柄置________位，单独制动手柄置________位。

（3）司控器可置任何位置。

（4）按【____】“电空制动”。

（5）按【F4】选“________”→按【F5】选“________”可将制动系统设置为本机状态。

（6）按【____】选“客车”可将制动系统设置为客车状态。在“客车位”，当自动制动手柄由制动区移向“运转位”，均衡风缸 ER 和制动管 BP 将根据手柄位置逐步________压，而制动缸 BC 的压力逐步________。当自动制动手柄到达“运转位”时，均衡风缸 ER 和制动管 BP 的压力才可充至定压，制动缸 BC 压力减小到零。即可实现“________________”。

4. 均衡风缸压力设置

(1)按【____】两次，进入风压设定菜单。按【定压 500/定压 600】→选择均衡风缸定压 500 kPa 或 600 kPa。

(2)要调整均衡风缸设置压力，按【F3】“其他”进入下一菜单，选择【____】减少或【____】增加，每按一次，可相应减少或增加均衡风缸定压 10kPa。

(3)当所需要的压力值出现在消息栏中，按压【F8】键，显示屏恢复到上一级菜单。

(4)按【F1】执行键，显示屏恢复到____________。

自动制动手柄置于“____________”，均衡风缸 ER 和制动管 BP 将增压到设定的压力。

5. 补风/不补风设置

按【F3】________次→按【____】选“补风”或“不补风”→按【F1】执行。

在________状态，如果制动管有泄漏，总风将会自动给制动管充气到均衡风缸的压力；在________状态，自动制动手柄在制动区，如果制动管有泄漏，总风将不会自动给制动管补风。

6. 单机设置(制动管切除)

(1)制动显示屏 LCDM 默认的是当前的设置状态。

(2)将自动制动手柄置________位(确保不会发生紧急制动)，单独制动手柄置________位。

(3)将换向手柄置________位。

(4)按【__】“电空制动”→按【__】选“操纵端”→按【__】选“切除”→按【F1】“执行”。

7. 补机设置(制动管切除)

制动管压力被切除，不再受均衡风缸压力控制，机车的制动、缓解作用通过________管来控制。具体操作如下：

(1)确保司控器在“0 位”。

(2)单独制动手柄置“全制动位”，自动制动手柄置________位。

(3)按【__】“电空制动”→按【F4】选“________”→按【F1】执行。

(4)连接补机与本务机车之间的制动管、总风管、平均管各端部软管，并开通上述各管路________。

(5)移动单独制动手柄置________位。

二、实施展示

◆ 按照实施展示要求，组内分工合作。

组别：　　　　　　　　　　　　组长：　　　　　　　　　　　　完成日期：

序号	工作内容	责任人	备注
1			
2			
3			
4			
5			
6			

◆实施展示内容与要求

1. 安全防护与工具准备

安全防护与工具明细表			
序号	名称	数量	备注
1	安全警告标志牌		
2			
3			
4			
5			
6			

2. 实际操作

熟记各种模式设置流程之后，分组在 LCDM 制动显示屏上，进行完整的设置操作。完成三级评价（自评、互评和教师评价），查找不足，总结并记录正确操作流程。

任务评价

CCB Ⅱ 电空制动机的设置任务实施展示评价标准

序号	评价项目	评价内容与标准	分值
1	知识点	能够准确完整地说出 LCDM 制动显示屏的功能及各触摸按键的作用	10
2		能够准确完整地描述“本机”位设置的步骤	15
3		能准确描述“补机”位设置的步骤	10
4		能够准确完整地描述“单机”设置的步骤	10
5	操作技能	能够正确完成“本机”位设置	15
6		能够正确完成“补机”位设置	10
7		能够正确完成“单机”设置	10
8	表达能力	仪态得体，逻辑严密，口齿清楚，声音洪亮，讲解生动	10
9	课堂表现	遵守课堂纪律，学习态度端正，组员合作默契	10
10	安全意识	浮动项。有突出表现加 1～5 分，有失误减 10～50 分	
合　计			100

个人学习成果评价

序号	评价项目	分值	自评	组内评价	组外评价	师评	小计
1	知识与技能	10			—	—	
2	纪律与态度	7			—	—	
3	组内贡献度	8			—	—	
4	学习成果(工作页)	20	—	—	—		
5	实际操作	15	—	—			
本任务得分							
目前总得分							

巩固练习

一、填空题

1. 选择________键“电空制动”并检查制动屏设置是否正确。

2. 机车制动屏上按压【F3】为查询，按压________为返回，按压【F1】为确认。

3. 制动显示屏 LCDM 位于司机室操纵台，通过它可进行________/补机，________定压，________投入/切除，客车/货车，补风/不补风，CCBⅡ电空制动机________，风表值标定，故障查询等功能的选择和应用。

二、选择题

1. 在设置 CCBⅡ电空制动机的均衡风缸、制动管压力参数时，其误差不得超过（　　）kPa。

A. ±10　　B. ±15　　C. ±20

2. CCBⅡ电空制动机中，实现人机接口的部件是（　　）。

A. 电子制动阀 EBV　　B. 制动显示屏 LCDM　　C. 继电器接口模块 RIM

三、综合题

1. 简述制动显示屏(LCDM)的作用。

2. 简述本机设置(制动管投入)流程。

3. 简述补机设置(制动管切除)流程。

任务二 CCBⅡ电空制动机性能试验与操作

任务描述

电力机车乘务员在每次出乘之前，必须要对制动系统进行性能试验。只有经过试验确认制动性能参数符合技术要求后，才能允许机车出乘，否则必须进行检修，直到制动性能符合技术要求为止。制动性能的主要技术要求是：电子制动阀手柄位置与均衡风缸、制动管、制动缸压力的变化相对应，并严格按比例关系和反应时间动作，以确保制动效果。

CCBⅡ制动机五步闸试验

列车运行途中，要严格遵守CCBⅡ电空制动机操作运行注意事项。

任务目标

1. 掌握CCBⅡ电空制动机制动性能试验前要做的准备工作。
2. 掌握CCBⅡ电空制动机五步闸试验操作顺序、步骤和指标要求。
3. 能正确完成CCBⅡ电空制动机各项试验操作。
4. 掌握CCBⅡ电空制动机操作运行注意事项。

任务信息

一、CCBⅡ电空制动机五步闸检查试验

列车运行中要对制动机进行相关的全部试验和简略试验，以确保列车运行安全可靠。试验规定和内容要求可参考《铁路技术管理规程(普速铁路部分)》和《铁路机车操作规则》。

在乘务员库内接班或整备司机整备作业时，通常只进行单机日常检查试验，其准备工作、试验顺序、检查项目及方法见表4-1、表4-2。

(一)准备工作

表4-1 CCBⅡ电空制动机检查准备试验工作

项目	步骤	内容及要求
试验前准备工作	1	确认机车已做好防溜工作
	2	制动显示屏LCDM初始化正常，模式设置为本机、货车、不补风、均衡风缸定压600 kPa
	3	确认总风压力750～900 kPa，均衡风缸、制动管压力600 kPa，制动缸压力为0
	4	自动制动、单独制动手柄置“运转位”
	5	缓解弹停制动，确认弹停指示灯熄灭

(二)五步闸检查试验操作程序

表 4-2　CCBⅡ电空制动机五步闸检查方法

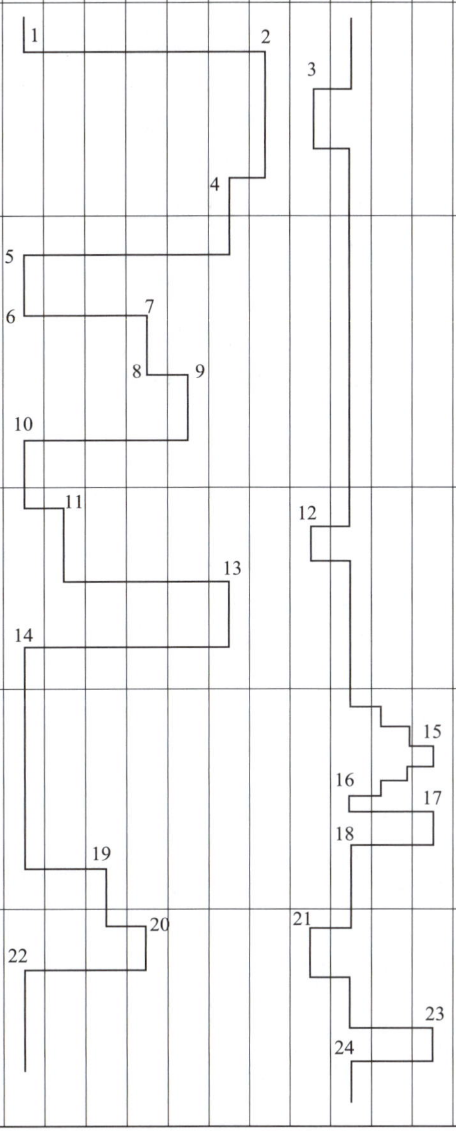

步骤	设置	自动制动手柄							单独制动手柄				检查内容
		运转	初制	制动	全制	抑制	重联	紧急	侧缓	运转	制动	全制	
1	本机不补风												1. 总风压力 750 ～ 900 kPa，制动缸压力 0，均衡风缸压力 500 kPa，制动管压力 500 kPa 2. 制动管压力在 3 s 内降为 0，制动缸压力在 3 ～ 5 s 内升至 200 kPa，并继续增压至 450 kPa，均衡风缸压力降为 0，紧急制动倒计时 60 s 开始 3. 制动缸压力下降为 0，手柄复位后制动缸压力恢复 4.60 s 倒计时结束后操作，制动管、均衡风缸、制动缸压力不变
2	本机不补风												5. 均衡风缸增压至 500 kPa，制动管增压至 480 kPa 不大于 9 s，制动缸压力下降为 0 6. 等 60 s（以上）使系统各风缸充满风 7. 均衡风缸在 5 ～ 7 s 减压到 360 kPa，制动管减压到均衡风缸压力 ±10 kPa，制动缸在 6 ～ 8 s 增压到 360 kPa 8. 保压 1 min，均衡风缸压力泄漏不大于 7 kPa，制动管压力泄漏不大于 10 kPa，制动缸压力变化不大于 25 kPa 9. 各压力无变化 10. 均衡风缸增压至 500 kPa，制动管压力 500 kPa，制动缸压力下降为 0
3	本机不补风												11. 充满风后，均衡风缸减压 50 kPa，制动管减压到均衡风缸压力的 ±10 kPa，制动缸增压到 70 ～ 110 kPa 12. 制动缸压力下降为 0 13. 均衡风缸以常用制动速率降为 0，制动管减压到 55 ～ 85 kPa 后保持，制动缸增压至 450 kPa 14. 均衡风缸增压至 500 kPa，制动管压力 500 kPa，制动缸压力下降为 0
4	本机不补风												15. 阶段制动，制动缸压力阶段上升，全制动制动缸压力 300 kPa 16. 阶段缓解，制动缸压力阶段下降，“运转位”制动缸压力下降为 0 17. 制动缸压力在2～3 s上升到 280 kPa，最终为(300±15) kPa 18. 制动缸压力在 3 ～ 5 s 降到 35 kPa 以下 19. 均衡风缸减压 100 kPa，制动管减压到均衡风缸压力的 ±10 kPa，制动缸增压到 230 ～ 250 kPa
5	单机												20. 均衡风缸减压 140 kPa，制动管压力保持不变，制动缸压力保持不变 21. 制动缸压力下降为 0，手柄复位后制动缸压力不恢复 22. 均衡风缸增压至 500 kPa，制动管压力保持不变，制动缸压力保持不变 23. 制动缸压力在 2 ～ 3 s 上升到 280 kPa，最终为 300 kPa 24. 制动缸压力在 3 ～ 5 s 降到 35 kPa 以下

注：试验完毕，机车恢复本机/不补风状态设置。

二、CCBⅡ电空制动机操作运行注意事项

1. 始发站 CCBⅡ电空制动机设置正确后，运行中严禁随意更改设置(作业需要及处理故障除外)。

2. 运行中注意观察信息提示框流量模块和各仪表显示状态。如果发现有异常流量或者机

车制动缸非正常上闸时，应及时检查确认。

3. 上电或失电，即闭合或断开电钥匙 SA49(50)、微机控制 QA41(42)、电空制动 QA50、司机控制 QA43(44)、机车控制 QA45、蓄电池 QA61 自动开关或断路器；空气制动系统故障以及监控装置实施的放风均会造成机车惩罚制动，此时均衡风缸将以常用制动速度排到零，这是一个不可抑制的惩罚制动。

注意：上述开关或断路器在运行中不得断开。

当满足下列所有条件时惩罚制动才能消除：引起惩罚制动的原因必须按照提示消除，特别注意监控装置放风后，必须视情况实施解锁（实行常用制动时必须停车后按压【缓解】键；防溜自停按压【警惕】键），自动制动手柄放“抑制位”停留 1 s。在运行途中一旦产生惩罚制动必须停车，不得擅自强行缓解，防止发生事故。

4. 遇制动机失电停车后，再次上电必须重新确认显示屏设置是否正确。

5. 运行中长时间不对 LCDM 装置进行操纵，显示屏将出现黑屏，只要按压任意键就可消除。

6. 紧急制动（自动制动阀紧急制动、监控装置实施自停动作、警惕报警装置动作、车辆引起紧急制动）后，自动制动手柄在“紧急制动位”停放 60 s（以上），并且观察制动机显示屏显示，根据其提示进行操作。

7. 制动机故障或机车附挂在异型机车后，此时机车相当于车辆状态的无动力回送，严禁关闭制动缸塞门 Z10.22 和 Z10.23。

任务实施

一、合作探究

1. 写出 CCBⅡ电空制动机五步闸性能试验顺序和步骤。

第一步闸：

第二步闸：

第三步闸：

第四步闸：

第五步闸：

2. 运行中注意观察信息提示框流量模块和各仪表________。如果发现有异常流量或者机车制动缸非正常上闸时，应及时________。

3. 上电或失电，空气制动系统______以及________实施的放风均会造成机车惩罚制动，此时均衡风缸将以________速度排到零，这是一个不可抑制的惩罚制动。

4. 在运行途中一旦产生惩罚制动________，不得擅自强行缓解，防止发生事故。

5. 紧急制动后，自动制动手柄在“紧急制动位”停放______ s(以上)，并且观察制动机________显示，根据其提示进行操作。

二、实施展示

◆按照实施展示要求，组内分工合作

组别： 组长： 完成日期：

序号	工作内容	责任人	备注
1			
2			
3			
4			
5			
6			

◆实施展示内容与要求

1. 任务实施设备资源准备

任务实施设备需要准备以下资源：CCBⅡ电空制动机模拟实测设备、用户手册、安全警告标志牌、直流控制电源、压缩空气源装置、工作单及评价表等。

2. 任务实施准备工作

项目	步骤	内容及要求
试验前准备工作	1	确认机车已做好______工作
	2	制动显示屏 LCDM 初始化正常，模式设置为______、货车、不补风、均衡风缸定压 600 kPa
	3	确认总风压力 750～900 kPa，均衡风缸、制动管 600 kPa，制动缸压力为______
	4	自动制动、单独制动手柄置“运转位”
	5	缓解弹停制动，确认红色指示灯______

3. 任务实施步骤

按照 HXD3C 型电力机车 CCBⅡ电空制动机“五步闸”试验操作规程，在实训设备上进行实际操作，并将各试验数据填入试验数据记录单。

CCB Ⅱ 电空制动机“五步闸”试验数据记录单

操作步骤				制动管		均衡风缸		制动缸		总风缸
顺序		自阀	单阀	压力(kPa)	时间(s)	压力(kPa)	时间(s)	压力(kPa)	时间(s)	压力(kPa)
第一步闸	1	运转位	运转位							
	2	紧急位	运转位							
	3	紧急位	侧缓位							
	4	重联位	运转位							
第二步闸	5	运转位	运转位							
	6	运转位	运转位							
	7	全制位	运转位							
	8	全制位	运转位							
	9	抑制位	运转位							
	10	运转位	运转位							
第三步闸	11	初制位	运转位							
	12	初制位	侧缓位							
	13	重联位	运转位							
	14	运转位	运转位							
第四步闸	15	运转位	全制位							
	16	运转位	运转位							
	17	运转位	全制位							
	18	运转位	运转位							
	19	制动位	运转位							
第五步闸	20	全制位	运转位							
	21	全制位	侧缓位							
	22	运转位	运转位							
	23	运转位	全制位							
	24	运转位	运转位							

任务评价

CCB Ⅱ 电空制动机性能试验任务实施展示评价标准

序号	评价项目	评价内容与标准	分值
1	知识点	能准确说出 CCB Ⅱ 电空制动机五步闸试验前准备工作	10
2		能准确说出 CCB Ⅱ 电空制动机五步闸试验顺序和试验方法	25
3		能准确描述 CCB Ⅱ 电空制动机操作运行注意事项	15
4	操作技能	能够正确完成制动系统五步闸试验操作	30

续上表

序号	评价项目	评价内容与标准	分值
5	表达能力	仪态得体，逻辑严密，口齿清楚，声音洪亮，讲解生动	10
6	课堂表现	遵守课堂纪律，学习态度端正，组员合作默契	10
7	安全意识	浮动项。有突出表现加1～5分，有失误减10～50分	
合　计			100

个人学习成果评价

序号	评价项目	分值	自评	组内评价	组外评价	师评	小计
1	知识与技能	10			—	—	
2	纪律与态度	7			—	—	
3	组内贡献度	8			—	—	
4	学习成果(工作页)	20	—	—	—		
5	实际操作	15	—	—			
本任务得分							
目前总得分							

巩固练习

一、判断题

1. CCBⅡ电空制动机“五步闸”试验完毕，机车司机室制动显示屏LCDM恢复本机/不补风状态设置。(　　)

2. 移动电子制动阀的单独制动手柄到“全制动位”。观察压力表转向架1/2制动缸压力在2～3 s内从0上升到370 kPa。(　　)

3. 单独制动阀制动后缓解时，制动缸压力在3～5 s内从300 kPa下降到80 kPa。(　　)

4. CCBⅡ电空制动机在“重联位”时，均衡风缸压力将减至240～260 kPa。(　　)

5. 始发站CCBⅡ电空制动机设置正确后，运行中严禁随意更改设置。(　　)

6. 遇制动机失电停车后，再次上电不必重新确认显示屏设置。(　　)

二、综合题

1. 试述CCBⅡ电空制动机“第一步闸”检查、试验标准。

2. 试述 CCBⅡ电空制动机“第二步闸”检查、试验标准。

3. 试述 CCBⅡ电空制动机“第三步闸”检查、试验标准。

4. 试述 CCBⅡ电空制动机“第四步闸”检查、试验标准。

5. 试述 CCBⅡ电空制动机“第五步闸”检查、试验标准。

项目五
制动系统其他装置与制动基础理论

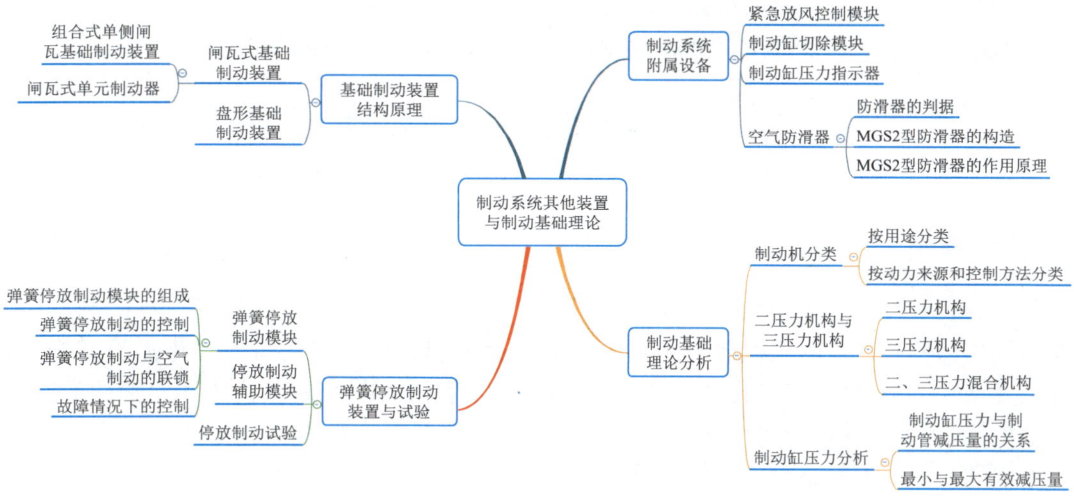

项目概述

制动机按动力来源与控制方法大致分为5类：人力制动机、空气制动机、真空制动机、电空制动机、弹簧停放制动装置。无论哪种制动机，制动作用的实现都依赖于基础制动装置。基础制动装置又分为闸瓦制动和盘形制动。

HXD_3型电力机车采用CCBⅡ电空制动机，除前面介绍的操纵与控制系统外，制动机管路系统还包括紧急放风控制模块S10、制动缸切除模块Z10、制动缸压力指示器和空气防滑器等。此外，机车上还装有弹簧停放制动装置，能在机车停放、无风状态下利用储能的弹簧实施停放制动。

制动机的操纵不但与机车制动机有关，还与车辆制动机的性能特点有关。深入理解制动相关理论，对提高列车操纵技术有很大帮助。

学习目标

1. 掌握闸瓦式基础制动装置的分类、组成、结构原理和特点。
2. 掌握盘形基础制动装置的分类、组成、结构原理和特点。
3. 掌握弹簧停放制动控制装置的位置、组成和工作原理。
4. 掌握紧急放风控制模块S10、制动缸切除模块Z10、制动缸压力指示器和空气防滑器的功能、组成和工作原理。
5. 能够正确完成停放制动试验和制动缸压力指示器试验。
6. 理解相关制动基础理论，为以后正确使用、操纵制动设备打好理论基础。

任务一　基础制动装置结构原理

任务描述

基础制动装置是指从制动缸活塞推杆到闸瓦或闸片之间的一系列杠杆、拉杆、制动梁、吊杆等各种零部件所组成的机械装置。它的用途是通过制动缸将空气压力转化为活塞推力，经杠杆装置增大适当倍数以后，将推力平均地传递给各闸瓦或闸片，使其压紧车轮踏面或制动盘产生摩擦，阻止车轮转动而产生制动作用。基础制动装置都有哪些具体方式和类型？它们是怎样工作的？——这就是我们本任务的研究内容。

任务目标

1. 掌握闸瓦式基础制动装置的分类和特点。
2. 掌握组合式单侧闸瓦基础制动装置的组成和工作原理。
3. 掌握盘形基础制动装置的分类和特点。
4. 掌握HXD_3型机车单元式盘形基础制动装置的组成和工作原理。

任务信息

目前常用的制动方式有闸瓦制动和盘形制动。按照制动缸的控制对象，基础制动装置可分为组合式和单独式。组合式是指一个制动缸控制多个车轮，主要应用于车辆闸瓦制动；单独式是指一个制动缸只控制一个车轮，一般称为单元制动器，闸瓦制动和盘形制动均可采用。

一、闸瓦式基础制动装置

按照闸瓦的分布情况，可分为单侧制动式和双侧制动式。单侧制动式也称为单侧闸瓦式，即只在车轮的一侧设有闸瓦。单侧闸瓦式基础制动装置的构造较为简单，但在制动时使轴箱单侧受力，而且闸瓦单位面积上所受的压力较大，闸瓦磨耗量大，制动效果较差。单侧制动式适用于速度不高、吨位不大的车辆和有其他制动形式的机车。

双侧制动式也称为双侧闸瓦式，即在车轮的两侧都设有闸瓦。双侧闸瓦式基础制动装置结构比较复杂，但制动时闸瓦单位面积上所受的压力较小，摩擦系数较高，因而闸瓦磨耗量也小，制动效果较好，对缩短制动距离、提高运行速度都是有利的。

目前组合式单侧制动多用于货车车辆；组合式双侧制动多用于客车车辆；基础制动装置一般采用单元制动器，单侧制动、双侧制动形式均有采用。

（一）组合式单侧闸瓦基础制动装置

目前我国大多数货车都采用组合式单侧闸瓦基础制动装置，每辆车一个制动缸，控制两个转向架四个轮对，如图 5-1 所示。单侧闸瓦式基础制动装置由制动缸活塞杆、制动缸前杠杆、上拉杆、游动杠杆、组合式制动梁、闸瓦托及闸瓦、中拉杆、固定杠杆、连接拉杆、制动缸后杠杆等零部件组成。

车辆闸瓦式基础制动

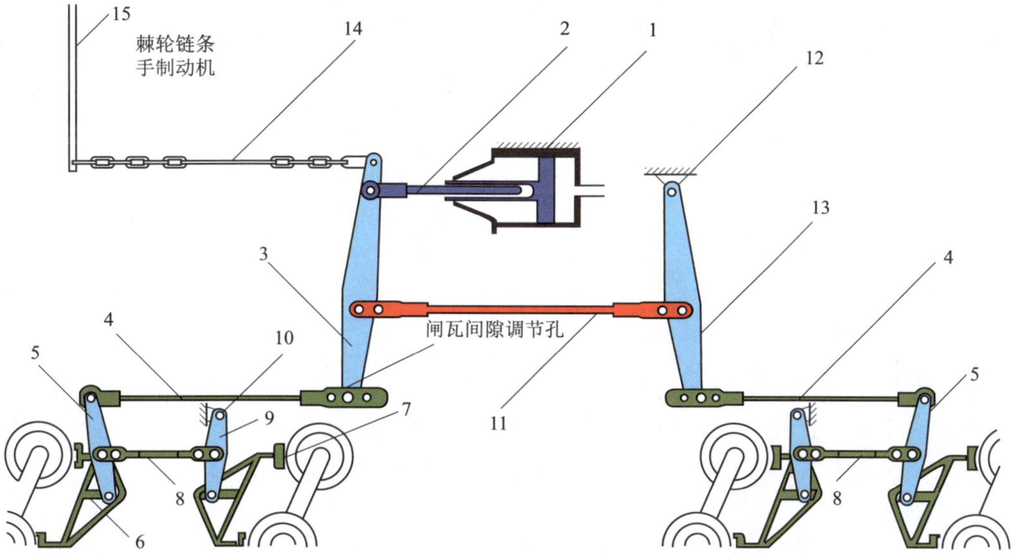

图 5-1　货车单侧闸瓦基础制动装置

1—制动缸；2—制动缸活塞杆；3—制动缸前杠杆；4—上拉杆；5—制动杠杆（游动杠杆）；6—制动梁；7—闸瓦托及闸瓦；8—中拉杆；9—固定杠杆；10—固定杠杆支点；11—连接拉杆；12—制动缸后杠杆支点；13—制动缸后杠杆；14—手制动链条；15—手制动拉杆

1. 制动

制动时，制动缸充气，在压缩空气作用下，制动缸弹簧压缩，活塞杆向左伸出，制动缸前杠杆后端左移，前端右移；带动左侧转向架上拉杆右移，游动杠杆上端右移，下端左移，通过制动梁带动闸瓦压向最左侧轮对；闸瓦与轮对接触后游动杠杆下端不再移动，上拉杆带动中拉杆右移，推动固定杠杆右移，固定杠杆上端固定，下端右移，带动制动梁、闸瓦压向左侧第二轮对。左侧转向架闸瓦与轮对接触后，制动缸前杠杆前端不再移动，连接拉杆在活塞杆的作用下左移，带动制动缸后杠杆前端左移，右侧转向架上拉杆左移，游动杠杆上端左移下端右移，通过制动梁将闸瓦推向最右侧轮对，闸瓦与轮对接触后，游动杠杆下端不再移动，上拉杆带动中拉杆左移，推动固定杠杆左移，固定杠杆上端固定，下端左移，带动制动梁、闸瓦压向右侧第二轮对。

2. 缓解

缓解时，制动缸排气，制动缸弹簧伸张，活塞杆在弹簧力作用下向右缩回，上述各杆件反方向动作，各闸瓦离开车轮，制动解除。

3. 手制动

使用手制动机制动时，在人力作用下，手制动机链条向左移动，制动缸弹簧压缩，活塞杆向左伸出，制动缸前杠杆后端左移，前端右移，其制动过程与空气制动相同，但制动力较小。

(二)闸瓦式单元制动器

图 5-2 为 JSP 型单元制动器，(a)图为 JSP1 型，它以压缩空气为动力源，具有机械放大机构和闸瓦间隙自动调整机构；(b)图为 JSP2 型，它加装了弹簧储能装置，不仅能提供空气制动，还能在机车车辆停放、无风状态下利用储能的弹簧实施停放制动。

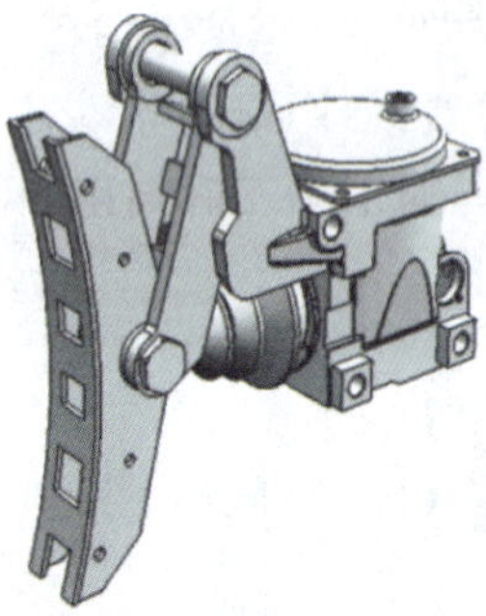

(a) JSP1型

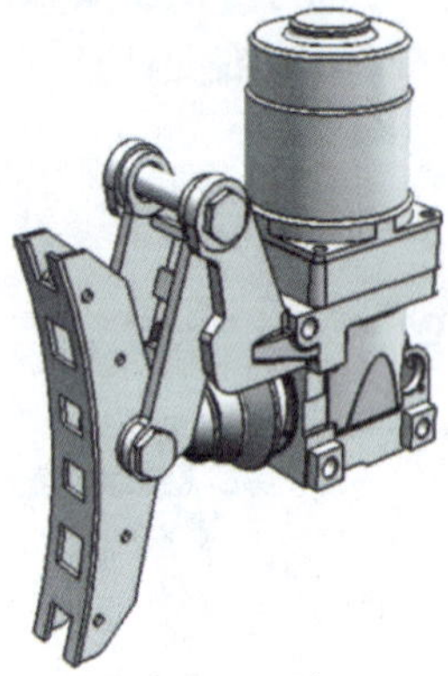

(a) JSP2型

图 5-2　JSP 型闸瓦式单元制动器

弹簧储能制动装置又称弹簧停放制动装置，与人力制动机统称为停放制动装置。传统的停放制动采用人力方式，现代新造机车车辆多采用弹簧储能方式。

1. 空气制动

图 5-3 为 JSP1 型单元制动器的结构示意图。当压缩空气充入制动缸时，活塞推杆 1 向下运动，推动闸瓦间隙自动调整机构 3 和闸瓦托 4 向车轮(左)运动。制动力是通过轴承 5、轴承支架 2、闸瓦间隙自动调整机构 3 作用在闸瓦托 4 上实施的。闸瓦间隙自动调整机构能够精确地自动调整闸瓦和车轮踏面之间的间隙。

2. 弹簧停放制动

列车没有压缩空气时，空气制动无法发生作用，此时要使用弹簧停放制动装置。正常行车时，给弹簧制动缸充入压缩空气，使弹簧压缩储存能量；当需要停放制动时，排出弹簧制动缸内压缩空气，储能弹簧释放能量，从而施加弹簧停放制动。

图5-4为弹簧停放制动装置的结构示意图。当压缩空气从弹簧制动缸排出时，制动主弹簧1伸长，弹簧力通过弹簧制动缸活塞4、轴承3、螺母5作用在螺杆6上，螺杆6向下移动，推动空气制动缸活塞推杆向下移动，以带动闸瓦间隙调整机构实现制动作用。当压缩空气重新充入弹簧制动缸时，弹簧制动缸活塞4压缩制动主弹簧1，带动螺杆6返回到弹簧制动缸体2顶部，处于缓解位置，空气制动缸活塞推杆向上移动，这时就完成了弹簧停放制动的缓解。

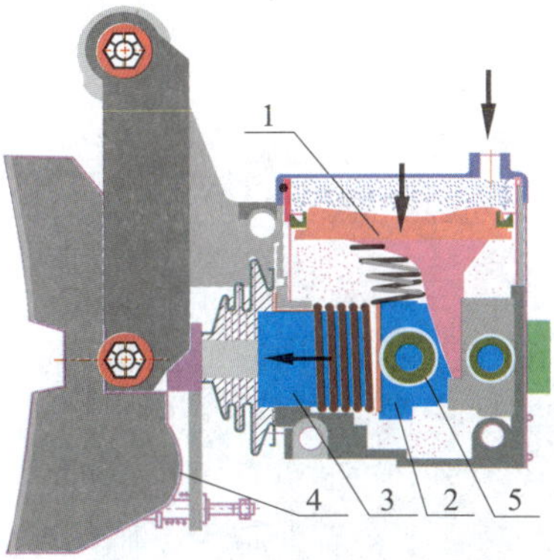

图5-3　JSP1型单元制动器

1—活塞推杆；2—轴承支架；3—闸瓦间隙自动调整机构；4—闸瓦托；5—轴承

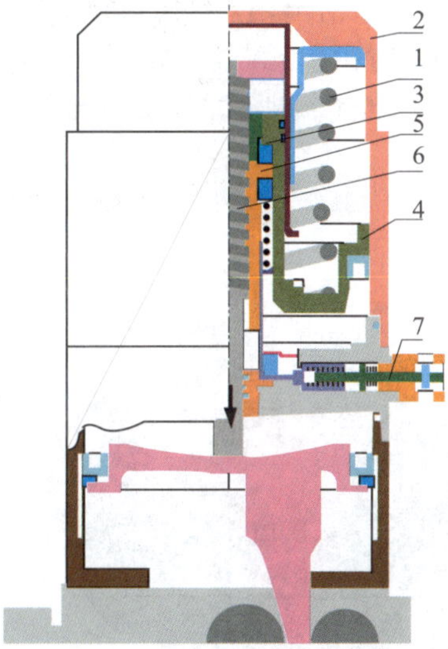

图5-4　弹簧停放制动装置

1—制动主弹簧；2—弹簧制动缸体；3—轴承；4—制动活塞；5—螺母；6—螺杆；7—手动缓解拉手

当弹簧制动缸处于制动状态，在没有压缩空气的情况下，可用手动缓解钥匙拉动弹簧制动缸上的手动缓解拉手7，使棘爪与棘轮之间的锁闭脱开。由于螺母5和螺杆6组成非自锁螺纹副，棘轮棘爪脱开后螺母可以自由地旋转（逆时针），在空气制动缸塔式弹簧力的作用下，螺杆向上运动到全缓解位置，实现手动快速缓解。

闸瓦式基础制动装置是传统的摩擦方式，这种制动方式在列车高速运行时，制动效率比较低下，且在日常工作中无论是闸瓦还是车轮磨损都非常严重，检查、维护和保养工作量很大，已不能满足铁路发展的需要，因此它多用于构造速度低于120 km/h的机车、货车和普速客车上。

二、盘形基础制动装置

盘形制动是在车轴或车轮辐板侧面安装制动盘，用制动夹钳使两个闸片紧压制动盘侧面，通过摩擦产生制动力，使列车减速停车。由于摩擦作用不在车轮踏面上，盘形制动可以大大减轻车轮踏面的热负荷和机械磨耗，制动平稳，几乎没有噪声，制动效果明显高于铸铁闸瓦，尤其适用于时速120 km以上的高速列车。盘形制动的缺点是车轮踏面没有闸瓦的磨刮，将使轮轨黏着恶化；制动盘使簧下重量及冲击振动增大，运行中消耗牵引功率。

盘形制动一般为单独式制动装置，目前广泛应用于动车组、机车和客车车辆。

HXD_1、HXD_3 系列电力机车基础制动装置采用轮盘式盘形制动方式。下面以 HXD_{3B} 型机车为例，介绍其结构和基本工作原理。

(一)单元制动器简介

HXD_{3B} 型机车每个车轮安装一套独立的制动单元，采用克诺尔三点吊挂制动轮盘式单元制动器，无踏面清扫装置，闸片采用合成材料。每个转向架有两个带弹簧停放制动的复合制动单元，分别布置在每个转向架的一轴和三轴右侧，以满足在30‰坡道停车的要求。制动单元型号为 C112130，制动倍率 3.23，其余制动单元型号为 C115054，制动倍率 2。

轮盘制动装置由单元制动器和制动盘组成。HXD_{3B} 型电力机车单元制动器如图 5-5 所示，主要由吊架、空气制动缸、弹簧制动缸、吊杆、制动杠杆螺栓、制动杠杆、闸片托及闸片等组成。

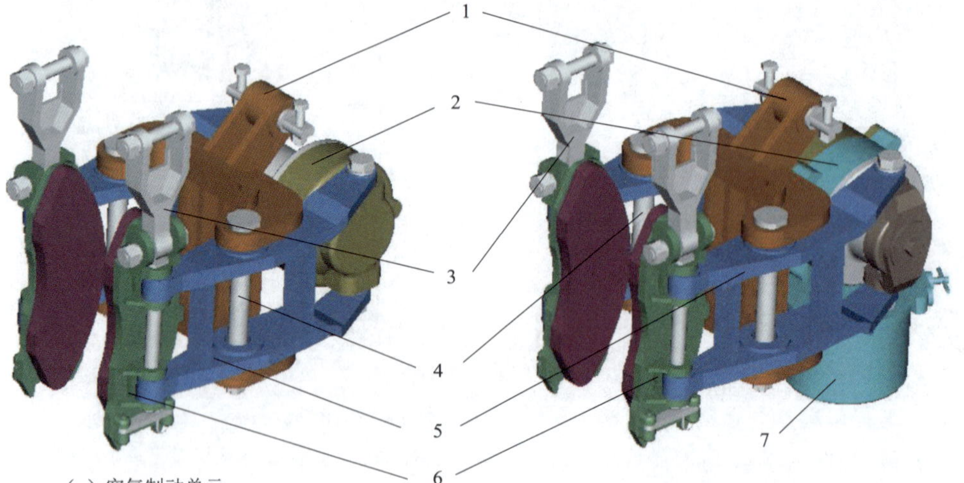

(a) 空气制动单元　　(b) 复合制动单元

图 5-5　HXD_{3B} 型机车单元制动器

1—吊架；2—空气制动缸；3—吊杆；4—制动杠杆螺栓；
5—制动杠杆；6—闸片托及闸片；7—弹簧制动缸

空气制动单元由制动缸作用部与闸片间隙调整器组成。闸片间隙调整器可以在闸片和制动盘磨耗过大后自动调整，使间隙始终保持在正常的数值范围内。复合制动单元由空气制动作用部与弹簧制动作用部组成。

(二)空气制动缸结构与工作原理

机车盘形基础制动装置

空气制动缸结构如图 5-6 所示。缓解时，制动缸排气，缸内压力空气经 C 口排出，复原弹簧(缓解弹簧)9 将活塞 11 推至右侧，保持在缓解位，闸片离开制动盘。

制动时，制动缸充气，压力空气经 C 口进入制动缸，克服复原弹簧 9 的弹力，推动活塞 11 和活塞筒 10 左移，闸片被推到制动盘上。随着制动缸压力的升高，制动力逐渐增加。

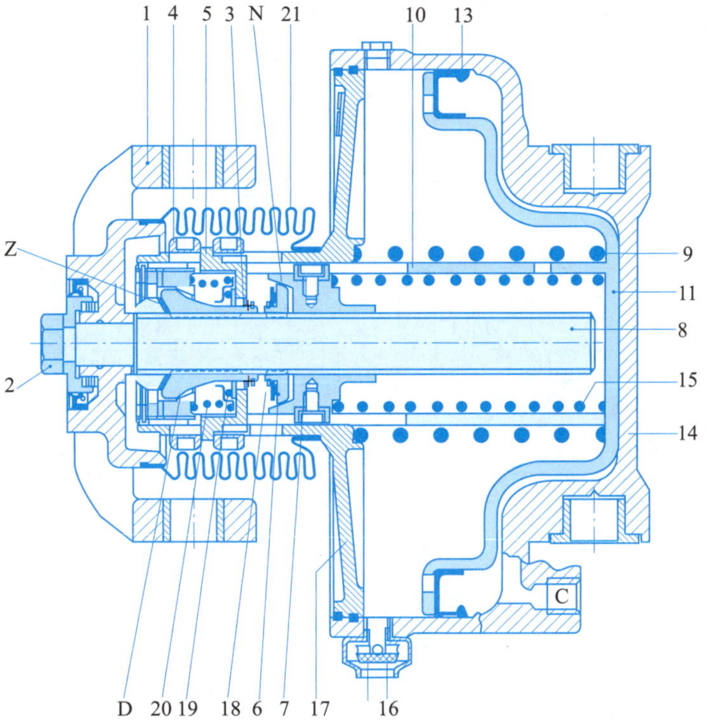

图 5-6　空气制动缸结构(缓解位)

1—连接杆;2—回程螺母;3—调整螺母;4—定位圈;5—调整圈;6—引导螺母;7—离合器套;8—丝杠;9—复原弹簧;10—活塞筒;11—活塞;13—皮碗组成;14—制动缸体;15—引导弹簧;16—呼吸堵;17—缸盖;18、19—滚针轴承;20—调整弹簧;21—波纹管;C—供风口;D、N—锥形离合器;Z—齿形离合器

(三)复合制动缸结构与工作原理

带弹簧停放制动的复合制动缸是在空气制动缸基础上集成了垂直安装的、弹簧力驱动的弹簧制动缸,其内部结构如图 5-7 所示。弹簧制动缸在正常运行情况下充气缓解,排气制动,在特殊情况下,可通过辅助缓解机构实现弹簧停放制动力的快速缓解。

空气制动和停放制动不能同时投入。

1. 弹簧停放制动缓解:空气制动活塞(36)通过螺栓和六角头螺母(319)连接在推力套(317)上。弹簧制动缸通过 F 口充入压缩空气,活塞(205)上移压缩主弹簧(209),与套筒螺母(330)牢固连接的楔形体(318)处于零位。此时楔形体凹槽与推力套上的轴承圈(324a)对正,空气制动丝杠(1)受空气制动活塞(36)控制,可正常制动或缓解,弹簧制动不发挥作用。

2. 弹簧停放制动施加:将停放制动缸的压缩空气排出,主弹簧(209)伸张的作用力通过主弹簧座(342)和锥形离合器(K)作用到弹簧制动丝杠(333)上。弹簧制动丝杠因离合器 K 的摩擦作用而不能旋转,力便传递给套筒螺母(330)和楔形体(318)。轴承圈(324b)固定在中间体(30)上,对楔形体起限制作用,楔形体向下移动,通过轴承圈(324a)带动推力套(317)向左运动。推力套的运动通过六角头螺母(319)和螺栓传到空气制动活塞(36),带动活塞左移,空气制动丝杠(1)左移,产生弹簧停放制动作用。

3. 手动缓解:操作辅助缓解机构(Ⅲ)时,触头(350)从棘轮(337)齿中退出,棘轮能够自由转动。弹簧制动丝杠(333)与套筒螺母(330)之间是非自锁螺纹,因此主弹簧(209)的弹性势能转化为旋转的动能，带动棘轮、主弹簧座(342)、锥形离合器(K)、弹簧制动丝杠旋转，从套筒螺母中旋出，从而推动弹簧制动活塞(205)运动到缸体(340)底部，而楔形体(318)上移回到零位。

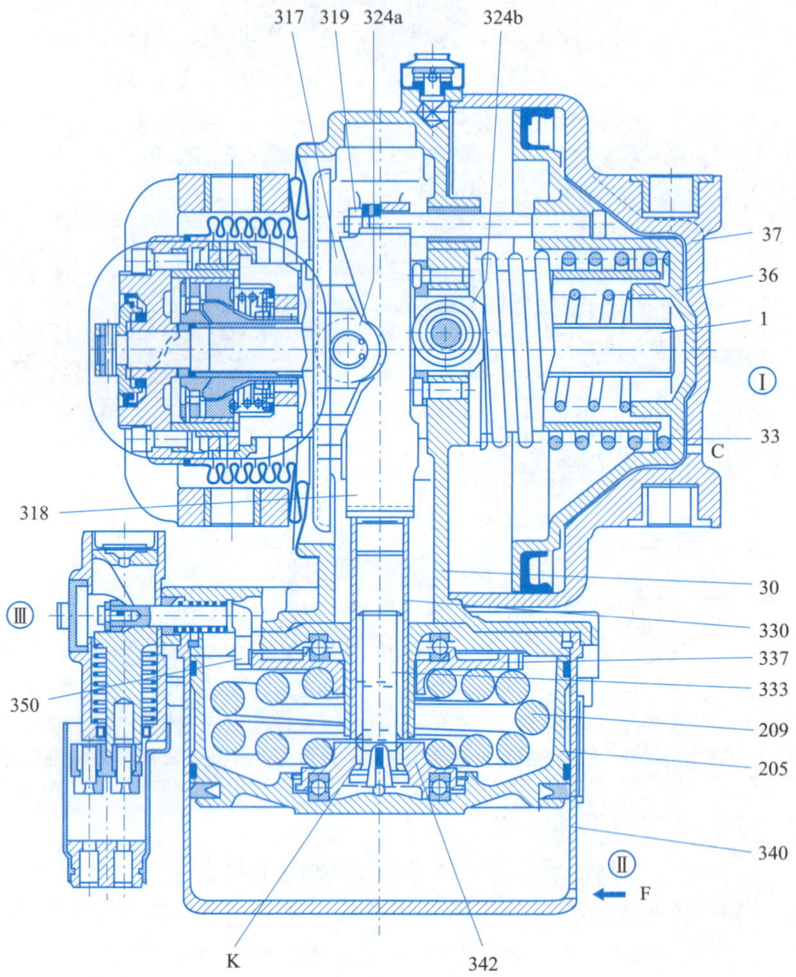

图 5-7　复合制动缸结构(缓解位)

1—空气制动丝杠；30—中间体；33—复原弹簧；36—空气制动活塞；37—空气制动缸体；205—弹簧制动活塞；209—主弹簧；317—推力套；318—楔形体；319—螺栓和六角头螺母；324a、324b—轴承圈；330—套筒螺母；333—弹簧制动丝杠；337—棘轮；340—弹簧制动缸体；342—主弹簧座；350—触头；C—空气制动缸供风口；F—弹簧制动缸供风口；K—锥形离合器；Ⅰ—空气制动缸；Ⅱ—弹簧制动缸；Ⅲ—辅助缓解机构

4. 手动缓解的复位：松开辅助缓解机构(Ⅲ)时，触头(350)再次和棘轮(337)咬合。弹簧制动缸(340)充气，推动弹簧制动活塞(205)、主弹簧座(342)、主弹簧(209)向上移动；弹簧制动丝杠(333)受到套筒螺母(330)向下的推力，所以锥形离合器(K)打开；弹簧制动活塞受到空气压力作用克服主弹簧力向上移动过程中，弹簧制动丝杠在针销的作用下沿着其非自锁螺纹旋入套筒螺母中；当活塞接触到弹簧制动缸盖时，弹簧停放制动缸回到缓解位置，恢复到工作状态。

(四)制动盘

轮装制动盘由两个摩擦环组成，两个摩擦环按照它们相对轮缘的位置称为内环或外环，其中轮缘侧的称为内环，另一侧称为外环。制动盘材料采用高强度合金铸铁，结构为带散热筋的环状结构。通过均布的 6 个 ϕ25 mm 圆键和 18 个 M12 mm 的 10.9 级高强度螺栓、全金属锁紧螺母安装在机车车轮辐板上。车轮制动盘的尺寸设计，通常是使摩擦表面与车轮轮辋的外表面齐平，保证了制动盘能够与所有标准闸片和制动单元结合使用，如图 5-8 所示。制动盘抗热温度不小于 400 ℃；闸片为合成材料，它采用标准的燕尾插装式安装在闸片托上。制动盘与闸片的平均摩擦系数为 0.35。

制动盘磨耗限度为每侧 5 mm，超过磨耗极限值，必须更换制动盘。制动盘摩擦面不允许有明显的台阶与沟槽、拉伤，但允许有 1 mm 深的擦伤和小于 2 mm 的凹面。检查机车时不允许敲打制动盘任何部位。

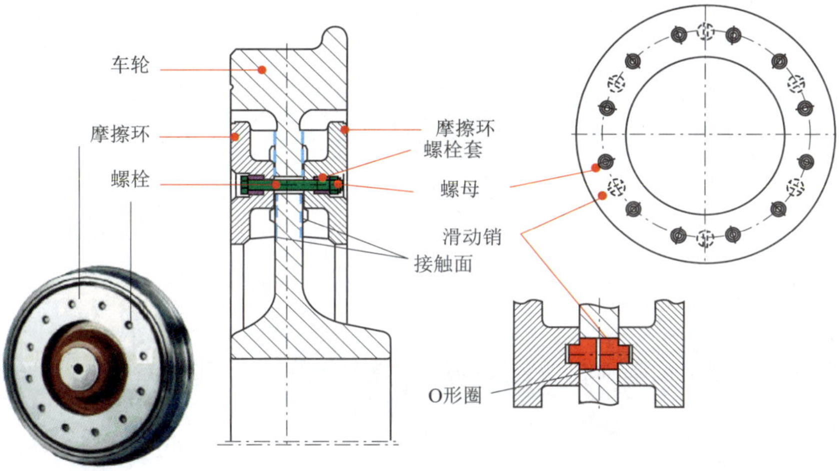

图 5-8　轮装制动盘的安装

任务实施

一、合作探究

1. 基础制动装置可分为________和单独式。________是指一个制动缸控制多个车轮，主要应用于______闸瓦制动；单独式是指一个制动缸只控制______车轮，一般称为____________，闸瓦制动和盘形制动均可采用。

2. 单侧制动式也称为单侧闸瓦式，即只在车轮的______设有闸瓦。单侧闸瓦式基础制动装置的构造较为简单，但在制动时使轴箱______受力，而且闸瓦单位面积上所受的压力______，闸瓦磨耗量大，制动效果较差。单侧制动式适用于速度______、吨位不大的车辆和有其他制动形式的机车。

3. 闸瓦式单元制动器以________________为动力源，具有机械放大机构和闸瓦间隙____________机构。

4. 弹簧储能制动装置也称____________________装置，能在机车车辆________、无风状态下利用储能的________实施停放制动。

5. 盘形制动是在______或车轮辐板侧面安装制动盘，用制动夹钳使两个闸片紧压制动盘______，通过______产生制动力，使列车减速停车。

6. 轮盘制动装置由单元制动器和____________组成。单元制动器由吊架、空气制动缸、______制动缸、吊杆、制动杠杆螺栓、________________、闸片托及______等组成。

7. 轮盘制动装置______时，制动缸排气，缸内压力空气经 C 口排出，____________将活塞推至右侧，保持在缓解位，闸片________制动盘。

二、展示汇报

◆组内分工合作，完成展示汇报

组别：　　　　　　　　　　　　组长：　　　　　　　　　　　　　完成日期：

序号	工作内容	责任人	备注
1			
2			
3			
4			
5			
6			

◆展示汇报内容与要求

1. 分析组合式单侧闸瓦基础制动装置的组成与工作原理，并到讲台按图讲解。

2. 看图说明 JSP1 型闸瓦式单元制动器的组成与工作原理。

3. 对照图 5-7，讲解弹簧停放制动的实现过程。

任务评价

基础制动装置结构原理任务展示评价标准

序号	评价项目	评价内容与标准	分值
1	知识点	能够对照图纸准确完整地说明组合式单侧闸瓦基础制动装置的组成与工作原理	30
2		能够对照图纸正确说明 JSP1 型闸瓦式单元制动器的组成与工作原理	15
3		能够对照图纸准确完整地说明盘形基础制动装置弹簧停放制动的工作过程	35
4	表达能力	仪态得体，逻辑严密，口齿清楚，声音洪亮，讲解生动	10
5	课堂表现	遵守课堂纪律，学习态度端正，组员合作默契	10
合　计			100

个人学习成果评价

序号	评价项目	分值	自评	组内评价	组外评价	师评	小计
1	知识与技能	10			—	—	
2	纪律与态度	7			—	—	
3	组内贡献度	8			—	—	
4	学习成果(工作页)	20	—	—	—		
5	展示汇报	15	—	—			
本任务得分							
目前总得分							

任务拓展

1. 说明 JSP2 型闸瓦式单元制动器弹簧储能制动的工作原理。

2. 闸瓦间隙自动调整装置的作用是什么?

巩固练习

一、填空题

1. 基础制动装置的用途是：通过制动缸将____________转化为活塞推力，经杠杆装置增大适当倍数以后，将推力________地传递给各________或闸片，使其压紧车轮踏面或____________产生摩擦，阻止车轮转动而产生制动作用。

2. 目前组合式单侧制动多用于____________；组合式双侧制动多用于客车车辆；机车基础制动装置一般采用____________，单侧制动、双侧制动形式均有采用。

3. 盘形制动一般为________制动装置，目前广泛应用于动车组、机车和____________。

4. 和谐型电力机车有____个带停放单元的制动缸。

二、选择题

1. 制动盘摩擦面不允许有明显的台阶与沟槽、拉伤，但允许有 1 mm 深的擦伤和小于(　　)mm 的凹面。

A. 1　　B. 2　　C. 3

2. 电力机车制动盘磨耗限度为每侧(　　)mm，超过磨耗极限值，必须更换制动盘。

A. 2　　B. 5　　C. 8

三、综合题

1. 简述双侧闸瓦式基础制动装置的特点。

2. 什么是停放制动？

3. 盘形基础制动装置有什么特点？

4. 简述 HXD_3 型机车基础制动装置的类型、组成和空气制动原理。

任务二　弹簧停放制动控制装置与试验

任务描述

弹簧停放制动控制装置属于机车辅助管路系统，主要用于机车车辆长时间停放时，控制弹簧停放制动缸发挥制动作用，确保机车安全。弹簧停放制动控制装置由哪些部件组成？其工作原理是怎样的？弹簧停放制动的施加与缓解如何操纵？本任务我们来研究一下这些问题。

任务目标

1. 掌握弹簧停放制动控制模块的基本组成和工作原理。
2. 了解停放制动辅助控制模块的组成和作用。
3. 掌握停放制动装置的作用、位置与试验操作。

任务信息

作为一种停放制动措施，弹簧停放制动装置以弹簧力作为制动原动力，主要用来防止机车车辆停放时意外溜逸。其控制装置包括弹簧停放制动控制模块(B40)、停放制动辅助控制模块(R30)，均位于空气控制柜中部，如图 5-9 所示。

HXD3C 型电力机车第一、六轴上安装有 4 个弹簧停放制动装置。

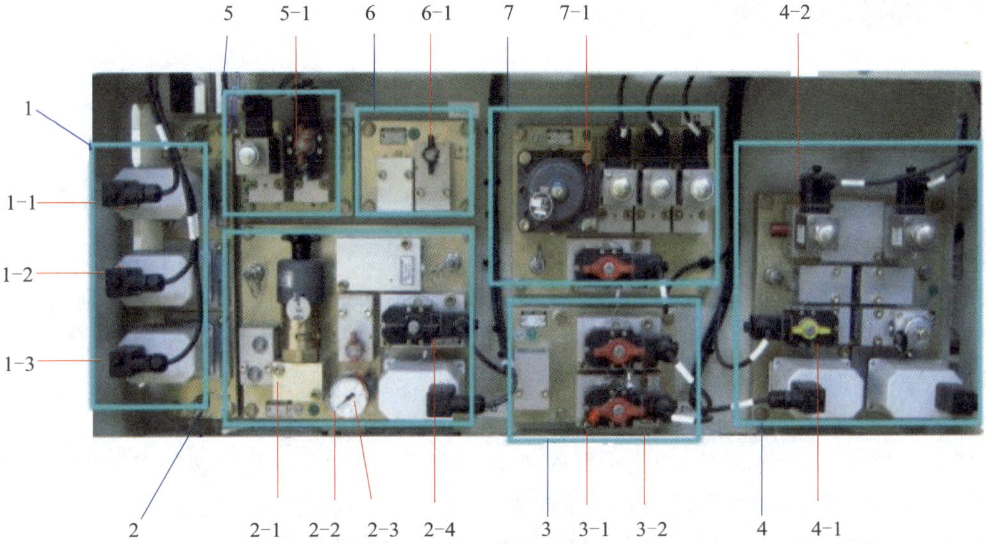

图 5-9　空气控制柜中部设备

1—P50 调压器模块；2—U43 升弓控制模块；3—Z10 制动缸切除模块；
4—B40 弹簧停放制动控制模块；5—S10 紧急放风控制模块；
6—R30 停放制动辅助控制模块；7—F41 撒砂控制模块

一、弹簧停放制动控制模块(B40)

弹簧停放制动控制模块接收司机的控制指令，从而控制机车走行部弹簧制动缸压力。当弹簧制动缸中的空气压力达到 480 kPa 以上时，弹簧停放制动装置缓解，允许机车牵引；机车停车后，将弹簧制动缸中的压力空气排空，弹簧伸张产生制动作用，避免机车因重力或风力的原因溜车。

弹簧停放制动
控制脉冲电磁阀

(一)弹簧停放制动控制模块的组成

弹簧停放制动模块主要由弹停电磁阀(双脉冲电磁阀)、逆止阀、压力开关、变向阀、减压阀、弹停塞门组成，如图 5-10 所示。

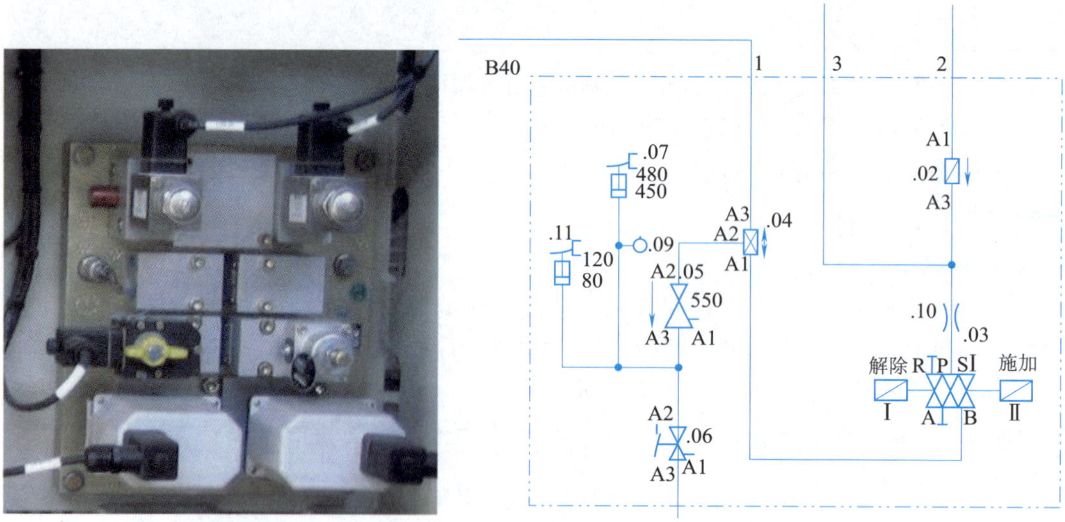

图 5-10　弹簧停放制动控制模块及原理图

1—空气制动缸管；2—总风管；3—制动管

B40. 02—逆止阀；B40. 03—弹停电磁阀；B40. 04—变向阀；B40. 05—减压阀；

B40. 06—弹停塞门；B40. 07、B40. 11—压力开关；B40. 09—压力测试点；B40. 10—缩堵

弹停电磁阀是先导控制的二位五通阀(左、右二位，R、A、P、B、S 五通口)，它由一个气动往复阀芯和用于预控的电磁阀组成。此外，它还配有附加的手动控制。弹簧停放制动装置中的双脉冲电磁阀 B 通口安装了封口螺帽，就变成了一个二位三通阀(左、右二位，R、A、P 三通口)，如图 5-11 所示。

当电磁线圈 c2 得电时，衔铁带动下阀口 V 打开，控制压力 P 经阀口 V 到阀芯右侧，阀芯移到左端位。当电脉冲终止，衔铁连同其底座被弹簧压在阀座上，通向阀芯右侧的控制压力被切断，阀芯右侧的控制压力经排气口 O 排向大气，阀芯仍留在原先的位置上。此时，输入口 P 压力经阀芯连通输出口 A。输入口 P 通总风，输出口 A 通弹簧制动缸。

当电磁线圈 c1 得电时，压力空气驱动阀芯移动到右端位，输入口 P 与输出口 A 的通路被切断，输出口 A 与排气口 R 连通。

当电磁线圈 c1 和 c2 均失电时，阀芯总处于一个端部位置。在断电情况下，可手动操作弹停电磁阀。压下按钮 f_1 或 f_2 到停止位，使阀芯移动到需要的位置，松手后按钮在弹簧作用下

复位，阀芯仍停留在此位。

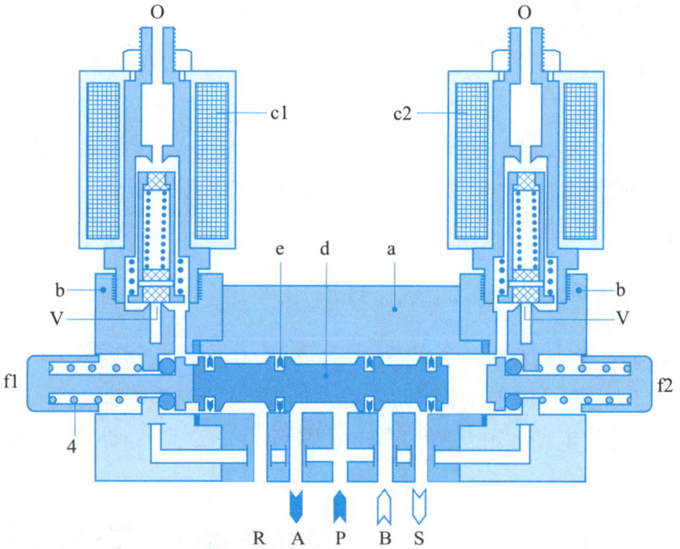

图 5-11　双脉冲电磁阀原理图

a—二位五通阀阀体；b—电磁阀阀体；c1、c2—电磁线圈；d—阀芯；e—密封圈；V—下阀口；O—电磁阀排气口；f1、f2—手动装置；4—复位弹簧；P—输入口；A、B—输出口；R、S—排气口

(二)弹簧停放制动的控制

正常情况下，通过操作司机室操纵台的停放制动施加按钮和停放制动缓解按钮对弹簧停放制动进行控制。

弹簧停放制动控制操作

1. 缓解：需要走车时，按下操纵台左侧停放缓解按钮，可使弹停电磁阀(.03)中的缓解阀得电数秒，于是弹簧停放制动缓解(充气)。气路如下：

总风→逆止阀(.02)↗弹停风缸(A13)
总风→逆止阀(.02)↘弹停电磁阀(.03)→变向阀(.04)→减压阀(.05)→弹停塞门(.06)→走行部弹簧制动缸

总风通过上述通路进入走行部的弹簧制动缸，当弹簧制动缸中的压力高于 480 kPa 后操纵台上弹停指示灯常灭，弹簧制动完全缓解，允许机车牵引。

2. 制动：机车停车后，按下操纵台左侧停放制动按钮，可使弹停电磁阀(.03)中的作用阀得电数秒，于是弹簧停放制动施加(排气)，弹簧制动缸中的压力空气通过弹停电磁阀(.03)排出。气路如下：

走行部弹簧制动缸→弹停塞门(.06)→减压阀(.05)→变向阀(.04)→脉冲电磁阀(.03)→大气

弹簧停放制动装置产生制动作用，操纵台上弹停指示灯红灯点亮，不允许机车牵引。

(三)弹簧停放制动与空气制动的联锁

为了防止弹簧停放制动力与空气制动力叠加造成车轮抱死，设置了弹停制动和空气制动的联锁，即当空气制动缸充气制动时，自动缓解部分弹簧制动。具体通路如下：

机车空气制动缸→变向阀(.04)→减压阀(.05)→弹停塞门(.06)→走行部弹簧制动缸。

机车空气制动缸风压进入弹簧制动缸后，可以缓解部分弹簧压力，避免空气制动缸产生的空气压力和弹簧制动缸产生的弹簧压力同时作用在制动盘上，造成制动盘的损伤。

(四)故障情况下的控制

在有气压的情况下，如果发生供电故障，可以使用弹停电磁阀的手动装置进行操作，缓解或施加弹簧停放制动。

在系统无风的情况下，可以使用弹簧停放制动单元的手动缓解装置(位于机车走行部弹簧制动缸上)缓解弹簧停放制动。手动缓解后，不能再次实施弹簧停放制动。如果需要重新实施，必须使系统总风压力达到 550 kPa 以上。

二、停放制动辅助控制模块(R30)

如图 5-12 所示，该装置主要由一个截断塞门 R30. 01 和一个逆止阀 R30. 02 组成，用于在机车总风缸(A11/A15)和弹停风缸(A13)均无风压情况下，可用制动管的压力来实现弹簧停放制动的快速缓解，无须在走行部的弹停风缸上进行手动缓解。该装置能提高机务段的调车作业效率，减小劳动强度。

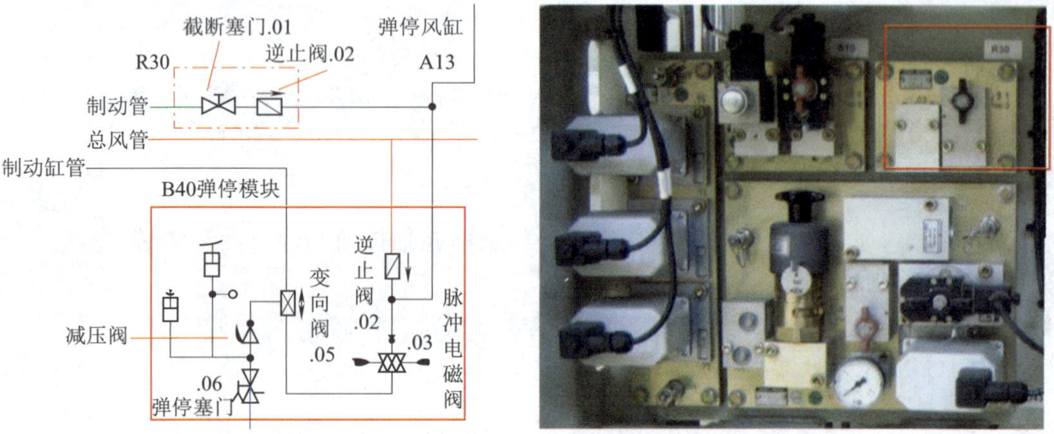

（a）原理图　　（b）实物图

图 5-12　停放制动辅助控制模块及原理图

具体通路如下：

制动管→截断塞门(R30. 01)→逆止阀(R30. 02)↗弹停风缸(A13)

制动管→截断塞门(R30. 01)→逆止阀(R30. 02)↘弹簧停放制动控制模块(B40)

三、弹簧停放制动(储能制动)试验

机车高低压试验时要进行弹簧停放制动试验，试验操作程序见表 5-1。

表 5-1　弹簧停放制动试验操作程序

序号	操作程序	具体要求
1	将弹停塞门(B40. 06)置于关闭位	查看塞门关闭信息显示正确 (查看方法：按【机器状态】→【空制状态】) 弹簧制动缸压力排向大气

续上表

序号	操作程序	具体要求
2	将弹停塞门置于开放位	塞门开放信息显示正确(方法同上)
3	实施弹停缓解 (注意:防止机车溜移 试验后实施弹停制动)	司机室“停车制动”红灯灭 机车两侧弹停状态指示器显示绿色
4	实施弹停制动	司机室“停车制动”红灯亮 机车两侧弹停状态指示器显示红色

任务实施

一、合作探究

1. 弹簧停放制动作为一种停放制动,用来防止机车停放时__________。HXD_{3C} 型电力机车第一、六轴上安装有____个弹簧停放制动装置。

2. 弹簧停放制动控制模块接收司机控制指令,从而控制机车________弹簧制动缸压力。当弹簧制动缸中的空气压力达到____ kPa 以上时,操纵台上弹停指示灯____,弹簧停放制动缓解,______机车牵引。

3. 在__________的情况下,如果发生供电故障,可以使用弹停电磁阀的__________进行操作,缓解或施加弹簧停放制动。

4. 在系统无风的情况下,可以使用弹簧停放制动单元的______________(位于机车走行部弹簧制动缸上)缓解停放制动。手动缓解后,不能再次实施弹簧停放制动。如果需要重新施加,必须使系统总风压力达到____ kPa 以上。

5. 停放制动辅助控制模块主要由一个________ R30.01 和一个________ R30.02 组成,用于在机车总风缸和__________均无风压情况下,可用________的压力来实现弹簧停放制动的快速缓解,无须在走行部的弹簧制动缸上进行手动缓解。

6. 写出弹簧停放制动控制模块的组成和试验操作方法。

二、展示汇报

◆组内分工合作，完成展示汇报

组别：　　　　　　　　　　　　组长：　　　　　　　　　　　　完成日期：

序号	工作内容	责任人	备注
1			
2			
3			
4			
5			
6			

◆展示汇报内容与要求

1. 根据图 5-11 说明双脉冲电磁阀的组成和工作原理。

2. 制作弹簧停放制动控制的 PPT，要求图文并茂，说明弹簧停放制动控制模块的组成，总结其不同工况下的工作原理与操作方法，并到讲台按图讲解。

3. 按照 HXD_{3C} 型电力机车弹簧停放制动试验操作程序，在实训设备上进行实际操作。

任务评价

弹簧停放制动控制装置与试验任务展示评价标准

序号	评价项目	评价内容与标准	分值
1	知识点	能够正确说明双脉冲电磁阀的组成和工作原理	15
2		能够按图准确完整地说明弹簧停放制动控制装置的工作原理和在不同情况下操作方法	30
3		能够正确完成弹簧停放制动试验操作	15
4	PPT 制作	内容正确，画面美观，标示清晰，图文并茂	10
5	表达能力	仪态得体，逻辑严密，口齿清楚，声音洪亮，讲解生动	15
6	课堂表现	遵守课堂纪律，学习态度端正，组员合作默契	15
合　计			100

个人学习成果评价

序号	评价项目	分值	自评	组内评价	组外评价	师评	小计
1	知识与技能	10			—	—	
2	纪律与态度	7			—	—	
3	组内贡献度	8			—	—	
4	学习成果(工作页)	20	—	—	—		
5	展示汇报	15	—	—			
本任务得分							
目前总得分							

巩固练习

一、填空题

1. ____________制动作为一种停放制动，用来防止机车停放时意外溜放。

2. 机车停车后，将弹簧制动缸中的压力空气排空，弹簧停放制动装置动作，机车________。

3. 在有气压的情况下，如果控制电压断开，弹簧停放制动________缓解或施加。

4. 和谐型电力机车弹簧停放制动施加后，且弹停塞门________关闭时，如要缓解弹簧停放制动，必须在走行部的弹簧风缸上进行____________。

二、选择题

1. 如果弹簧制动缸没有压缩空气，就会自动(　　)弹簧停放制动。

A. 施加　　B. 缓解　　C. 保持

2. 当弹簧制动缸中风压达到(　　)kPa 以上，弹簧停放制动缓解后允许行车。

A. 550　　B. 400　　C. 480

3. 在正常情况下，要缓解弹簧停放制动，只需(　　)。

A. 按压司机室弹停缓解按钮

B. 手拉 4 个弹簧制动缸上的缓解拉杆

C. 按压空气控制柜弹停模块上的缓解脉冲电磁阀

4. 在蓄电池未充电、总风无压力空气的情况下，要缓解机车弹簧停放制动，必须(　　)。

A. 按压空气控制柜弹停模块上的缓解脉冲电磁阀

B. 按压司机室弹停缓解按钮

C. 手拉 4 个弹簧制动缸上的缓解拉杆

三、综合题

1. 说明弹簧停放制动不同工况下的控制过程。

2. 说明停放制动辅助控制模块的作用。

任务三　制动系统附属设备

任务描述

CCBⅡ电空制动机除了项目三介绍的五大组成部分外，还有一些附属设备，如紧急放风控制模块、制动缸切除模块、制动缸压力指示器、空气防滑器等部分。这些设备都有什么用途？是如何控制的呢？本任务我们来研究一下这些问题。

任务目标

1. 了解紧急放风控制模块的组成和作用。
2. 掌握制动缸切除模块的结构与原理。
3. 掌握制动缸压力指示器的作用、布置位置与试验操作。
4. 理解空气防滑器的组成和工作原理。

任务信息

一、紧急放风控制模块(S10)

紧急放风控制模块(S10)又称无人警惕模块，是制动控制模块的组成部分，位于空气控制柜中部，如图 5-9 所示。

紧急放风控制模块由电磁阀 S10. 36 和截断塞门 S10. 01 组成，如图 5-13 所示。非电子制动阀产生紧急制动请求时，S10. 36 电磁阀得电，将 21 号管(与制动管相通)的压缩空气排向大气，从而引起紧急制动。

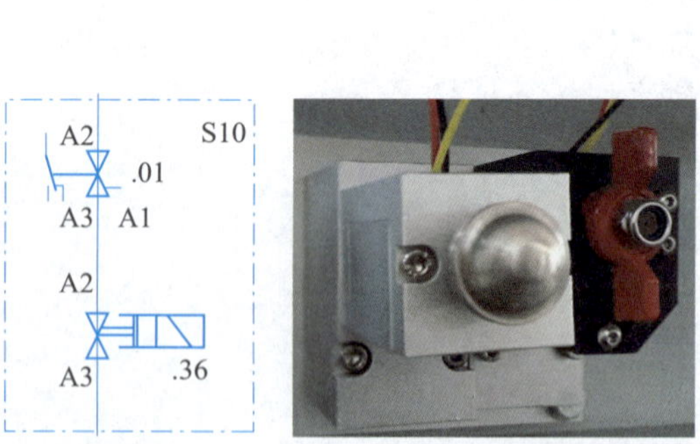

(a) 原理图　　(b) 实物图

图 5-13　紧急放风控制模块及原理图

二、制动缸切除模块(Z10)

制动缸切除、压力指示器

制动缸切除模块 Z10 位于空气控制柜中部，如图 5-9 所示，通过两个隔离塞门分别对Ⅰ、Ⅱ端转向架进行制动隔离。制动缸切除模块由塞门 Z10.22、Z10.23 和双向阀 Z10.24 组成，如图 5-14 所示。

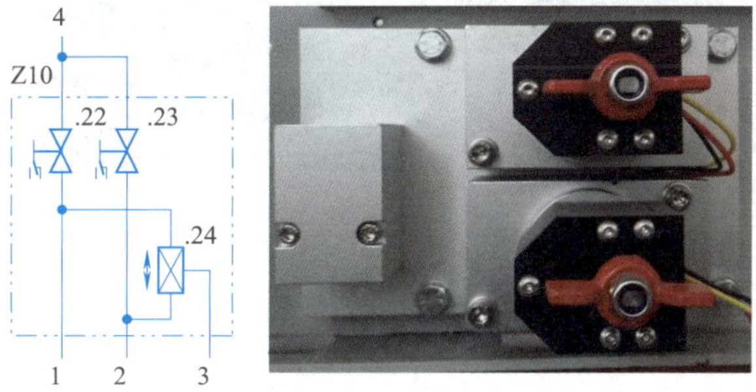

图 5-14　制动缸切除模块 Z10

1—Ⅰ端转向架制动缸；2—Ⅱ端转向架制动缸；3—BCCO；4—BCCP

Z10.22，Z10、23—Ⅰ、Ⅱ端转向架截断塞门；Z10.24—双向阀

Z10.22 控制Ⅰ端转向架空气制动缸的气路；Z10.23 控制Ⅱ端转向架空气制动缸的气路，塞门关闭时将制动缸内的压缩空气排向大气。

双向阀 Z10.24 将两个转向架制动缸中较高的那个压力导向出口 3，该压力将作为 BCCO 压力被引回控制单元；BCCO 压力也将被导向弹簧停放制动控制模块，避免空气制动和弹簧制动之间出现制动力重叠而产生滑行。

知识链接：截断塞门与关门车

制动缸切除模块 Z10 可将一个转向架或一台机车的空气制动切除，使其失去制动作用，车辆上也有实现该功能的截断塞门。

截断塞门安装在车辆制动支管上，凡遇列车中某一车辆制动机发生故障不能及时修复，或因车辆装载的货物规定需停止使用该车制动机等情况时，可以关闭此塞门，同时拉动缓解阀(货车)或开放排水塞门(客车)，排出副风缸内的压力空气，停止该车制动机的使用。

截断塞门关闭的车辆简称“关门车”，无空气制动作用。编入列车的关门车数以及关门车在列车中所处位置限制须符合《铁路技术管理规程》规定。

三、制动缸压力指示器

1. 制动缸压力指示器概述

制动缸压力指示器安装在机车外部，位于机车两侧，全车共设置 4 个，如图 5-15 所示。制动缸压力指示器分别与Ⅰ端转向架、Ⅱ端转向架空气制动缸和停放制动缸相通(参考附图 1)，可以方便地观察机车空气制动和停放制动的状态。制动指示器绿色表示处于缓解状态，红色表示处于制动状态，图 5-15 显示Ⅰ架、Ⅱ架空气制动处于缓解状态，停放制动处于制动状态。

图 5-15　制动缸压力指示器

2. 制动缸压力指示器试验

制动缸压力指示器试验见表 5-2。

表 5-2　制动缸压力指示器试验

序号	操作程序	具体要求
1	将制动缸隔离塞门(Z10.22、Z10.23)置于“关闭”位置	信息显示正确 (查看方法:按【机器状态】→【空制状态】) 制动缸排气 机车两侧制动缸压力指示器显示绿色
2	将制动缸隔离塞门(Z10.22、Z10.23)置于“开启”位置 (试验后,缓解自阀)	信息显示正确(查看方法同上) 制动缸压力上升 机车两侧制动缸压力指示器显示红色

四、空气防滑器

空气防滑器

制动系统中防滑器的主要作用是:防止在制动过程中轮轨之间纵向发生严重的相对滑动,造成车轮踏面严重擦伤,有利于缩短制动距离。防滑器有机械式、电子式和微机控制式三种类型。

(一)防滑器的控制判据

防滑器主机的控制判断依据有以下三种。

1. 转速差(或速度差)控制

同一辆车几根轴中的一个轮对制动力超过黏着力而快要发生滑行时,该轴的转速必然远低于其他轴的转速。当该轴转速与其他轴最高转速之差大于设定值时,发出防滑信号。

2. 角减速度(或减速度)控制

同一辆车的各根轴以接近的速度同时要发生滑行,用转速差是判别不了的,这时就要采用角减速度控制——当角减速度骤然增大并超过设定值时,防滑器也要起作用。

3. 滑移率(或蠕滑率)控制

车轮在钢轨上滚动时的“微量滑动”可以改善轮轨接触表面的状态。所以要得到最佳的轮轨黏着,必须把轮轨间的滑移率稳定控制在某个足够大的数值(5%左右)。这个要求只有微机控制的防滑器才能实现。滑移率控制得太小时容易造成制动力不足，太大又容易导致滑行。

采用三种判断依据可以互相弥补不足，以免造成滑行的漏检或误检。

（二）MGS2 型防滑器的构造

HXD_3 型电力机车采用 MGS2 型防滑器，它属于微机控制式防滑器，由防滑处理器 ESRA、防滑排气阀 GV12－ESRA、速度传感器及感应齿轮等组成。

1. 速度传感器与感应齿轮

MGS2 型防滑器的感应齿轮安装在车轴端部，齿轮有 80 齿。齿轮组装后齿顶距速度传感器顶部须保留 0.4～1.4 mm 间隙，如图 5-16 所示。

2. 防滑处理器

ESRA 是防滑控制的处理装置，由外壳、电源板、主板、通信板、控制钮、信息窗等部分组成。

3. 防滑排气阀

GV12－ESRA 是防滑控制的执行装置。每台机车上装有 6 个防滑排气阀，分别独立控制每根车轴上的制动缸压力。防滑排气阀的控制电压为 DC 24 V。

防滑排气阀主要由两个动作模板、一个双阀电磁阀和两个阀座组成。阀座上有缩堵 d_C（未安装）和 d_D（5 mm），两个阀座（V_D，V_C）由两个膜板开关（C，D）控制。D 膜板控制 D 室至 C 室通道的通断，C 膜板控制 C 室和大气的通断。C 室通制动缸，D 室通 BCCP。双阀电磁阀由两个 2 位 3 通电磁阀（VM1 排气，VM2 进气）组成。具体结构如图 5-17 所示。

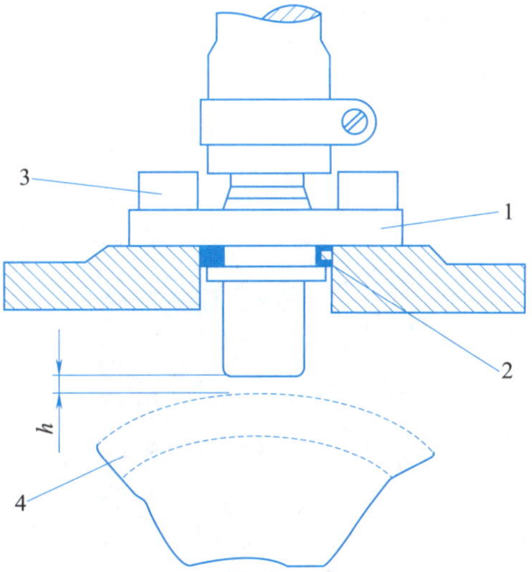

图 5-16　传感器安装示意图

1—速度传感器；2—密封圈；3—紧固螺栓；4—感应齿轮；h—安装间隙（0.4～1.4 mm）

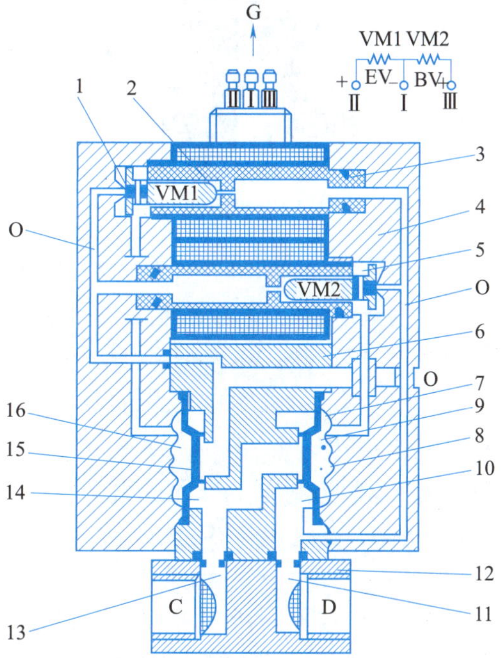

图 5-17　防滑排气阀结构

1—外阀座；2—内阀座；3—对阀座；4—侧板；5、8—弹簧；6—壳体；7—膜板 D；9—控制室 S_D；10—阀座 V_D；11—缩孔 d_D；12—阀支架；13—缩孔 d_C；14—阀座 V_C；15—膜板 C；16—控制室 S_C；C—通制动缸；D—通 BCCP；G—电接口；O—排气口

工作原理如下：

防滑器未投入时，电磁阀 VM1 和 VM2 失电，V_C关闭，V_D开启，C 室和 D 室之间通道开放，制动缸由 BCCP 控制，可正常充气和排气，如图 5-18 所示。

防滑控制原理

防滑器投入缓解时，电磁阀 VM1 和 VM2 得电。D 室压力空气通过电磁阀 VM2 到达控制室 S_D，膜板 D 动作，阀座 V_D关闭，切断 D 室通路。控制室 S_C压力通过 VM1 排空，膜板 C 动作，阀座 V_C开启，C 室压力通过阀座 V_C排至大气，制动缸排气缓解，如图 5-19 所示。

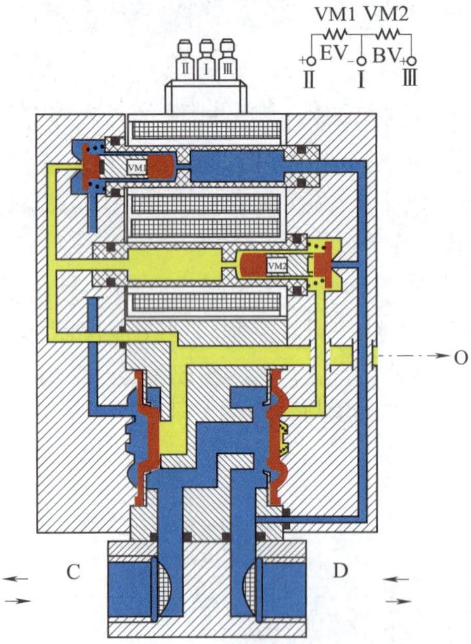

图 5-18　防滑器未投入

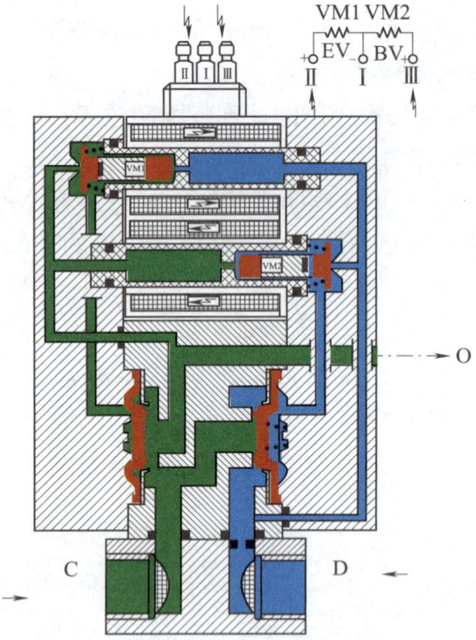

图 5-19　防滑器投入缓解

防滑器投入保压时，电磁阀 VM1 失电，电磁阀 VM2 得电。D 室压力空气通过电磁阀 VM2 到达控制室 S_D，膜板 D 动作，阀座 V_D关闭，切断 D 室通路。控制室 S_C压力保持，阀座 V_C仍关闭，C 室压力处于保压状态，制动缸保压，如图 5-20 所示。

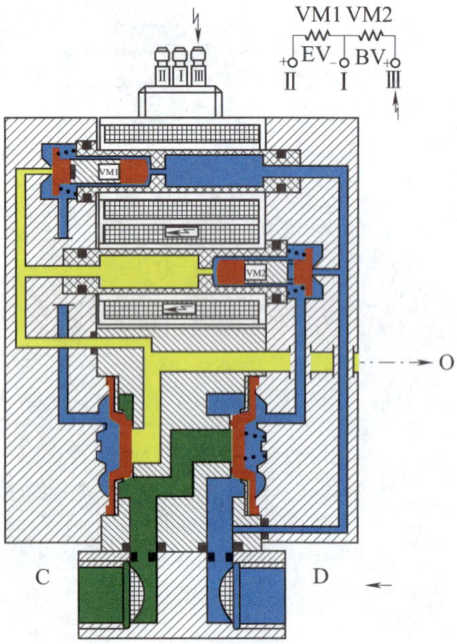

图 5-20　防滑器投入保压

（三）MGS2 型防滑器的作用原理

各轴防滑装置均独立工作，速度传感器的脉冲信号传输到防滑处理器 ESRA 对本车或本转向架的速度信号进行处理。当数据判断达到有关标准时，防滑处理器向防滑排气阀发出防滑控制指令，控制相应的制动缸进行阶段排气或一次排气，快速排出制动缸的部分压缩空气，使制动力迅速降至小于黏着力，以避免滑行的产生；而在车轮恢复正常转动后，防滑器还要及时退出，使制动缸再次充气，尽量保持足够的制动力，从而达到防止轮对滑行并根据轮轨黏着系数调节制动力的目的。

任务实施

一、合作探究

1. 紧急放风控制模块由电磁阀 S10.36 和____________ S10.01 组成，电磁阀得电时将____________管（与制动管相通）的压缩空气排向大气，从而产生紧急制动。

2. 制动缸切除模块的____________ Z10.24 将两个转向架制动缸中____________的那个压力导向出口 3，该压力将作为 BCCO 压力被引回____________；BCCO 压力也将被导向弹簧停放制动模块，避免空气制动和弹簧制动之间出现制动力重叠而产生____________。

3. 制动指示器分别与Ⅰ、Ⅱ端转向架____________管和____________管相通，指示器绿色表示处于____________状态，红色表示处于____________状态。

4. 写出制动缸压力指示器的作用和试验操作方法。

5. 制动系统中防滑器的主要作用是：防止在制动过程中________之间纵向发生严重的相对滑动，以免造成车轮踏面严重________，并缩短制动距离。防滑器有机械式、电子式和____________三种类型。

6. HXD_3 系列机车采用 MGS2 型防滑器，它属于____________控制的防滑器，由防滑处理器 ESRA、防滑排气阀、________________及感应齿轮等组成。

二、展示汇报

◆组内分工合作，完成展示汇报

组别：　　　　　　　　　　组长：　　　　　　　　　　完成日期：

序号	工作内容	责任人	备注
1			
2			
3			
4			
5			
6			

◆展示汇报内容与要求

1. 按照制动缸压力指示器试验操作程序，在实训设备上进行实际操作。

2. 根据图 5-18～图 5-20 说明防滑排气阀的基本组成和工作原理，并到讲台按图讲解。

3. 制作防滑器及其工作原理 PPT，说明防滑器的组成，总结其不同工况下的工作原理，并到讲台按图讲解。

任务评价

制动系统附属设备任务展示评价标准

序号	评价项目	评价内容与标准	分值
1	知识点	能够正确完成制动缸压力指示器试验操作	15
2		能够按图准确完整地说明防滑排气阀 GV12-ESRA 的基本组成和工作原理	25
3		能够按图准确完整地说明防滑器的组成与不同情况下的工作原理	20
4	PPT 制作	内容正确，画面美观，标示清晰，图文并茂	10
5	表达能力	仪态得体，逻辑严密，口齿清楚，声音洪亮，讲解生动	15
6	课堂表现	遵守课堂纪律，学习态度端正，组员合作默契	15
合　计			100

个人学习成果评价

序号	评价项目	分值	自评	组内评价	组外评价	师评	小计
1	知识与技能	10			—	—	
2	纪律与态度	7			—	—	
3	组内贡献度	8			—	—	
4	学习成果(工作页)	20	—	—	—		
5	展示汇报	15	—	—			
本任务得分							
目前总得分							

任务拓展

1. 分析防滑器的控制判断依据。

2. 分析双向阀 Z10.24 的作用。

巩固练习

一、填空题

1. 制动缸切除模块由塞门 Z10.22、Z10.23 和双向阀____________组成，Z10.22 控制____端转向架空气制动缸的气路，截断时将制动缸内的压缩空气____________。

2. 防滑器主机的控制判断依据有以下三种：____________控制、____________控制和____________控制。

3. 防滑排气阀 GV12-ESRA 是防滑控制的____________。每台机车上装有 6 个防滑排气阀，分别____________每根车轴上的制动缸压力。

二、综合题

1. 说明制动缸压力指示器的作用。

2. 说明空气防滑器的工作过程。

任务四　制动基础理论分析

任务描述

制动机有很多类型，我国铁路运输普遍采用空气制动机和电空制动机。它们最核心的部件是三通阀、控制阀或分配阀，阀的结构和作用原理对制动机的性能及操纵有很大影响。比如二压力机构阀只能实现一次缓解，不能实现阶段缓解；三压力机构阀可以实现阶段缓解，并且可以使用制动管的补风功能，制动力控制更加灵活。司机通过控制制动管减压量的大小来控制制动缸的压力，从而控制列车的制动力。制动管减压量过小会造成列车不产生制动作用；过大则白白浪费压缩空气，并有可能贻误制动时机。

本任务的内容是分析制动机的分类、性能特点和制动过程的具体细节，帮助我们在将来的工作中能够科学合理地操纵制动机，保证列车行车平稳安全。

任务目标

1. 掌握制动机的分类和特点。
2. 掌握三压力机构阀的结构、原理和特点。
3. 理解制动管减压量与制动缸压力的关系。
4. 理解最小、最大有效减压量的概念并掌握其数值。

任务信息

一、制动机分类

(一)按用途分类

制动机按其用途可分为机车制动机、客车车辆制动机、货车车辆制动机、城市轨道车辆制动机和高速列车制动机。

对于动力集中型列车而言，制动机分为机车制动机和车辆(客车、货车)制动机。除了具有像车辆制动机一样控制自身制动和缓解的设备外，机车制动机还具有操纵全列车制动、机车单独制动的设备。

(二)按动力来源和控制方法分类

制动机按动力来源与控制方法大致分为5类。

1. 人力制动机

详见项目一任务一。由于人力制动机的原动力完全使用人力，虽然提高了制动倍率，但其制动力仍比空气制动机小得多，动作也比空气制动机慢，因此，只有在不能使用空气制动机的情况下才使用人力制动机。

2. 弹簧停放制动装置

利用弹簧力作为原动力带动基础制动装置，使闸瓦（或闸片）压紧在车轮踏面（或制动盘）上，从而产生制动作用的装置，其结构原理参考项目五任务一。

我国早期的机车上也装有人力制动机，现代新造机车采用弹簧储能制动装置取代了人力制动机。

3. 空气制动机

用压力空气作为动力并用空气压力的变化来操纵的制动机，叫作空气制动机。如前面我们学过的自动空气制动机，通过自动制动阀直接控制制动管的充排气，发出空气压力变化的信号；车辆制动机（三通阀、分配阀、控制阀）根据制动管空气压力变化的信号动作，实现本节车的制动、缓解和保压。

空气制动机按其作用原理的不同，分为直通空气制动机、自动空气制动机。

4. 电空制动机

电空制动机也以压力空气作为动力来源，但它用电信号来控制制动装置的制动、保压和缓解。如 CCBⅡ电空制动机，其均衡风缸控制模块 ERCP 用电信号控制均衡风缸压力变化，进而控制 BPCP，BPCP 根据均衡风缸压力信号控制制动管的充排气；其作用管控制模块 16CP 用电信号控制作用管压力变化，进而控制 BCCP，BCCP 根据作用管压力信号控制机车制动缸的充排气。

电空制动机的最大优点是全列车能迅速实现制动和缓解作用，列车前部和后部车辆的动作一致性好，能有效地降低列车的纵向冲动，缩短制动距离，在提高制动效果的同时也提升了乘客的乘坐体验，适用于高速旅客列车和长大货物列车。但由于增加了电控部分，结构比较复杂，故容易引起故障。

我国普遍采用空气制动机和电空制动机。为提高制动系统的性能和自动化程度，现代铁路越来越多地采用电空制动机。如我国机车上采用的 DK-1 型、DK-2 型、CCBⅡ型、法维莱型电空制动机，客车上采用的 F8 型、104 型电空制动机等。动车组普遍采用直通式电空制动机。由于车辆混编等原因，电空制动机目前未在货物列车应用。

5. 真空制动机

真空制动机以大气作为动力来源，利用真空度（对空气抽空程度）的变化，来控制制动机的制动与缓解。真空制动机的压力最高只能达到一个大气压，所以其制动力受到限制，我国未采用这种制动机。

二、二压力机构与三压力机构

按制动机控制压力的数量分为以下 3 种：二压力机构、三压力机构和二三压力混合机构。

（一）二压力机构

具有二压力机构阀的自动制动机，三通阀（或控制阀、分配阀）主活塞的动作是根据两种压力（制动管与副风缸）之间的差来控制，从而实现列车制动、缓解与保压作用的（参考图 1-13）。

这种制动机只具有一次缓解性能，而不具备阶段缓解性能。

(二)三压力机构

具有三压力机构阀的自动制动机，分配阀主活塞的动作由制动管、定压风缸和制动缸三种压力的变化来控制，以实现制动、缓解和保压作用，如图 5-21 所示。

三压力阀组成原理

具有三压力机构的制动机多用于车辆，其作用位置分为 4 个。

1. 缓解位

由制动管 12 来的压力空气，一路经充气止回阀 11 充入副风缸 10，另一路进入分配阀，到达大活塞上侧，并经充气沟 2 充入定压风缸 3，故副风缸 10 和定压风缸 3 最后均充到定压。这时，活塞组(1 和 5)处于下端位置，制动缸 9 经排气阀口 6、活塞杆中心孔与小活塞 5 下侧空腔相通，经排气口 4 排向大气分配阀处于充气缓解位。

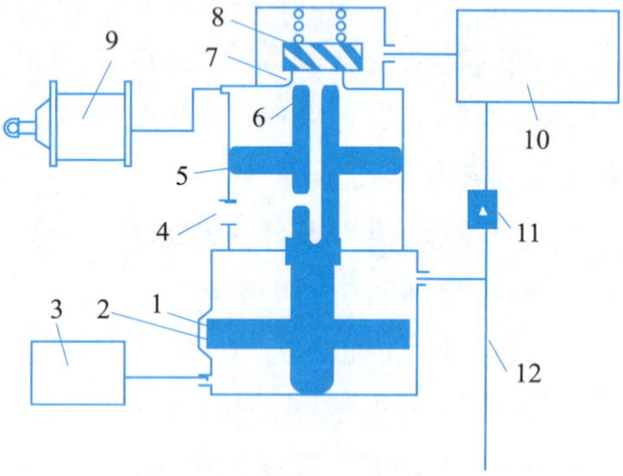

图 5-21　三压力机构阀原理图

1—大活塞；2—充气沟；3—定压风缸；4—分配阀排气口；5—制动缸压力活塞(小活塞)；6—排气阀口；7—进气阀座；8—进排气阀；9—制动缸；10—副风缸；11—充气止回阀；12—制动管

2. 制动位

制动管以一定的速度减压时，定压风缸 3 中的压力空气来不及经充气沟 2 向制动管 12 逆流，活塞组由于大活塞 1 上下侧的压差而向上移动，先是排气阀口 6 与进排气阀 8 底面接触并贴紧，使制动缸 9 与大气的通路切断。当活塞组继续上移时，顶起进排气阀 8，使其离开进气阀座 7，于是副风缸 10 中的压力空气经顶开的进排气阀 8 充入制动缸 9，分配阀处于制动位。

3. 制动后保压位与阶段制动

当制动管 12 停止减压时，副风缸 10 仍在向制动缸 9 充气，因而作用在小活塞 5 上侧的制动缸压力逐渐增大，当制动缸压力乘以小活塞 5 的面积所得向下之力，加上经过减压以后的制动管压力乘以大活塞 1 的面积所得向下之力，再加上作用在进排气阀 8 上方的弹簧力之和稍稍大于定压风缸 3 的压力(它几乎没有减压)乘以大活塞 1 的面积所得的向上压力时，活塞组便稍稍下移，进排气阀 8 紧贴进气阀座 7 而关闭进气阀口，排气阀口 6 由于仍与进排气阀 8 密贴而处于关闭状态。副风缸压力空气停止充入制动缸，制动缸内的压力空气也不能排向大气，分配阀处于保压位。

司机若再次操纵制动管减压及保压，便能实现阶段制动作用。

4. 制动后的缓解位与阶段缓解

当制动保压后向制动管充气时，由于作用在大活塞上侧的制动管压力增加，向下的力大于向上的力，不能维持分配阀保压位活塞组的平衡状态，于是活塞组下移，排气阀口 6 脱离进排气阀 8 而被打开，制动缸 9 中的压力经排气阀口 6、排气口 4 排入大气，分配阀处于缓解位置。

若制动管稍稍增压后又停止增压，则等到制动缸压力下降到某一值，向下的力稍小于向上的力时，活塞组又稍稍上移，排气阀口 6 紧贴进排气阀 8 的底面，活塞组不再继续向上移动，进排气阀 8 并未被顶开。这时，制动缸的排气通路被切断，制动缸停止排气，分配阀处于缓解后的保压位置。

这样，交替地操纵制动管增压又保压，即能实现阶段缓解作用。制动管增压一点，制动缸缓解一点。制动管必须增压到定压（与定压风缸压力相等），制动缸才能完全缓解。

不管是制动后还是缓解后保压过程中，若制动缸有漏泄时，由于作用在小活塞上侧的制动缸压力减小，活塞组失去平衡而上移，顶开进排气阀，副风缸压力空气流入制动缸进行补充，待制动缸补充到原来压力时，进排气阀被弹簧力压回到进气阀座上，活塞组也被稍稍压下，整个机构仍处于保压位置。因此，三压力机构制动机具有“制动力不衰减性”。

此外，副风缸压力如低于制动管时，可由制动管通过充气止回阀 11 来补充。

若全列车均为三压力机构制动机，理论上允许将机车制动系统设置为“补风”状态，使制动系统在保压时，制动管的漏泄可由总风缸给予补充。

这种制动机具备制动力不衰减性、阶段缓解性能与自动补风性能。

（三）二、三压力混合机构

既具有二压力机构又具有三压力机构特点的，称为二、三压力混合机构自动制动机，如图 5-22所示。具有二、三压力混合机构的制动机兼顾了二压力机构阀和三压力机构阀的优点，将转换塞门置于“客车位”可实现阶段缓解作用；置于“货车位”可实现一次缓解作用。

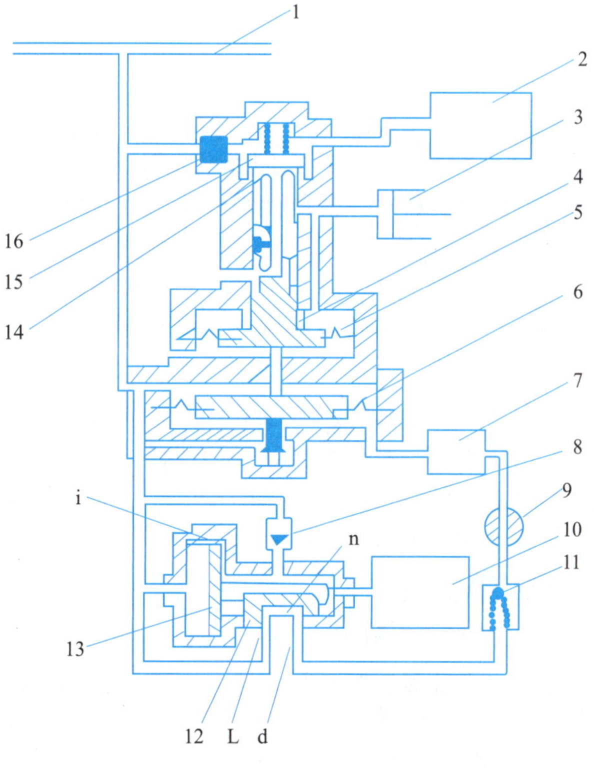

图 5-22　二、三压力混合机构阀

1—制动管；2—副风缸；3—制动缸；4—弹簧；5—小活塞；6—大活塞；7—定压风缸；8—充气止回阀；9—转换塞门；10—工作风缸；11—止回阀；12—滑阀；13—活塞；14—排气阀口；15—进排气阀；16—止回阀

从图 5-22 中可以看出，大、小活塞组 6 和 5，进排气阀 15、排气阀口 14，副风缸 2、止回阀 16、制动缸 3、定压风缸 7 等与三压力机构阀一样，只是下部多了一个三通阀和工作风缸。

在制动管增压时，下部的活塞 13 连同滑阀 12 被推向右侧，制动管压力空气经充气沟 i 向工作风缸 10 充气，同时滑阀 12 上的 n 槽连通了 L 孔（通向制动管）和 d 孔。此时若转换塞门 9 开启，则定压风缸 7 经转换塞门 9、止回阀 11、d 孔、n 槽、L 孔而与制动管 1 相通。

当制动管减压时，活塞 13 连同滑阀向左侧移动，L 孔与 d 孔的通路被切断，这时不管转换塞门 9 是开启还是关闭，定压风缸 7 与制动管不通。

在需要一次缓解时，打开转换塞门 9，于是当制动管增压时，定压风缸与制动管相通，即大活塞上下两侧的压力始终一样，这样，大小活塞组在小活塞上侧的制动缸压力作用下向下移动，并且不会再向上回移，这就使制动缸迅速地一次完全缓解。如关闭转换塞门，则成为三压力机构阀，具有阶段缓解等一系列三压力阀的特征。

旅客列车编组较短，为了能方便地调节制动力，以采用有阶段作用的制动机为宜；而货物列车在长编组情况下适宜于一次缓解的制动机。因此，在二、三压力混合机构的分配阀中，上述转换塞门的两个转换位置称为"客车位"和"货车位"。实际上，它们分别表示"阶段缓解位"和"一次缓解位"。

三、制动缸压力与制动管减压量的关系

（一）基本概念

1. 压力与压强

压力是指物体间的相互作用力，单位为牛顿（N）；而压强是指单位面积上所受力的大小，单位为帕斯卡（Pa，N/m^2）。在空气管路系统中，人们习惯将"压强"称为"压力"，但其含义不变，只是名称的更换。本书遵循此习惯，将气体的压强均表述为"压力"。

2. 绝对压力及表压力

由物理学可知，大气对地球表面作用着一定压力，这一压力称为大气压。人们定义 760 mmHg 的压力为一个标准大气压，换算成国际单位制为 101.33 kPa。工程上为方便计算，一般取 100 kPa。

压缩空气的实际压力称为绝对压力，如完全缓解后的制动缸与大气相通，它的绝对压力等于大气压力；压力表所指示的压力，即超过大气压的压力叫作表压力。

制动机内均衡风缸、制动缸、制动管等处的规定压力均为表压力，而在运算压力与容积的关系时，必须将表压力换算为绝对压力：绝对压力＝表压力＋100 kPa 的大气压。

（二）制动缸压力与制动管减压量的关系

制动缸压力与制动管减压量的关系

我国货车制动机主要有 GK 型（三通阀）、103 型（分配阀）和 120 型（控制阀）车辆制动机，均为二压力机构。普速客车制动机主要有 104 型（分配阀）和 F8 型（分配阀）车辆制动机，其中 104 型为二压力机构，F8 型为二、三压力混合机构。两种制动机均相应开发了对应的电空制动机。

我国机车制动机主要采用 109 型分配阀（DK-1 制动机）和 F7 型分配阀（JZ-7 制动机），其中 109 型为二压力机构，F7 型为二、三压力混合机构。

1. GK 型和 120 型制动机

GK 型三通阀、120 型控制阀最核心的原理与我们学过的基础三通阀相同，常用制动过程中（图 1-15），分析制动管、副风缸和制动缸之间的压力变化关系时，有以下结论：

（1）制动时，进入制动缸的空气量等于副风缸排出的空气量，而副风缸减压后的压力与制

动管压力平衡；

(2)在制动计算中，副风缸与制动缸的容积之比选取 3.25∶1。

则有：

$$P_Z = 3.25r - 100 \tag{1}$$

式中　P_Z——制动缸压力，kPa；

r——制动管减压量，kPa。

2. 103、104、F8、F7、109 型制动机

103、104、109 型制动机均为二压力机构，但属于间接控制方式，即主阀部根据制动管压力控制容积室压力，均衡部根据容积室压力控制制动缸压力。其中，容积室压力与制动管减压量的关系是：容积室压力＝2.5×r，即 $P_R = 2.5r$；制动缸压力与容积室压力的关系是：$P_Z = P_R$，故制动缸压力与制动管减压量的关系为：

$$P_Z = 2.5r \tag{2}$$

F8、F7 型分配阀均为二、三压力混合机构。如图 5-22 所示，保压时，大活塞向上的力为：

$$F_{上} = 大活塞面积\ S_{大} \times (定压风缸压力 - 制动管压力)$$

此时定压风缸为制动管定压，故定压风缸压力－制动管压力＝r。上式可简化为：

$$F_{上} = S_{大} \times r$$

小活塞向下的力为：　$F_{下} = 小活塞面积 \times 制动缸压力 = S_{小}P_Z$

此时活塞组处于平衡状态，上下压力相等，即 $F_{上} = F_{下}$，$S_{大} \times r = S_{小} \times P_Z$，经整理后得

$$P_Z = \frac{S_{大}}{S_{小}} \times r$$

大活塞面积与小活塞面积之比为 2.5∶1，可得

$$P_Z = 2.5r \tag{3}$$

四、最小与最大有效减压量

1. 制动管最小有效减压量

无论何种类型的空气制动机，只有全列车的闸瓦均压紧车轮，才能有效地实施制动作用。制动缸充风后将制动缸活塞推出使闸瓦压紧车轮的过程中，需要克服制动缸弹簧对活塞的背压及相关的摩擦力，因此存在最小有效制动缸压力，那么相对应的存在一个制动管的最小有效减压量 r_{min} 值。下面，以 GK 型车辆制动机为例，介绍最小有效减压量 r_{min} 的确定方法。

实践表明，只有制动缸压力达到 35 kPa 以上时，才足以克服制动缸弹簧对活塞的背压及各种摩擦力，产生有效的制动作用。于是有 $P_{Zmin} = 35$ kPa。将此值代入(1)式中可得：

$$P_{Zmin} = 3.25r_{min} - 100 = 35(\text{kPa})$$

所以　　$r_{min} = 41.5$ kPa

在实际工作中，制动管最小有效减压量的确定，还要考虑其他因素的影响。例如，制动管减压值在车列中不是完全一致的，车列越长其尾部制动管减压值比首部越小，因此要求制动管减压量不能过低，避免后部车辆制动作用不可靠而影响行车安全。一般地，单机时，最小有效减压量选取 40 kPa；牵引列车时，最小有效减压量选取 50 kPa；牵引 60 辆以上车辆时，最小有效减压量选取 70 kPa。

2. 制动管最大有效减压量

在列车施行常用制动时，对于 103、104、109 型分配阀来讲，随着制动管减压量的增大，工

作风缸的压力因充入容积室而逐渐降低，容积室的压力逐渐升高，当两者压力达到均衡时，若制动管再继续减压，容积室压力不会再上升，制动缸的压力也不会再上升；对于 GK 型三通阀、120 型控制阀来说，随着制动管减压量的增大，副风缸的压力空气进入制动缸而逐渐降低，制动缸的压力逐渐升高，当两者压力达到均衡时，若制动管再继续减压，制动缸压力不会再上升。

这个使工作风缸与容积室（或副风缸与制动缸）两者压力均衡时的制动管减压量称为最大有效减压量。超过最大有效减压量的减压，不能提高制动缸的压力，只会浪费压缩空气，并延长了列车缓解时的充气时间。

对于 F7、F8 分配阀来讲，制动管的最大有效减压量主要受分配阀常用限压阀的限制。

以 GK 型三通阀、120 型控制阀为例，当副风缸与制动缸压力均衡（相等）时，制动缸压力达到最大值，此时有：

$$P_{Zmax}=3.25\times r_{max}-100=\text{制动管定压}-r_{max} \quad (4)$$

式中　P_{Zmax}——制动缸最高压力；

r_{max}——制动管最大有效减压量。

将制动管定压 500 kPa 代入（4）式，解得 $r_{max}=141.2$ kPa，$P_{Zmax}=358.8$ kPa；将制动管定压 600 kPa 代入（4）式，解得 $r_{max}=164.7$ kPa，$P_{Zmax}=435.3$ kPa。

《铁路机车操作规则》规定：制动管定压为 500 kPa 时，最大有效减压量为 140 kPa；制动管定压为 600 kPa 时，最大有效减压量为 170 kPa。

任务实施

一、合作探究

1. 制动机按其用途可分为________制动机、客车车辆制动机、货车车辆制动机、城市轨道车辆制动机和____________制动机。

2. 制动机按动力来源与控制方法分为哪几类？

3. 电空制动机的最大优点是全列车能迅速实现制动和缓解作用，且列车前、后动作________好，适用于____________列车和长大货物列车。

4. 具有二压力机构阀的自动制动机，三通阀（或控制阀、分配阀）主活塞的动作是根据两种压力____________与____________之间的差来控制，从而实现列车制动、缓解与保压作用的，这种制动机只具有________缓解性能。

5. 什么叫表压力？

6. 对于 GK 型制动机来说，制动时进入________的空气量等于副风缸排出的空气量，而副风缸减压后的压力与________压力平衡。

7. 制动缸充风后将制动缸活塞推出使闸瓦压紧________的过程中，需要克服制动缸____________对活塞的背压及相关的摩擦力，因此存在最小有效制动缸压力，那么相对应的存在一个制动管的________________值。

8. 对于 GK 型三通阀、120 型控制阀来说，随着制动管减压量的________，副风缸的压力空气进入制动缸而逐渐________，制动缸的压力逐渐升高，当两者压力达到均衡时，若制动管再继续减压，制动缸压力不会再________。

二、展示汇报

◆组内分工合作，完成展示汇报

组别：　　　　　　　　　　　　组长：　　　　　　　　　　　　完成日期：

序号	工作内容	责任人	备注
1			
2			
3			
4			
5			
6			

◆展示汇报内容与要求

1. 分析制动机的分类、结构和特点，并到讲台按图讲解。

2. 分析三压力机构阀的组成与工作过程，并到讲台按图讲解。

3. 分析最小、最大有效减压量,到讲台展示讲解。

任务评价

制动基础理论分析任务展示评价标准

序号	评价项目	评价内容与标准	分值
1	知识点	能够准确完整地说明制动机的分类、结构和特点	20
2		能够准确完整地说明三压力机构阀的组成,并分析其工作过程	30
3		能够正确分析制动缸压力与制动管减压力的关系,并能推导计算最小、最大有效减压量	30
4	表达能力	仪态得体,逻辑严密,口齿清楚,声音洪亮,讲解生动	10
5	课堂表现	遵守课堂纪律,学习态度端正,组员合作默契	10
合　计			100

个人学习成果评价

序号	评价项目	分值	自评	组内评价	组外评价	师评	小计
1	知识与技能	10			—	—	
2	纪律与态度	7			—	—	
3	组内贡献度	8			—	—	
4	学习成果(工作页)	20	—	—	—		
5	展示汇报	15	—	—			
本任务得分							
目前总得分							

任务拓展

1. 什么叫真空制动机?

2.解释二、三压力混合机构阀的“货车位”“客车位”。

3.什么叫三压力机构的自动补风性能？

巩固练习

一、填空题

1.用压力空气作为________并用空气压力的变化来________的制动机，叫作空气制动机。

2.空气制动机按其作用原理的不同，分为________________________、自动空气制动机。

3.以压力空气作为动力来源，但________________用电来控制制动装置的制动、保压和缓解作用。

4.电空制动机由于增加了________部分，结构比较________，容易引起故障。目前只在____________列车投入使用，未在货物列车应用。

5.我国普遍采用________制动机和________制动机。

6.具有三压力机构阀的自动制动机，分配阀主活塞的动作由制动管、____________和____________三种压力的变化来控制，以实现制动、缓解和保压作用。这种制动机具备制动力________________、阶段缓解性能与________________性能。

7.绝对压力＝________＋________的大气压。

8.GK型制动机制动缸压力与制动管减压量的关系是：____________________，机车制动机制动缸压力与制动管减压量的关系是____________________。

二、综合题

1.三压力机构与二压力机构有何区别？

2.什么叫制动管的最大有效减压量？《铁路机车操作规则》对最大有效减压量是如何规定的？

项目六
机车空气管路系统及操作

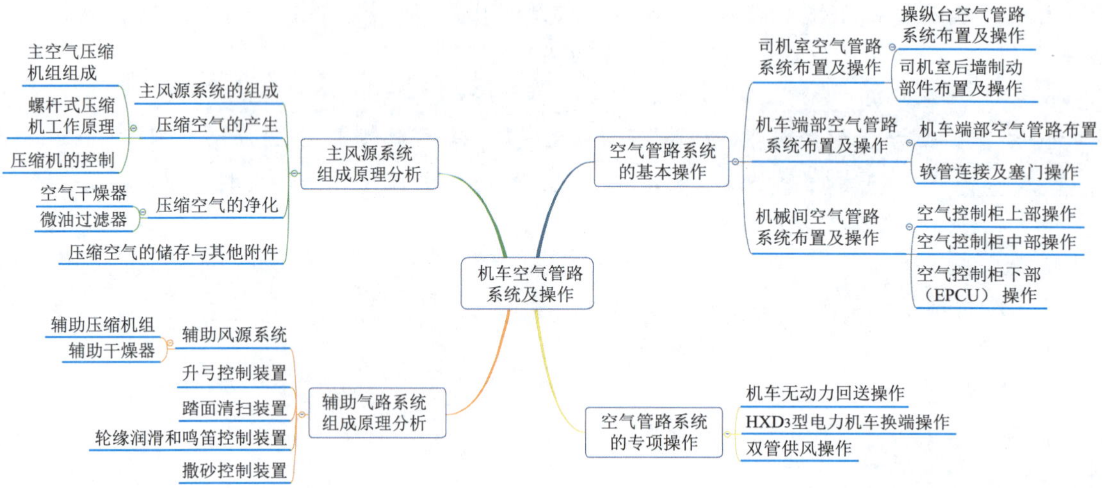

项目概述

机车空气管路系统按其功能可分为主风源系统、制动机气路系统和辅助气路系统三大部分，如附图 1 所示。

列车中有许多设备是气动的，如空气制动系统、停放制动装置、受电弓、主断路器、撒砂装置、踏面清扫装置、轮缘润滑装置、风笛以及空气弹簧、气动门等。正常情况下，机车车辆各处所用的压缩空气都是由主风源系统提供的。当机车长时间停放造成风压不足时，辅助风源可以为升弓控制气路系统提供压缩空气，实现机车升弓合闸，将接触网的电引入车内，然后再启动主风源系统。

空气管路系统是机车车辆的重要组成部分，能否对空气管路系统进行正确操作，直接关系到列车行车安全。作为机车乘务员，必须熟练掌握各空气管路部件的布置位置、名称、代号、功能、操作方法和操作步骤。

学习目标

1. 掌握主风源系统、辅助风源系统、升弓控制气路、撒砂控制气路等的用途和组成。
2. 理解空气管路系统的工作原理。
3. 掌握空气管路系统相关操作部件的位置和功能，并学会它们的操作方法和步骤。
4. 掌握机车无动力回送、换端、双管供风操作的方法和步骤，能够正确完成上述专项操作。

任务一　主风源系统组成原理分析

任务描述

目前我国的机车车辆、城市轨道交通车辆、高速铁路动车组都装设有空气制动系统。除空气制动系统外，轨道交通列车还有很多地方要用到压缩空气，如电力机车、动车组的升弓合闸，列车鸣笛用的风喇叭，有些车辆采用的空气弹簧等。那么压缩空气是如何产生的呢？本任务我们就来研究一下这个问题。

任务目标

1. 掌握主风源系统的组成，能在车上找到这些设备并进行正确操作。
2. 掌握压缩机的基本组成和工作原理，理解压缩空气的产生过程。
3. 了解压缩空气的净化过程，理解空气干燥器的工作原理。

任务信息

机车空气管路系统按其功能可分为主风源系统、制动机气路系统和辅助气路系统三大部分。

HXD3C 型电力机车空气管路系统的管路原理图如附图 1、附图 2 所示，在机车上的布置如图 6-1 所示。

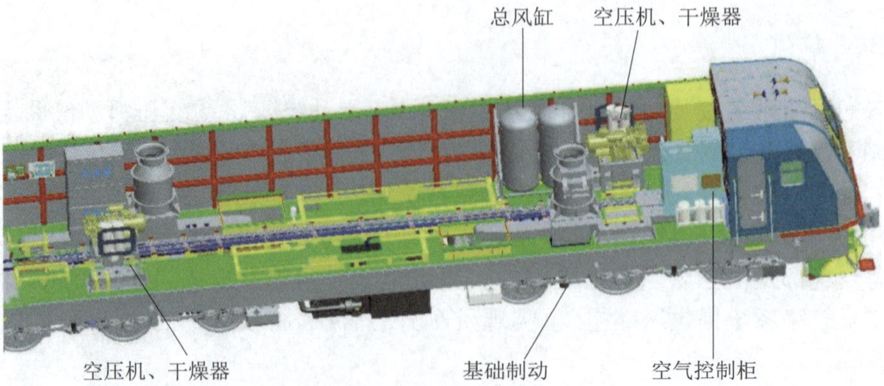

图 6-1　HXD3C 型电力机车空气管路系统布置

空气管路系统的组成如图 6-2 所示。

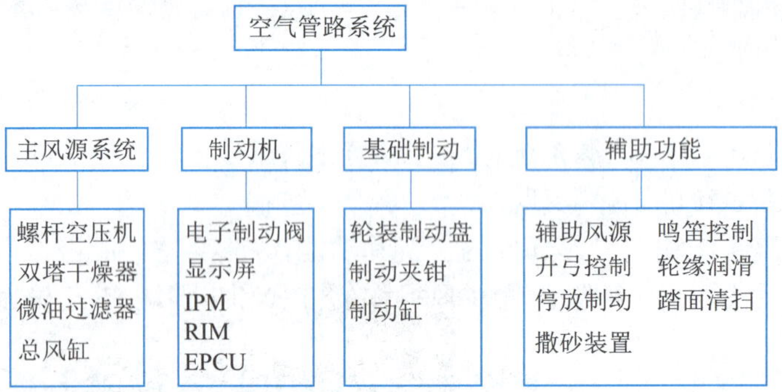

图 6-2　空气管路系统的组成

空气管路系统的控制关系如图 6-3 所示。

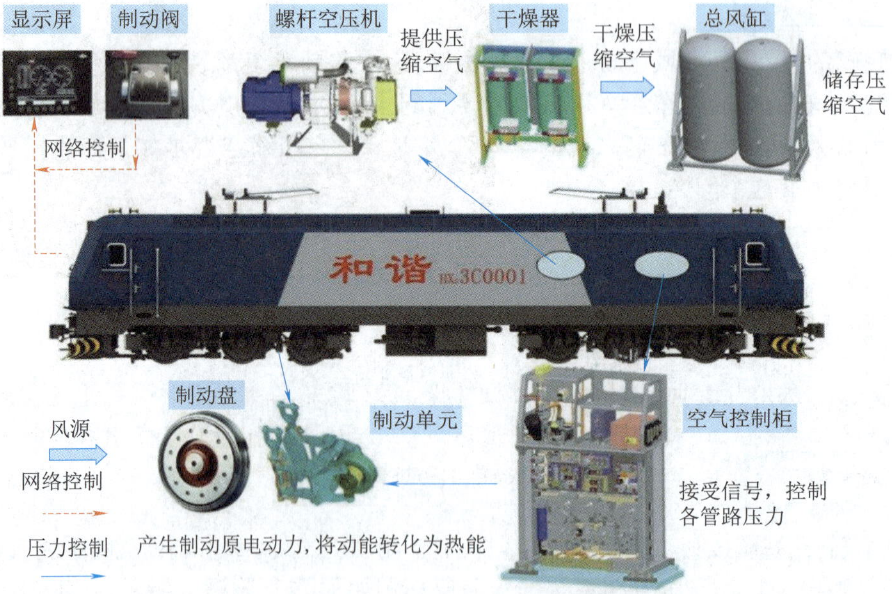

图 6-3　空气管路系统的控制关系

一、主风源系统的组成

主风源系统的作用是生产、净化、储备、调节控制压力空气，并向全车各气路系统提供洁净、稳定的高质量压缩空气。HXD3C 型电力机车主风源系统由主空气压缩机组、低压维持阀、安全阀、双塔干燥器、微油过滤器、安全阀、总风缸、单向阀、限流阀、截断塞门及连接管路等组成，其系统原理如图 6-4 所示，外观如图 6-5所示。

主风源系统
空气压缩机

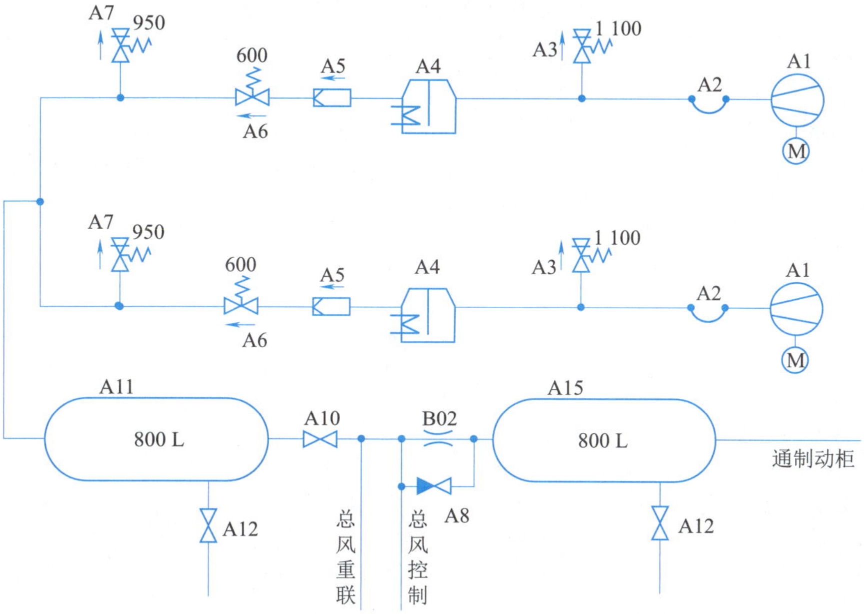

图 6-4　HXD3C 型电力机车主风源系统原理图

A1—空气压缩机组；A2—软管；A3—安全阀；A4—双塔干燥器；A5—微油过滤器；A6—低压维持阀；A7—安全阀；A8 单向阀；A10—截断塞门；A11—第一总风缸；A12—排水塞门；A15—第二总风缸；B02—限流缩堵

（a）Ⅰ端设备室风源　　（b）Ⅱ端设备室端风源

图 6-5　HXD3C 型电力机车主风源系统

二、压缩空气的产生

主空气压缩机组（简称主压缩机组，包括主压缩机及其驱动电机）用于生产具有较高压力的压缩空气，供全车空气管路系统使用。

HXD3C 型电力机车采用两台螺杆式空气压缩机组作为系统风源，其驱动电机为三相异步交流电机。此空气压缩机组具有温度、压力控制装置，可以实现无负荷启动。螺杆式压缩机组主要技术参数见表 6-1。

表 6-1　螺杆式压缩机组主要技术参数

型号	SL22-66	TSA-230AVⅠ-Ⅱ	BT-2.6/10AD3
流量（L/min）	2 750	2 400	2 600
工作压力（kPa）	1 000	1 000	1 000
额定转速（r/min）	2 920	2 955	2 940
工作温度范围（℃）	−40～+50	−40～+50	−40～+50
机油牌号	Anderal 3057M	Anderal 3057M	Anderal 3057M
机油量（L）	6～7	7.9	7
控制电压（V）	DC110	DC110	DC110
工作电压（V）	380	380	380
频率（Hz）	50	50	50
保护等级	IP55	IP55	IP55
外形尺寸（$L\times W\times H$）（mm）	1 346×563×838	1 305×685×875	1 305×685×890
排气含油率（$\times10^{-6}$）	≤5	≤5	≤5
机组噪声[dB(A)]	≤102	≤102	≤102

（一）主空气压缩机组组成

螺杆式空气压缩机组包含的主要部件有：三相电机、压缩机、弹性安装座、电器控制盒和空气过滤器，如图 6-6 所示。各部分通过螺栓连接形成紧凑的自支撑结构，整个空气压缩机组通过弹性安装座与机车连接。

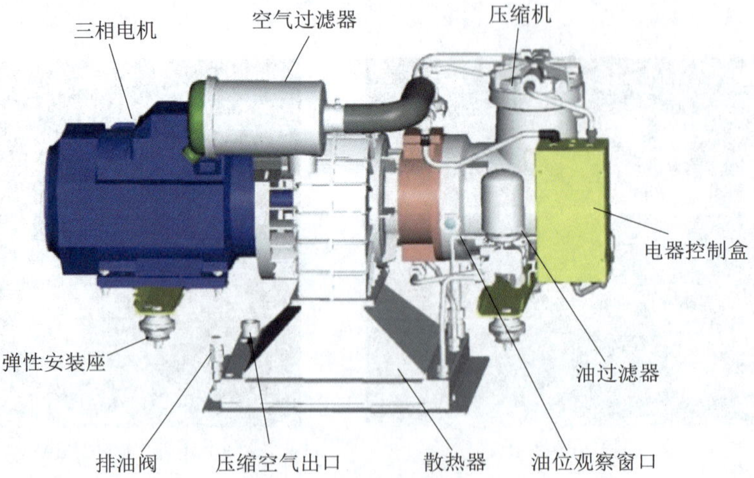

图 6-6　空气压缩机组

(二)螺杆式空气压缩机工作原理

螺杆压缩机有两个螺旋形的转子,通过一级压缩可产生 1 000 kPa 的压力,压缩空气输送几乎没有波动。空气压缩机组工作示意图如图 6-7 所示。

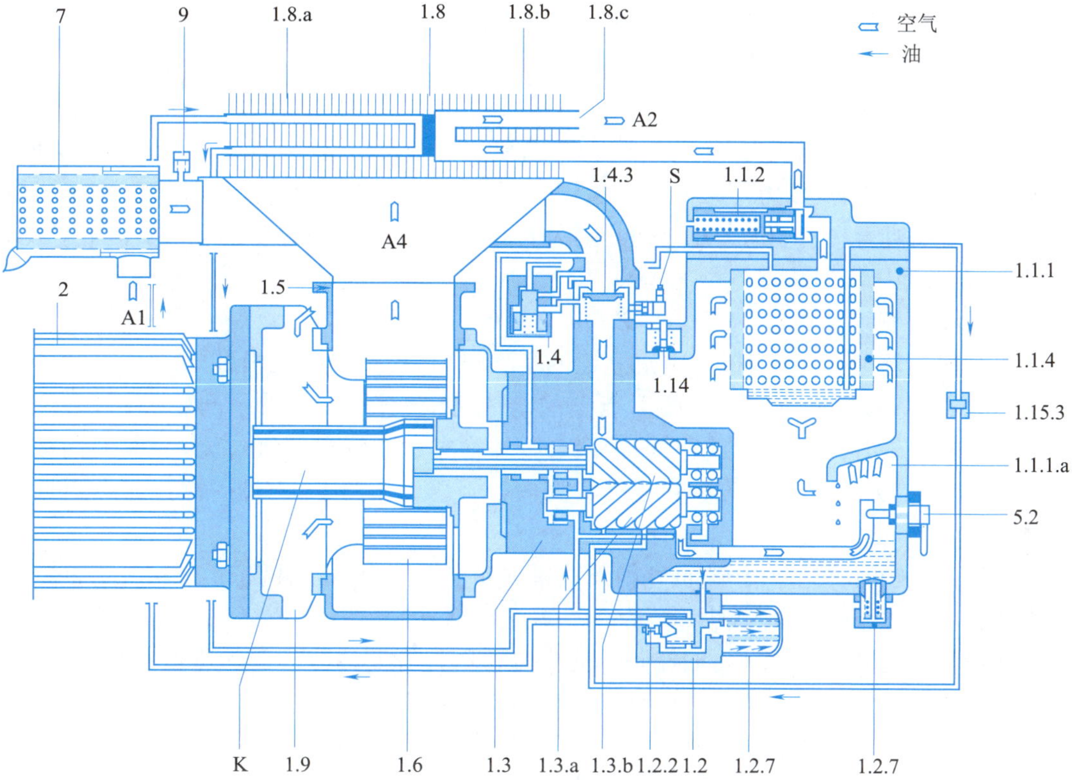

图 6-7　空气压缩机组工作示意图

1.1.1—压缩机壳;1.1.1.a—挡板;1.1.2—最小压力阀;1.1.4—油细分离器;1.2—油控制单元;1.2.2—温控器;1.2.7—油过滤器;1.3—压缩机;1.3.a—阳转子;1.3.b—阴转子;1.4—卸荷阀;1.4.3—进气阀;1.5—风扇蜗壳;1.6—离心风扇;1.8—冷却器;1.8.a—油冷却器;1.8.b—空气冷却器;1.8.c—压缩空气出口;1.9—外壳连接体;1.14—安全阀;1.15.3—回油过滤器;1.27—排油阀;2—三相电机;5.2—温度开关;7—空滤器;9—真空指示器;K—联轴节;S—压力开关;A1—压缩空气进口;A2—压缩空气出口;A4—冷却空气

1. 空气压缩过程

外界空气通过空气滤清器滤去尘埃后,经进气阀(又称逆止阀、单向阀)吸入机体压缩室。压缩机内的一对转子由电机带动旋转,润滑油因压力差喷入,油与气混合。油气混合物被压缩后,通过与转子连接的排气口被推进压缩机壳,在油气筒进行一次分离。油气混合物在较大的油气筒中突降流速,被筒内挡流板折挡后改变运动方向时,与空气混合的油分较重,凝聚成液相油被沉降在油气筒底部,这时油气混合的压缩气体仅含有少量未被分离的油。经油细分离器再次分离气体中的含油后,纯净的压缩空气经最小压力阀(压力维持阀)被送至后冷却器,冷却后的压缩空气送入使用系统中。

如果压缩机启动时压缩机壳里无空气压力,最小压力阀将保持关闭状态,以便使压缩机壳内迅速建立起空气压力。空气压力建立后，润滑油开始循环。当压缩机壳内空气压力达到大约 650 kPa 时，最小压力阀打开并将压缩空气送出。

送出的压缩空气达到系统的规定压力后，压缩机受总风压力开关控制自动停机，最小压力阀自动关闭，将系统和压缩机壳内的通路隔断。在进气口，由于压缩机体空气逆流而压力升高，导致卸荷阀打开。压缩机壳内压缩空气可通过卸荷阀流进空气过滤器后排向大气，从而快速将压缩机壳内空气压力降低到约 180 kPa。剩余的压力通过卸荷阀上的缩孔被缓慢排放至 0。

压力开关 S 用于检测压力，受进气阀压力控制。当压力超过 320 kPa 时，压力开关断开；当压力降至恢复压力时，压力开关恢复接通，此时压缩机才能再次启动，可以实现空压机的无负荷启动。压缩机再次启动的最短时间间隔为 6 s。压缩机运行时，进气阀腔内压力低于大气压力，压力开关处于接通状态。

2. 油润滑过程

当压缩机运转时，在压缩机壳内建立起的空气压力，将壳内的润滑油通过油过滤器输送到轴承、传动装置和压缩机体内油喷射点。这些油用于润滑、密封转子凸轮尖部，带走空气压缩产生的热量。压缩机传送的空气/油混合物输送过程中经过两级过滤，分离的油被收集到油气筒底部和油细分离器底部，在压缩机壳内空气压力作用下，通过回油过滤器返回到压缩机体。

当压缩机运转时，如果在压缩机壳内没有建立起空气压力，压缩机将不能被充分润滑和冷却。在这种情况下，转子可能被损坏。

当润滑油温度高于 83 ℃时，油控制单元中温控阀打开到油冷却器的通道，对润滑油进行冷却。当润滑油温度低于 83 ℃时，油冷却器的通道保持关闭，油被直接传送到压缩机体。通过这种方式可达到润滑油的最佳操作温度，可以有效避免机油乳化。

空气压缩机安装了一个温度调节装置控制油加热器，在环境气温下降至－(20±5)℃时，油加热器开始工作，对空气压缩机润滑油进行加热(预热)，加热期间空气压缩机不能工作。

3. 其　他

压缩机通风系统采用车内循环的方式，压缩机电机轴上装有风扇，风扇将空气经过渡风道吸入，压缩机散热后，经冷却器排气口车内向下排气。

通过真空指示器的显示状态可以判断干式滤芯是否需要进行更换，若指示器为红色表示应更换滤芯。

压缩机壳内空气/油混合物的温度由输送口的温度开关检测，如果温度高于设定值 112℃，温度开关动作，切断空气压缩机的控制电源。

(三)空气压缩机的控制

空气压缩机扳键开关位于司机室操纵台，有三个工作位置，分别是“0”“合”“强泵”。其中“0”是断开位，“合”是自动模式，空气压缩机组的启停状态由总风压力开关进行自动控制。

HXD_3 型电力机车装有两台空气压缩机组，在正常使用状态下，只有一台空气压缩机组(远离操纵端)投入运用。空气压缩机为间歇工作制，动作值为 750 kPa(HXD_3C 型机车为 825 kPa)启动，900 kPa 停止。当总风缸压力下降速度过快降至 680 kPa(HXD_3C 型机车为 750 kPa)以下时，两台空气压缩机组同时投入运用。

空气压缩机扳键开关置“强泵”位时，两台空气压缩机 1、2 均投入工作。

三、压缩空气的净化

如图 6-4 所示，HXD_3 型电力机车配套使用两个双塔干燥器（A4）和两个微油过滤器（A5）作为风源滤水、滤油的处理装置。新型空气干燥器用于去除主风源系统压缩空气中的油、水、尘及机械杂质等杂物，有利于压缩空气的干燥，减少制动系统阀件的故障率；微油过滤器用于去除压缩空气中的残油。

主风源系统
空气干燥器

（一）空气干燥器

HXD_3 型电力机车采用双塔吸附式干燥器，位于空气压缩机组和总风缸之间，其外形如图 6-8所示。该干燥器具有低温加热功能，具有过滤压缩空气中油、水的功能，可将含水量降低至压缩空气露点，保证空气系统在正常使用时不会出现液态水。

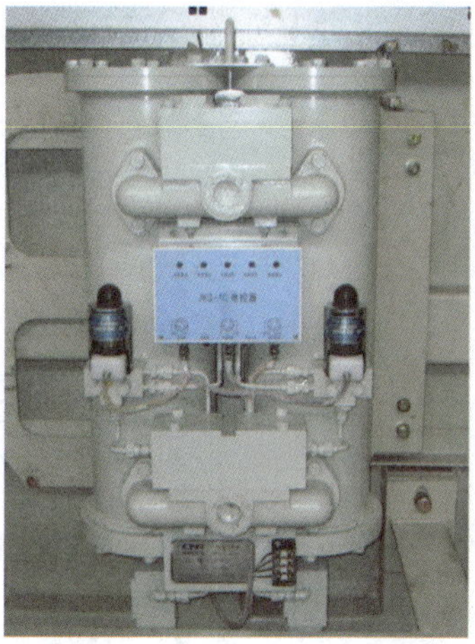

图 6-8　空气干燥器外形图

1. 结构

空气干燥器主要包括：两个干燥塔，每个塔内集成一个油分离器和一定量的干燥剂；带有计时功能的脉冲电磁阀；带可更换再生节流孔的双逆止阀；排气（放）阀（LTZ-H 型单元的排放阀还配备了一个恒温器控制器）；消声器和冷凝排放盖。

每个电磁阀的工作状态用一个气动压力指示器显示。当电磁阀得电作用时，压力指示器弹起，对应的塔处于再生状态。

2. 工作原理

无热吸附式双塔干燥器的吸附和再生工作在两个塔中同时进行，当压缩空气在一个塔内通过干燥剂进行干燥时，另一塔内的干燥剂被干燥的空气吹扫进行再生处理。

空气干燥器工作原理如图 6-9 所示，左电磁阀得电工作，进气阀（Aj）关闭，左排气阀打开。右电磁阀失电，进气阀（Bj）打开，右排气阀关闭。此时 B 塔（右）在干燥阶段，A 塔（左）在再生阶段。

压缩机输出的饱和压缩空气经 P1、进气阀 Bj 到达干燥塔（B），在离心力作用下将油和水滴等冷凝物甩向油分离器的内壁后收集到排气阀（右）。接着通过干燥塔的干燥剂，压缩空气里的水及水蒸气被吸收，干燥器出口的压缩空气相对湿度降到 35%以下。干燥洁净的压缩空气经 Bc、P2 输出到总风缸。

部分干燥后的压缩空气通过再生节流孔、Ac 进入再生塔（A），吸收饱和干燥剂内的水分，连同油分离器中的油、尘埃等机械杂质，通过开放的排气阀排入大气，使干燥剂重新恢复干燥状态。这一过程即为再生过程。

受电磁阀的控制，两个塔交替作为干燥塔和再生塔进行工作。当压缩机停止工作时，干燥器也同时停止工作。干燥器的两个电磁阀都失电，控制管路被排空，两侧排气阀均关闭，进气阀停留在干燥器停止工作时的位置。

（二）微油过滤器

微油过滤器（A5）对通过干燥器后的压缩空气进行去油污处理。保证通过微油过滤器后的压缩空气满足 ISO8573-1—2010 固体颗粒 2 级（固体颗粒含量小于 1 mg/m^3，尺寸小于 1 μm），油 2 级(含量小于 0.1 mg/m^3,溶度小于 0.1×10^{-6}),水 2 级的标准。该过滤器需定期进行排污处理。

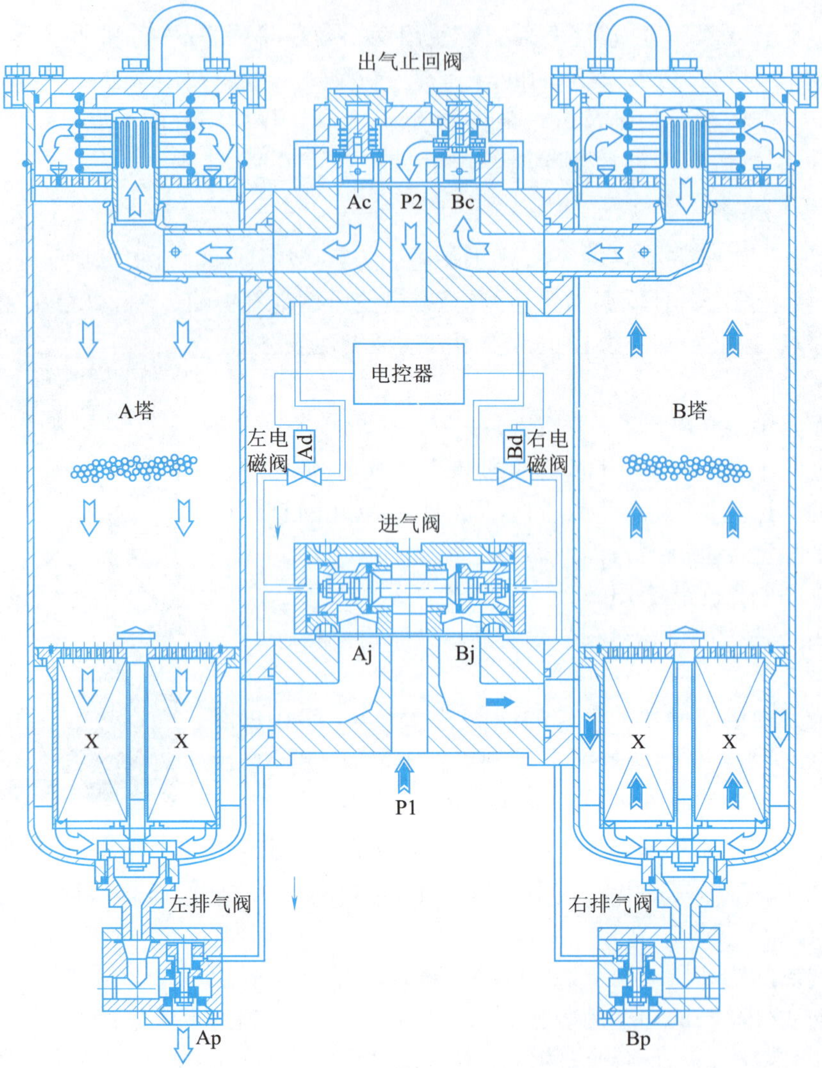

图 6-9　空气干燥器工作示意图

四、压缩空气的储存与其他附件

1. 总风缸

总风缸又称主风缸,是用来储存压缩空气的容器,为保证压缩空气的压力稳定和充分供应,机车上必须配备容量足够大的总风缸。HXD_{3C} 型机车采用 2 个容积 800 L(HXD_3 型机车为 4 个容积 400 L)的风缸 A11、A15 串联作为压缩空气的储存容器,如图 6-3、图 6-4 所示,风缸采用车内立式安装。为了满足重联功能,在机车端部安装了总风重联软管和平均管软管。

2. 压力控制器

压力控制器位于空气控制柜中部，又称空气压力调节器(P50 调压器模块，参考图 5-9、附图 1)，共有 3 个。其中 P50.72、P50.75 根据总风缸压力的变化，自动控制空气压缩机的启停，使总风缸压缩空气的压力保持在 750～900 kPa 的范围内。

当总风压力低于 500±20 kPa(HXD_3 型电力机车为 350 kPa)时，P50.74 开关动作，机车牵引封锁(动力制动仍可投入)，确保机车内保留有能够安全停车用的压缩空气。

3. 单向阀

单向阀(A08)又称止回阀，用于限制压缩空气的流动方向，防止压缩空气从第二总风缸逆流。

4. 安全阀

安全阀在系统中起安全保护作用，正常情况下处于常闭状态。安全阀结构如图 6-10 所示，当系统压力超过规定值时，输入压力超过弹簧力，阀杆上移打开阀口，将系统中的一部分气体排入大气，从而保证设备不因压力过高而造成事故。

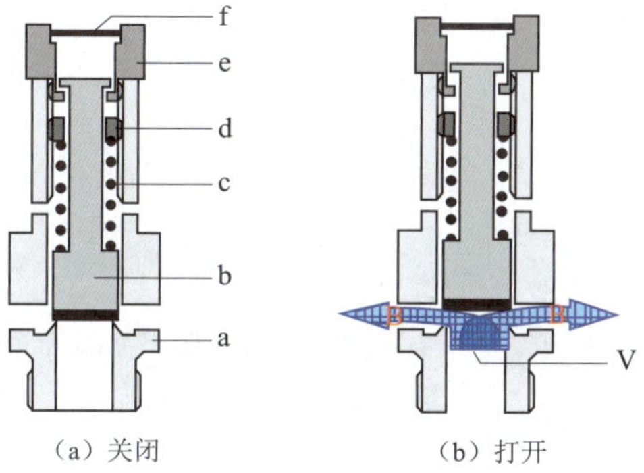

图 6-10　安全阀结构原理

a—阀体；b—阀杆；c—弹簧；d—调节螺栓；
e—手动卸放螺钉；f—铅封；B—排气口；V—阀口

干燥器前后各有一个安全阀，以确保机车空气系统的安全。干燥器前的安全阀 A3 开启压力为 1 100 kPa，干燥器后的安全阀 A7 开启压力为 950 kPa。

5. 低压维持阀

低压维持阀(A6)保证干燥器内部快速建立起压力，使干燥器可以进行干燥、再生工作，开通压力为 600 kPa。

6. 截断塞门

截断塞门(A10)用于机车无动力回送。当机车进行无动力回送操作时关闭该塞门，只有第二总风缸投入运用，保证机车快速达到无动力行车状态。

任务实施

一、合作探究

1. 机车空气管路系统按其功能可分为__________________系统、制动机气路系统和

____________系统三大部分。

2. 主风源系统的作用是向全车各气路系统提供______、稳定的高质量压缩空气，主要包括压缩空气的______、______、调节控制和______等环节。

3. 如题图 6-1 所示为 HXD3C 型电力机车使用的 SL22-47 型螺杆式压缩机组，把它各部分的组成名称写到图的下面。

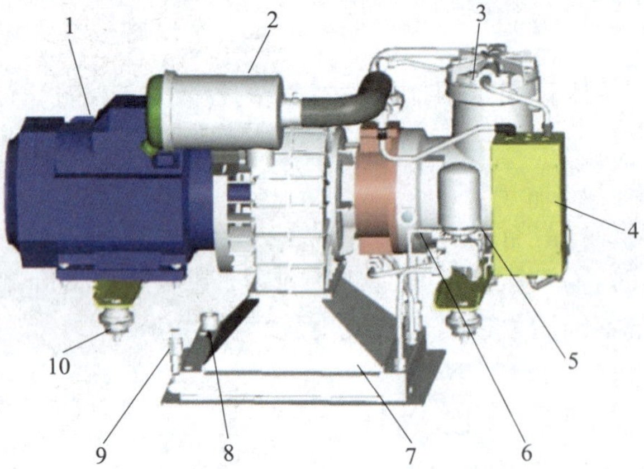

题图 6-1

1—________；2—________；3—________；4—________；5—________；
6—________；7—________；8—________；9—________；10—________

4. HXD3C 型电力机车装有两台空气压缩机组，为间歇工作制，动作值为 825 kPa 启动，______ kPa 停止。在正常使用状态下，只有一台空气压缩机组（________端）投入运用。当总风缸压力下降速度过快降至______ kPa 以下时，两台空气压缩机组同时投入运用。空压机扳键开关置“______位”时，两台空气压缩机均投入工作。

5. 新型空气干燥器用于去除主空气压缩机组生产的压缩空气中的油、水、尘及____________等杂物，有利于压缩空气的______，减少制动系统阀件的故障率；微油过滤器用于去除压缩空气中的______。

二、展示汇报

◆组内分工合作，完成展示汇报

组别：　　　　　　　　　　组长：　　　　　　　　　　完成日期：

序号	工作内容	责任人	备注
1			
2			
3			
4			
5			
6			

◆展示汇报内容与要求

1.对照图 6-4 说出主风源系统的组成，总结其工作过程与各部件的功能，并到讲台按图讲解。

2.对照图 6-7 分析空气压缩机的基本组成和空气压缩过程，并到讲台按图讲解。

3.对照图 6-9，说明双塔式空气干燥器的基本组成，分析其工作原理，并到讲台按图讲解。

任务评价

主风源系统的组成原理分析任务展示评价标准

序号	评价项目	评价内容与标准	分值
1	知识点	能够准确完整地说明主风源系统的组成和工作过程	20
2		能够准确完整地说明空气压缩机的组成和工作原理	30
3		能够准确完整地说明双塔式空气干燥器的工作原理	20
4	表达能力	仪态得体，逻辑严密，口齿清楚，声音洪亮，讲解生动	15
5	课堂表现	遵守课堂纪律，学习态度端正，组员合作默契	15
合　计			100

个人学习成果评价

序号	评价项目	分值	自评	组内评价	组外评价	师评	小计
1	知识与技能	10			—	—	
2	纪律与态度	7			—	—	
3	组内贡献度	8			—	—	
4	学习成果（工作页）	20	—	—	—		
5	展示汇报	15	—	—			
本任务得分							
目前总得分							

任务拓展

1. 空气压缩机是如何实现无负荷启动的？

2. 压力控制器的功能是什么？

3. 低压维持阀的作用是什么？

巩固练习

一、填空题

1. HXD3C 型电力机车有____个总风缸，每个总风缸的容积为____ L。

2. 干燥器前后各有一个高压安全阀，干燥器前高压安全阀的控制压力为________ kPa；干燥器后高压安全阀的控制压力为________ kPa。

3. 和谐型电力机车运行时，正常情况下，____________端的主压缩机工作。

4. 空气压缩机扳键开关置“强泵位”，空气压缩机________投入工作。

5. 和谐型电力机车采用了新型的空气干燥器，有利于____________的干燥，减少制动系统________的故障率。

二、综合题

1. 简述和谐型电力机车主风源系统的组成。

2. 简述和谐型电力机车空气压缩机的空气压缩过程。

3. 简述和谐型电力机车风源系统附件的用途。

任务二　辅助气路系统组成原理分析

任务描述

机车辅助气路系统可以改善机车的运行条件，确保机车安全。比如机车受电弓升降与主断路器分合闸都是由压缩空气驱动的；对于长期停放机车，总风缸由于泄漏而没有压力或压力较低不能满足升弓要求时，可以由辅助风源提供压力空气进行升弓合闸；弹簧停放制动的控制也需要压缩空气；此外踏面清扫、撒砂、轮缘润滑、鸣笛等功能也是靠压缩空气实现的，这些都属于辅助气路系统。辅助气路系统有哪些设备？它们的组成与原理是怎样的？这些问题就是我们本任务的研究内容。

任务目标

1. 掌握辅助压缩机的基本组成和工作原理，能够正确操作辅助压缩机。
2. 理解升弓控制原理，并掌握升弓操作方法。
3. 了解踏面清扫装置和轮缘润滑装置的用途和控制原理。
4. 了解鸣笛控制装置和撒砂装置的用途和工作原理，掌握它们的操作过程。

任务信息

机车辅助气路系统包括辅助风源系统、升弓控制模块（U43）、弹簧停放制动控制模块（B40）、停放制动辅助控制模块（R30）、踏面清扫控制模块、轮缘润滑控制模块、鸣笛控制模块、撒砂控制模块（F41）等部分。

弹簧停放制动控制模块（B40）和停放制动辅助控制模块（R30）详见项目五任务二。

一、辅助风源系统

辅助气路
系统组成原理

机车正常工作时，升弓所需压力空气由总风缸提供。对于长期停放机车，机车总风缸或升弓（辅助）风缸压力较低不能满足升弓要求时，升弓用风由辅助风源提供。

和谐型电力机车辅助风源系统位于空气控制柜上部，主要由辅助压缩机、辅助空气干燥器、再生（干燥）风缸、高压安全阀、压力开关及其连接管路等部件组成，其管路连接如图 6-11 所示。

（一）辅助压缩机组

HXD$_3$ 型电力机车采用克诺尔公司的 LP115 型辅助压缩机组，如图 6-12 所示，由直流电机、空气压缩机和干式空气过滤器等部件组成。辅助空压机自带法兰安装，直流电机通过联轴器和空压机连接。空压机为活塞式单级压缩，吸入的空气由干式空气过滤器清洁。

辅助压缩机组和升弓控制模块（U43）、升弓（辅助）风缸及风压表相连接，控制方式分为人工控制和自动控制两种。

机车初次升弓或进行升弓装置试验时采用人工控制方式。操作时需要持续按下辅助空气压缩机启动按钮，并观察升弓压力表的指示值，在满足升弓压力要求后松开按钮。

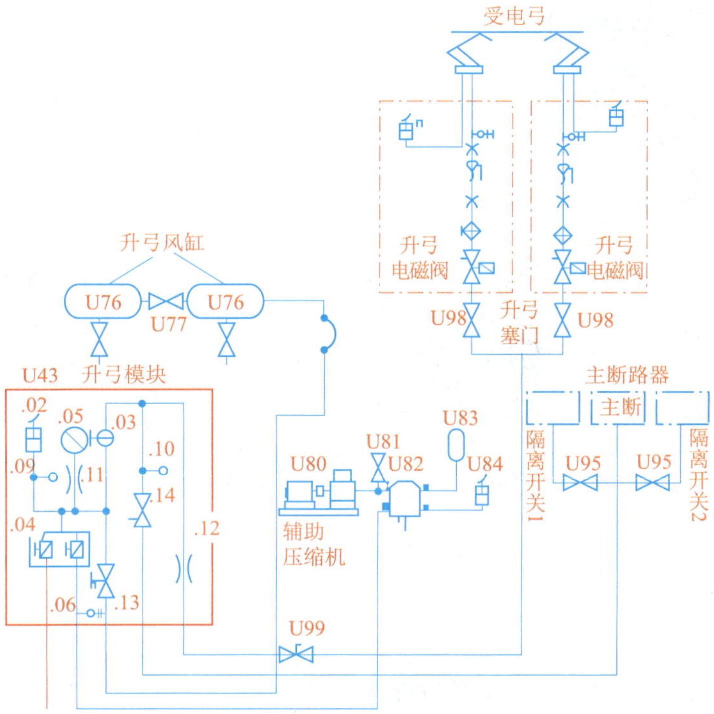

图 6-11　辅助风源和控制气路系统原理

U43.02—压力开关；U43.03—过滤器；U43.04—双逆止阀；U43.05—机械压力表；U43.06—安全阀；U43.09、U43.10—测试接口；U43.11、U43.12—缩堵；U43.13、U43.14—塞门；U76—升弓风缸；U77—塞门；U80—辅助压缩机；U81—高压安全阀；U82—辅助空气干燥器；U83—再生（干燥）风缸；U84—压力开关；U95—隔离开关塞门；U98、U99—升弓塞门

机车投入运用后采用自动控制方式，升弓控制模块上的压力开关对辅助压缩机的启停进行自动控制。司机将受电弓扳键开关置于“前”或“后”位，如果升弓风缸、总风缸压力均低于 480 kPa，压力开关 U43.02 动作发出指令，辅助压缩机自动投入工作；当风压达到(735±20)kPa 时，压力开关(U84)动作发出指令，自动切断辅助压缩机电源。

为防止损坏辅助压缩机，辅助压缩机打风时间不得超过 10 min，若超过 10 min，需要人为断开自动开关 QA51 和 QA45 来切断辅助压缩机回路，间隔 30 min 后方可再次投入使用。

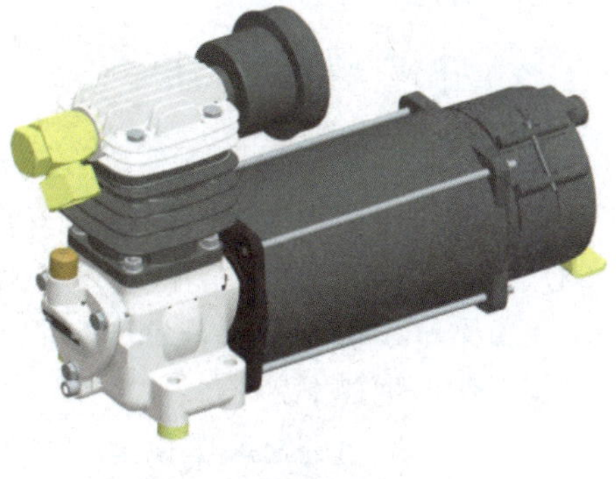

图 6-12　LP115 型辅助压缩机组

(二)辅助干燥器

辅助干燥器用于去除辅助压缩机打风产生的水蒸气，保证控制管路内压缩空气的洁净，其工作原理如图 6-13 所示。

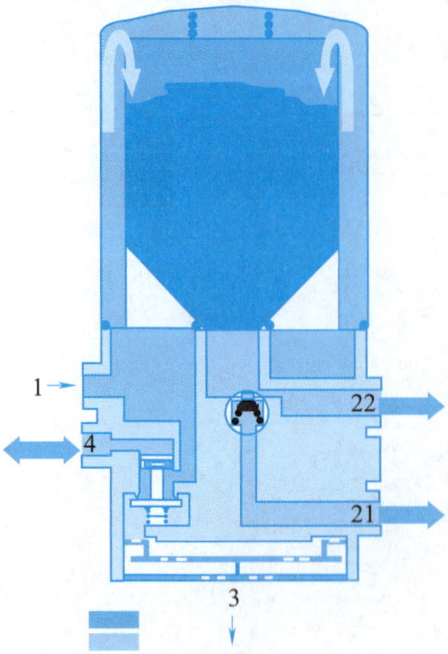

(a) 干燥阶段

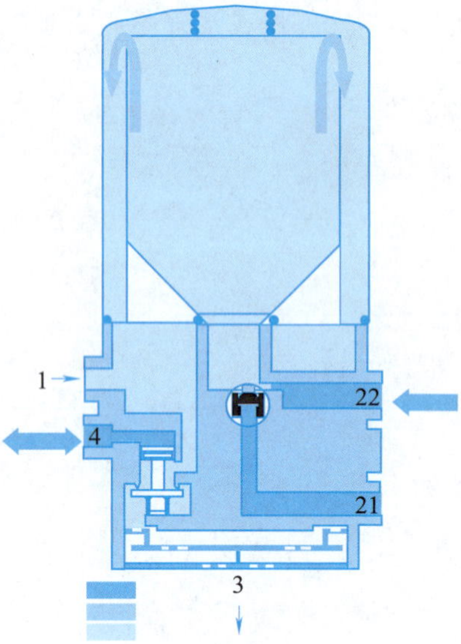

(b) 再生阶段

图 6-13　辅助干燥器工作原理

1—通压缩机；21—去升弓风缸；22—通再生风缸；3—排气口；4—控制压力

1. 干燥阶段

辅助压缩机产生的压缩空气从 1 号口进入辅助干燥器，并经过干燥塔进行干燥，干燥后的压缩空气分为两路，其中一路直接通过 22 号口进入再生(干燥)风缸(3 L)；另一路经过内部单向阀后通过 21 号口进入机车升弓(辅助)风缸。

2. 再生阶段

当机车升弓风缸压力达到 735 kPa 时，干燥器出口(21)内部连通辅助干燥器排污控制 4 号口，4 号口上的压力开关动作，切断辅助压缩机的电源。4 号口的压力同时打开干燥器内排污阀，再生风缸内洁净的压缩空气经 22 号口反吹干燥塔，将其表面的水汽、油污带走并从排污阀排出，完成再生过程。

二、升弓控制模块

升弓控制模块 U43 位于空气控制柜(制动柜)中部(参考图 5-9)，其组成及原理如图 6-14 所示。此模块包括双逆止阀(.04)、安全阀(.06)、压力开关(.02)、机械压力表(.05)、过滤器(.03)、塞门(.13、.14)、缩堵(.11、.12)和测试接口(.09、.10)，它和辅助风源系统、升弓风缸(U76)以及升弓塞门(U98、U99)等部件共同工作。

其工作原理如下：

1. 正常运行时的总风缸供风

具体通路如下：

总风缸→双逆止阀(.04) ↗ 塞门(.13)→升弓风缸(U76)
↘ 过滤器(.03)→塞门(.14)→主断路器
↘缩堵(.12)→升弓塞门(U99)→升弓塞门(U98)→阀板

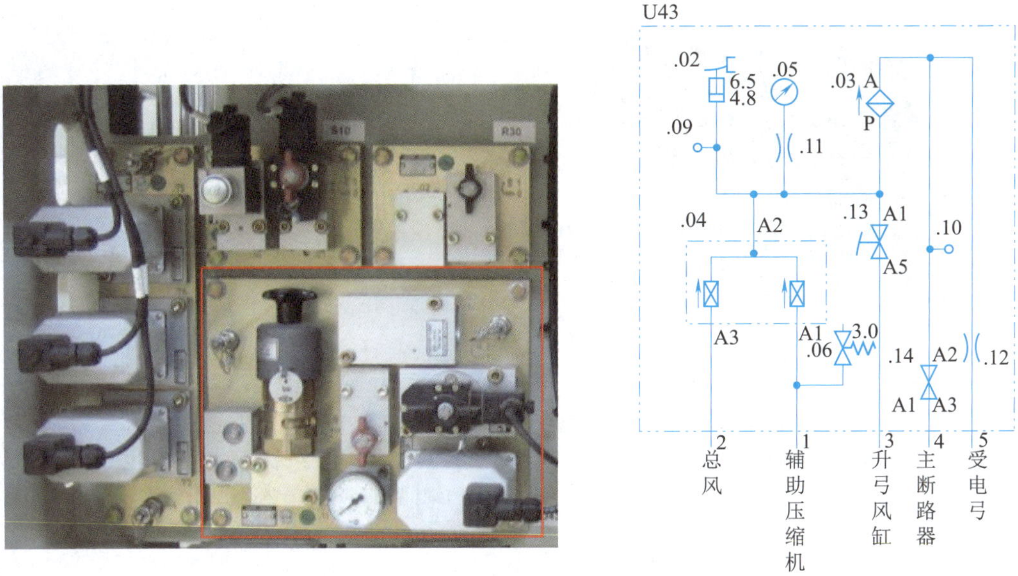

（a）实物图　　　　（b）控制原理图

图 6-14　升弓控制装置及原理图

在机车退乘之前，应将升弓风缸内压缩空气充至 900 kPa，然后关闭塞门(.13)，以备机车再次使用时不必启动辅助压缩机就可进行升弓操作。

2. 库停后使用辅助压缩机供风

具体通路如下：

辅助压缩机(U80)→干燥器(U82)→双逆止阀(.04)→

↗ 塞门(.13)→升弓风缸(U76)

↘ 过滤器(.03)→塞门(.14)→主断路器

↘缩堵(.12)→升弓塞门(U99)→升弓塞门(U98)→阀板

三、踏面清扫控制模块

为了清扫车轮踏面的杂物及油污，增加车轮与钢轨的黏着系数，部分采用盘形基础制动装置的机车车辆，配有踏面清扫器来配合制动单元的动作。当制动缸的压力高于 100 kPa 时，通过压力开关使清扫电磁阀得电，总风进入踏面清扫器风缸，踏面清扫器动作；当机车制动缸压力低于 50 kPa 时，踏面清扫解除。

四、轮缘润滑和鸣笛控制模块

控制轮缘润滑及鸣笛的设备位于空气控制柜中部，集成安装在一块气路板上，方便维护和检修，如图 6-15 所示。

HXD3C 型电力机车采用油脂式轮缘润滑方式，通过电磁阀控制油脂的喷涂。

机车两端均设有两个高音喇叭、一个低音喇叭，由电磁阀控制，电磁阀由司机操纵台面板上的喇叭按钮、操纵台下的喇叭脚踏开关分别控制。喇叭控制采用高、低音单独控制方式。

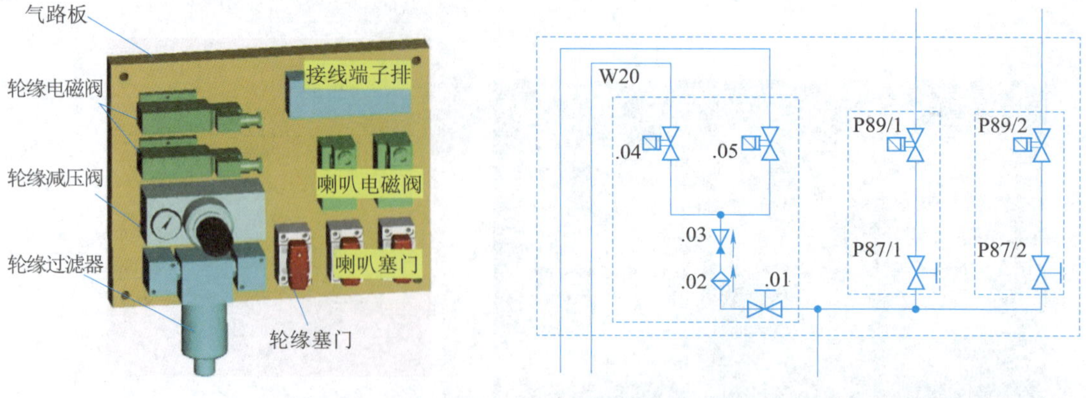

图 6-15　轮缘润滑和鸣笛控制装置

W20. 01—轮缘控制塞门；W20. 02—分水滤气器；W20. 03—减压阀；W20. 04—轮缘润滑电磁阀；W20. 05—轮缘润滑电磁阀；P87/1—喇叭控制塞门；P87/2—喇叭控制塞门；P89/1—喇叭电磁阀；P89/2—喇叭电磁阀

五、撒砂控制模块

撒砂控制模块 F41 也位于空气控制柜中部(参见图 5-9)，由撒砂塞门(. 02)，减压阀(. 03)，加热电磁阀(. 04)，撒砂电磁阀(. 05)，撒砂电磁阀(. 06)等控制部件组成，如图 6-16 所示。

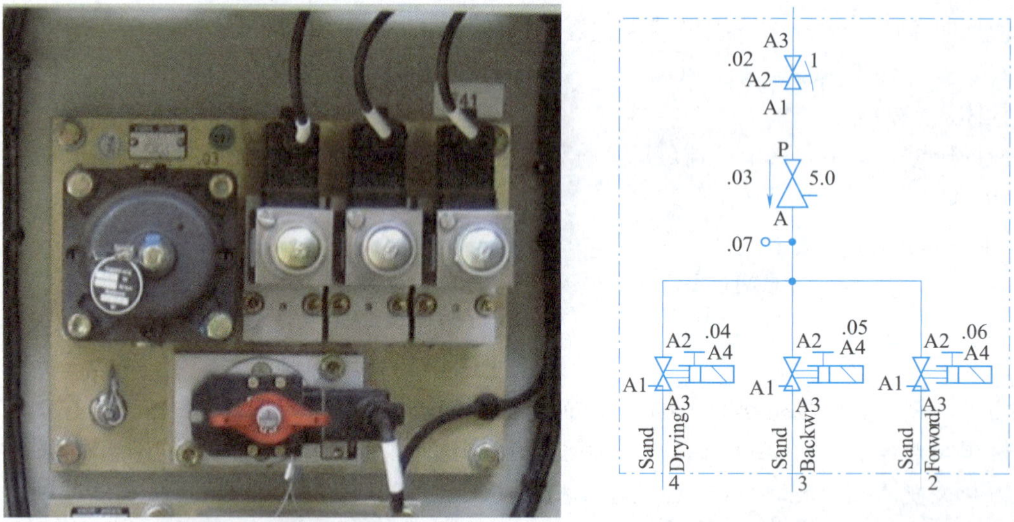

(a) 实物图　　(b) 原理图

图 6-16　撒砂控制装置及原理图

机车设有 8 个砂箱和撒砂装置，每个转向架上面 4 个砂箱，分别装设在第一、三轴和第四、六轴。每个砂箱容积为 100 L，撒砂量可在 0. 5～1 L/min 范围内调节。撒砂动作与司机脚踏开关、紧急制动、防空转、防滑行等功能配合使用，撒砂方向与机车实际运行方向一致。

撒砂控制装置具体通路如下：

总风缸→撒砂塞门(. 02)→减压阀(. 03)→加热电磁阀(. 04)/撒砂电磁阀(. 05)/撒砂电磁阀(. 06)→砂箱。

HXD3C 型电力机车撒砂装置具有砂子加热功能，加热装置在砂箱底部。

任务实施

一、合作探究

1. 机车正常工作时，升弓所需压力空气由____________提供。对于长期停放机车，机车总风缸或升弓（辅助）风缸压力较低不能满足升弓要求时，升弓用风由____________提供。

2. 和谐型电力机车辅助风源系统主要由辅助压缩机、______________、再生（干燥）风缸、高压安全阀、____________及其连接管路等部件组成。

3. 司机将受电弓扳键开关置于“前”或“后”位，如果辅助风缸（总风缸）压力低于______ kPa 时，压力开关__________动作发出指令，辅助压缩机自动投入工作；当风压达到（______±20）kPa 时，压力开关（U84）动作发出指令，自动切断辅助压缩机电源。

4. 说明辅助压缩机组人工控制的过程。

5. 为了清扫车轮踏面的杂物及______，增加车轮与钢轨的________系数，每个车轮配有踏面清扫器来配合____________的动作。当制动缸的压力高于____ kPa 时，通过压力开关使清扫电磁阀得电，总风进入踏面清扫器风缸，踏面清扫器动作；当机车制动缸压力低于____ kPa时，踏面清扫解除。

6. HXD3C 型电力机车设有 8 个砂箱和撒砂装置，分别装设在第________轴和四、六轴。撒砂动作与司机____________、紧急制动、防空转、防滑行等功能配合使用，在 Ⅰ 位端操纵前行时，________轴撒砂。

二、展示汇报

◆组内分工合作，完成展示汇报

组别：　　　　　　　　　　组长：　　　　　　　　　　完成日期：

序号	工作内容	责任人	备注
1			
2			
3			
4			
5			
6			

◆展示汇报内容与要求

1. 分析库停后升弓(辅助)风缸供风升弓的气路,将气路在题图 6-2 中用彩色笔标出,并到讲台按图讲解。

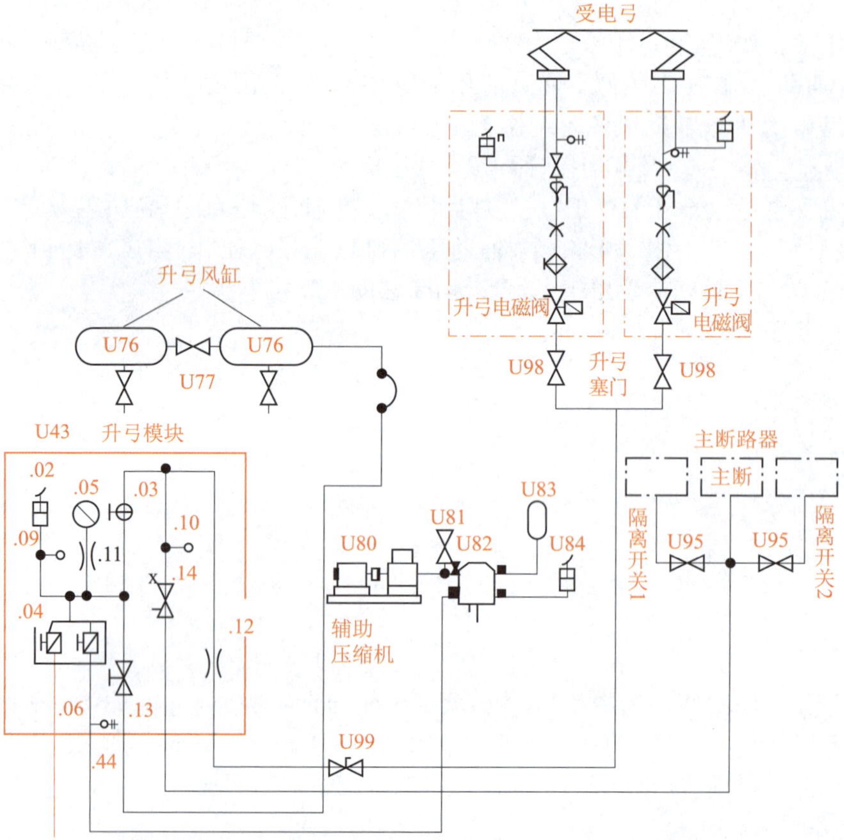

题图 6-2

2. 说明踏面清扫装置、轮缘润滑装置、鸣笛控制装置和撒砂装置的用途和气路控制,并到讲台按附图讲解。

3. 在机车上找到辅助气路系统各模块(弹停装置除外),并学会辅助压缩机、升弓、鸣笛、撒砂等操作。

任务评价

辅助气路系统组成原理分析任务展示评价标准

序号	评价项目	评价内容与标准	分值
1	知识点	能够对照原理图准确完整地说明库停后升弓(辅助)风缸供风升弓的气路	15
2		能够准确完整地说明踏面清扫装置、轮缘润滑装置、鸣笛控制装置和撒砂装置的用途和气路	20
3		能够在机车上找到辅助压缩机系统和辅助管路系统设备,并能够正确完成辅助压缩机、升弓、鸣笛、撒砂等操作	25
4	绘　图	图面整洁,气路描绘准确	10
5	表达能力	仪态得体,逻辑严密,口齿清楚,声音洪亮,讲解生动	15
6	课堂表现	遵守课堂纪律,学习态度端正,组员合作默契	15
合　计			100

个人学习成果评价

序号	评价项目	分值	自评	组内评价	组外评价	师评	小计
1	知识与技能	10			—	—	
2	纪律与态度	7			—	—	
3	组内贡献度	8			—	—	
4	学习成果(工作页)	20	—	—	—		
5	展示汇报	15	—	—			
本任务得分							
目前总得分							

任务拓展

1. 受电弓、主断路器的作用是什么?

2. 升弓风缸的作用是什么?

3. 观看升弓操作视频，说明操作步骤。

巩固练习

一、填空题

1. 和谐型电力机车升弓前，首先需确定总风缸压力在______ kPa 以上。

2. 为防止损坏辅助压缩机，辅助压缩机打风时间不得超过______ min。

3. 若辅助压缩机打风时间超过 10 min，需要人为断开自动开关 QA51 和 QA45，来切断辅助压缩机回路，需间隔______ min 再投入使用。

4. 机车乘务员在退勤之前，应将升弓风缸内压缩空气充至 900 kPa，然后关闭塞门____以备机车再次使用。

二、综合题

1. 对照图 6-13 说明辅助干燥器的工作原理。

2. 说明库停后使用辅助压缩机供风的升弓气路。

任务三　空气管路系统的基本操作

任务描述

空气管路系统是机车车辆的重要组成部分，能否对制动装置等进行正确操作，直接关系到列车行车安全。作为机车乘务员，必须熟练掌握各空气管路系统部件的布置位置、名称、代号、功能、操作方法和操作步骤。

任务目标

1. 理解空气管路系统各部件的功能和作用原理。
2. 掌握空气管路系统各部件的名称、代号、操作方法和操作步骤。
3. 能够在机车上找到空气管理系统各设备，并能对这些设备进行正确操作。
4. 展示各组的研究分析成果。

司机室与车端
基本操作

任务信息

一、司机室空气管路系统布置及操作

1. 操纵台空气管路系统布置及操作

HXD$_{3C}$ 机车操纵台空气管路系统布置如图 6-17 所示，各部件名称及操作见表 6-2。

图 6-17　HXD$_{3C}$ 型机车操纵台制动操作部件

1—紧急制动按钮；2—电子制动阀；3—制动显示屏；4—停放制动按钮；5—停放缓解按钮；6—无人警惕踏板开关；7—撒砂踏板开关；8—风笛踏板开关；9—空压机扳键开关

表 6-2 司机操纵台操控部件名称及操作

序号	部件名称	图示	功能	操作
1	紧急制动按钮		全列车产生紧急制动作用，机车主断路器断开	作用位：按下 缓解位：旋转后弹出
2	电子制动阀	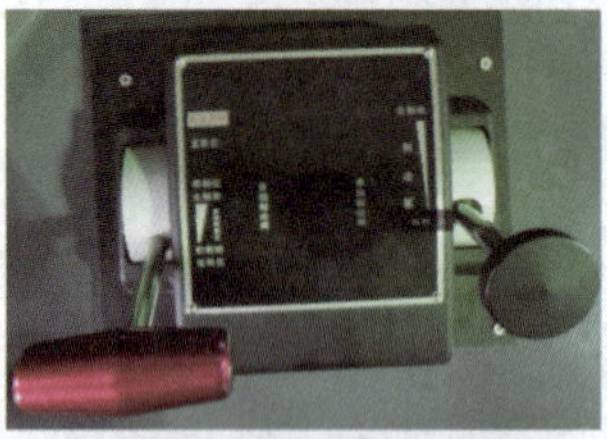	控制列车及机车的制动、保压、缓解作用	红色手柄：自动制动手柄 黑色手柄：单独制动手柄
3	制动显示屏	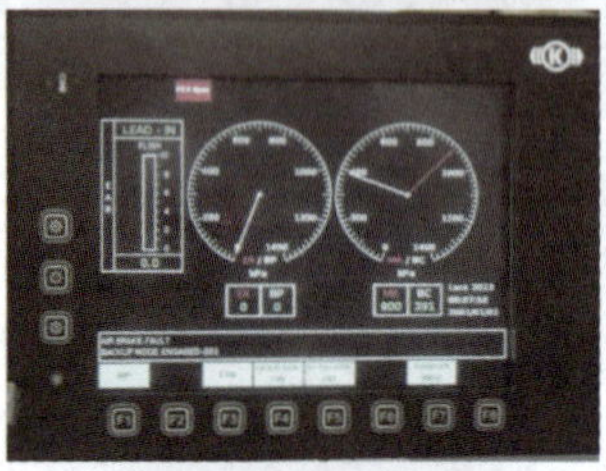	制动机状态显示和功能设置	左侧 3 个按钮：调节屏幕亮度 下方 8 个按钮：功能选择和应用
4	停放制动按钮		控制机车施加停放制动作用	按下红色按钮：施加停放制动
5	停放缓解按钮		控制机车缓解停放制动作用	按下绿色按钮：缓解停放制动
6	无人警惕踏板开关		用于解除无人警惕装置报警	踩下踏板 6：解除报警
7	撒砂踏板开关		控制撒砂，增加轮轨之间的黏着力	踩下踏板 7：开始撒砂 松开踏板 7：停止撒砂
8	风笛踏板开关		控制低音风笛鸣响	踩下踏板 8：开始鸣笛 松开踏板 8：停止鸣响
9	空压机扳键开关	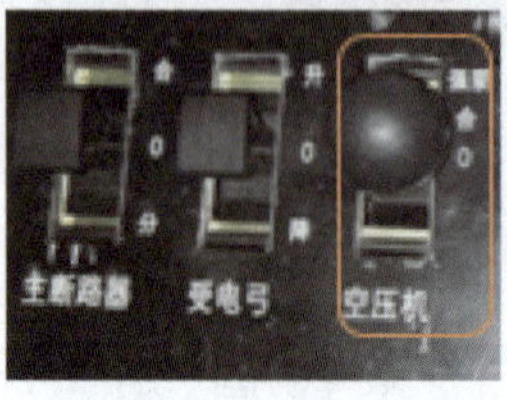	控制空气压缩机启停	向前扳动至“合”位：启动空压机 再向前扳动至“强泵位”：强制泵风，松手扳键开关复位，停止强泵风

2. 司机室后墙制动部件布置及操作

司机室后墙设置了 N69 紧急制动阀(车长阀),如图 6-18 所示,紧急情况下拉动该阀手柄,可迅速排出制动管压力空气,列车产生紧急制动作用,其代号、部件名称及操作见表 6-3。

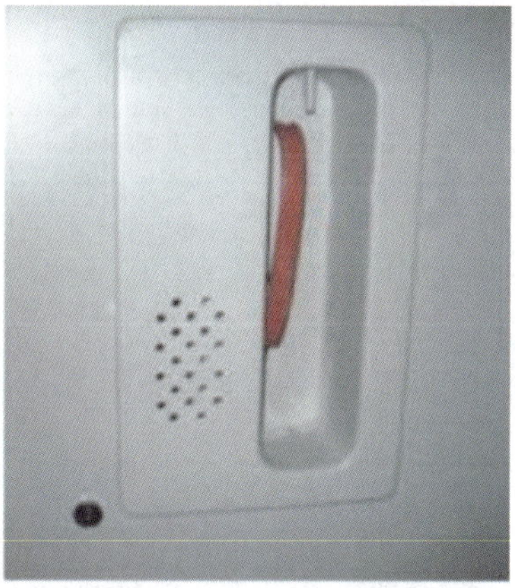

图 6-18　司机室后墙制动操作部件

表 6-3　司机室后墙制动部件代号名称及操作

序号	代号	部件名称	功能	操作
1	N69	紧急制动阀	紧急情况下拉动车长阀手柄, 可使全列车产生紧急制动作用	竖直位置:关闭 水平位置:开通

二、机车端部空气管路系统布置及操作

(一)机车端部空气管路系统布置

机车端部空气管路系统布置如图 6-19 所示,代号名称及功能见表 6-4。

图 6-19　机车端部空气管路系统部件布置图

1—平均管;2—总风重联软管;3—制动软管;4—折角塞门

表 6-4　机车端部空气管路操作部件代号名称及功能

序号	代号	部件名称	功能	（单端）数量
1	B85	平均管（加堵）	为重联机车提供制动缸控制压力	2
2	B83	总风重联软管	为重联机车提供总风压力，也是重联机车制动系统断钩保护监测压力	2
3	B84	制动软管	为车辆提供制动风源及控制压力	1
4		折角塞门	控制制动主管气路的连通与切断	1

（二）制动软管连接及塞门操作

1. 制动软管及连接器

制动软管及连接器用于连接相邻机车车辆的制动主管，并在列车通过曲线或各车钩伸缩时不妨碍压力空气的畅通，如图 6-20 所示。

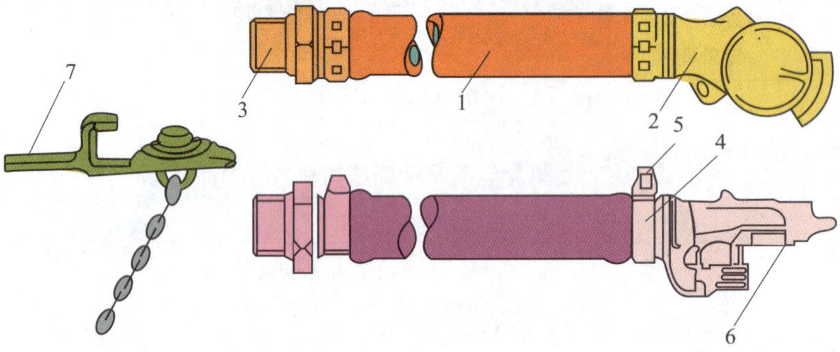

图 6-20　制动软管及连接器

1—软管；2—连接器；3—螺口接头；4—卡子；5—螺栓和螺母；6—垫圈；7—防尘堵

2. 制动管折角塞门

电力机车利用压缩空气进行空气制动，压缩空气由机车的空压机提供，通过制动主管传送到每一节车辆。每一节机车、车辆制动主管的两端各有一个折角塞门，其结构如图 6-21 所示。折角塞门的用途是：开通或遮断制动主管与制动软管之间的空气通路，以利于在列车中处理制动软管或制动主管故障，保存或排出制动管压力空气；在有压力空气状态下摘挂机车或车辆时，只需关闭其折角塞门而无须排出列车制动主管的全部压力空气。

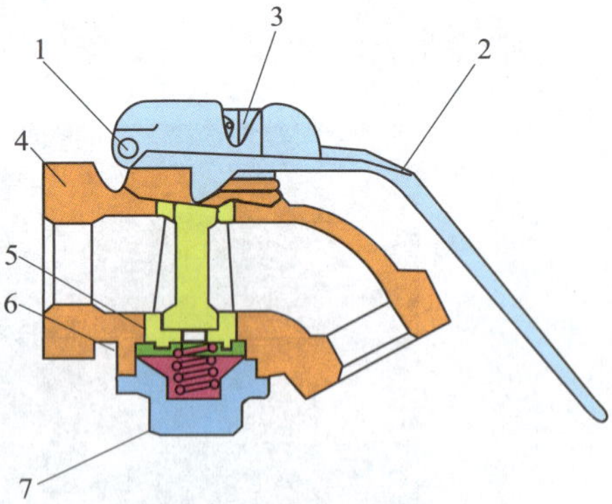

图 6-21　球芯式折角塞门

1—销子；2—手柄；3—套口；4—阀体；5—阀芯；6—弹簧；7—盖

全列车除了最前部机车前方和最后一节车辆后方的两个折角塞门必须关闭之外，其他折角塞门必须处于开通状态，以保证制动主管的畅通。

切记：列车行车的大忌就是制动主管上的折角塞门被关闭，这会使关闭处之后的所有车辆失去制动作用，将造成重大事故。

3. 塞门操作

(1)折角塞门(左)操作

开通状态:手柄与管路平行。

关闭状态:手柄与管路垂直。

开通→关闭转换:向上抬起手柄,顺时针旋转 90°,下压手柄。

关闭→开通转换:向上抬起手柄,逆时针旋转 90°,下压手柄。

(2)折角塞门(右)操作

开通状态:手柄与管路平行。

关闭状态:手柄与管路垂直。

开通→关闭转换:向上抬起手柄,逆时针旋转 90°,下压手柄。

关闭→开通转换:向上抬起手柄,顺时针旋转 90°,下压手柄。

三、机械间空气管路系统布置及操作

机械间空气管路系统部件集成安装在空气控制柜内,包括辅助风源设备、辅助功能控制模块、制动微处理器 IPM 及制动电空控制单元 EPCU。空气控制柜内部布置如图 6-22 所示,代号及部件名称见表 6-5。

机械间
基本操作

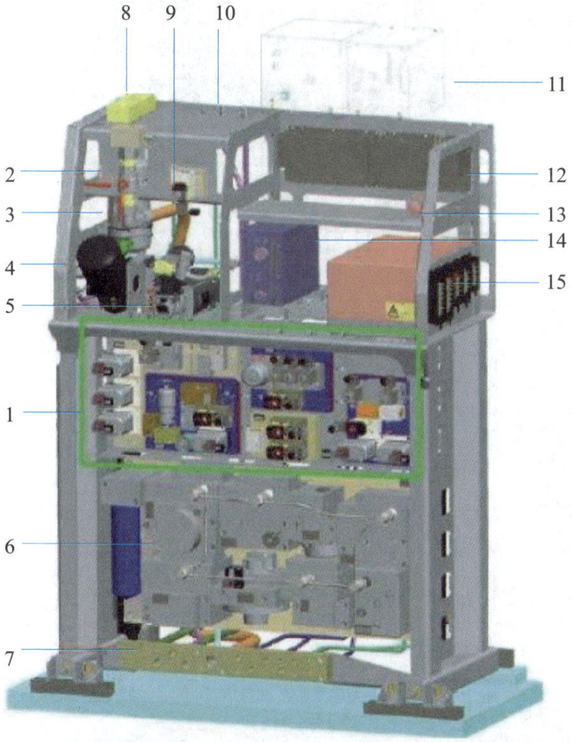

图 6-22　空气控制柜设备布置

表 6-5　空气控制柜设备代号名称

序号	代号	部件名称	序号	代号	部件名称
1		辅助控制模块	9	U99	升弓钥匙塞门
2	A24	总风截断塞门	10		气路接口
3	U83	干燥风缸	11		预留空间
4	U82	辅助干燥器	12	无	I/O 模块
5	U80	辅助压缩机	13	U86	辅助压缩机按钮
6	B20	电空控制单元	14	B46	微处理器
7		气路接口	15	B47	继电器接口
8		监控传感器接口			

(一)空气控制柜上部操作

空气控制柜上部设备布置如图 6-23 所示,设备代号、部件名称及操作见表 6-6。

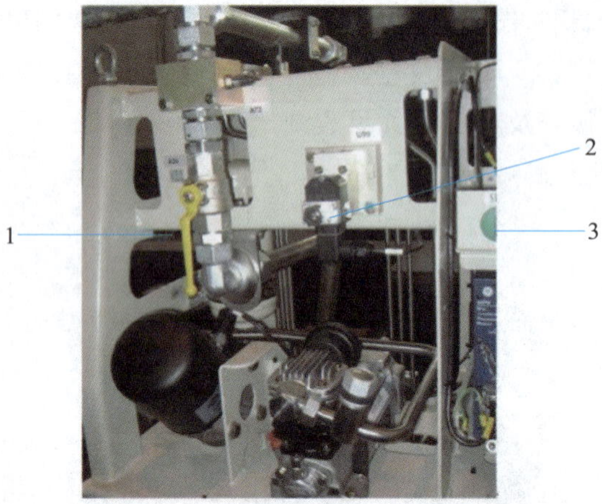

图 6-23　空气控制柜上部设备布置

表 6-6　空气控制柜上部设备代号部件名称及操作

序号	代号	部件名称	功能	操作
1	A24	总风截断塞门	关闭总风缸到空气控制柜通路,并排空控制柜内部的总风	水平位置:关闭 竖直位置:开通
2	U99	升弓钥匙塞门	控制机车受电弓压缩空气通路	水平位置:关闭 竖直位置:开通
3	U86	辅助压缩机按钮	手动控制辅助压缩机的启停	按下按钮:启动 松开按钮:停止

(二)空气控制柜中部操作

空气控制柜中部设备又称辅助控制模块,如图 6-24 所示,代号及部件名称见表 6-7。

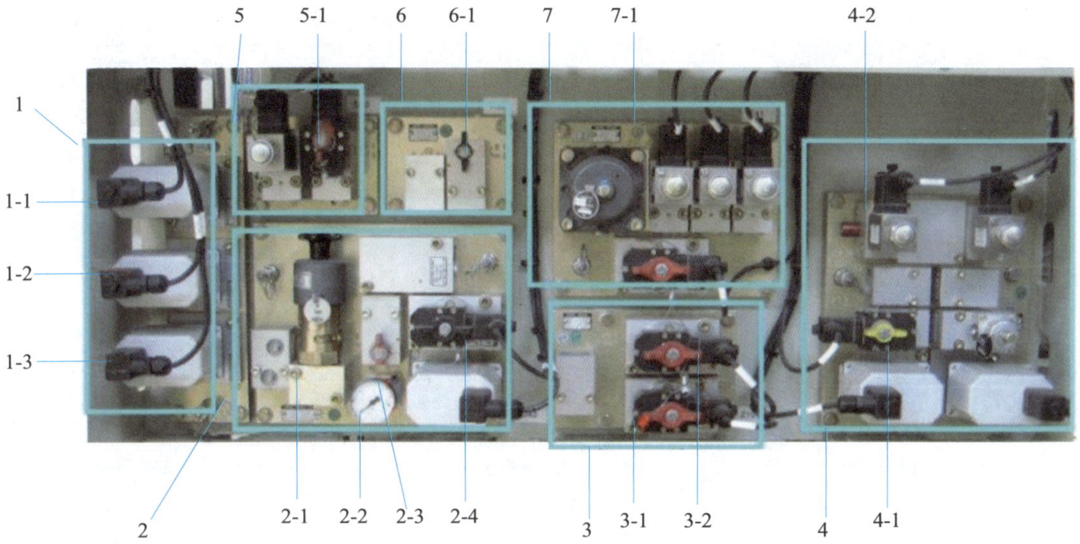

图 6-24　空气控制柜中间设备布置

表 6-7　辅助控制模块设备代号及部件名称

序号	代号	部件名称	序号	代号	部件名称
1	P50	调压器模块	5	S10	紧急放风控制模块
2	U43	升弓控制模块	6	R30	停放制动辅助控制模块
3	Z10	制动缸切除模块	7	F41	撒砂控制模块
4	B40	弹簧停放制动控制模块			

1. 调压器模块(P50)

调压器模块功能介绍及参数见表 6-8。

表 6-8　调压器模块功能介绍及参数

序号	代号	部件名称	功能	参数
1-1	P50. 75	压缩机启停控制压力开关	控制两台压缩机同时投入工作	启动压力:(680±20)kPa 停止压力:(900±20)kPa
1-2	P50. 74	总风压力低保护压力开关	检测总风压力,当总风压力过低时切除动力牵引	切除牵引压力:(500±20)kPa 正常动作压力:(600±20)kPa
1-3	P50. 72	压缩机启停控制压力开关	控制单台压缩机投入工作	启动压力:(750±20)kPa 停止压力:(900±20)kPa

2. 升弓控制模块(U43)

升弓控制模块功能介绍及操作见表 6-9。

表 6-9　升弓控制模块功能介绍及操作

序号	代号	部件名称	功能	操作
2-1	U43. 06	安全阀	避免辅助压缩机管路压力过高	开启压力:(900±20)kPa

续上表

序号	代号	部件名称	功能	操作
2-2	U43.05	压力表	显示升弓管路、主断路器管路的压力	
2-3	U43.14	截断塞门(带排气功能)	控制总风到主断路器气路通断,关闭时截断塞门至主断路器间管路的压力排空	水平位置:关闭 竖直位置:开通
2-4	U43.13	截断塞门	控制总风到升弓风缸的气路通断	水平位置:开通 竖直位置:关闭

3. 制动缸切除模块(Z10)

制动缸切除模块功能介绍及操作见表 6-10。

表 6-10　制动缸切除模块功能介绍及操作

序号	代号	部件名称	功能	操作
3-1	Z10.22	截断塞门(带排气功能)	控制Ⅰ端转向架制动单元气路通断,关闭时将截断塞门至制动单元间管路的压力排空	水平位置:开通 竖直位置:关闭
3-2	Z10.23	截断塞门(带排气功能)	控制Ⅱ端转向架制动单元气路通断,关闭时将截断塞门至制动单元间管路的压力排空	水平位置:开通 竖直位置:关闭

4. 弹簧停放制动控制模块(B40)

弹簧停放制动控制模块功能介绍及操作见表 6-11。

表 6-11　弹簧停放制动控制模块功能介绍及操作

序号	代号	部件名称	功能	操作
4-1	B40.06	截断塞门(带排气功能)	控制转向架停放制动单元气路通断,关闭时将截断塞门至停放制动单元间管路的压力排空	水平位置:开通 竖直位置:关闭
4-2	B40.07	弹停(脉冲)电磁阀	接受控制指令改变内部通道,实现机车停放制动的施加与缓解。也可通过两侧的按钮实现手动控制	左侧按钮:缓解 右侧按钮:施加

5. 紧急放风控制模块(S10)

紧急放风控制模块功能介绍及操作见表 6-12。

表 6-12　紧急放风控制模块功能介绍及操作

序号	代号	部件名称	功能	操作
5-1	S10.01	截断塞门	在紧急电磁阀检修时,用于关断紧急电磁阀的通路	水平位置:关闭 竖直位置:开通

6. 停放制动辅助控制模块(R30)

停放制动辅助控制模块功能介绍及操作见表 6-13。

表 6-13　停放制动辅助控制模块功能介绍及操作

序号	代号	部件名称	功能	操作
6-1	R30.01	截断塞门	实现无动力机车停放制动的压缩空气缓解功能	水平位置:关闭 竖直位置:开通

7. 撒砂控制模块(F41)

撒砂控制模块功能介绍及操作见表 6-14。

表 6-14　撒砂控制模块功能介绍及操作

序号	代号	部件名称	功能	操作
7-1	F41.02	截断塞门	控制总风与撒砂模块间通路,用于撒砂模块故障切除或检修切除	水平位置:开通 竖直位置:关闭

(三)空气控制柜下部(EPCU)操作

空气控制柜下部设备布置如图 6-25 所示,设备代号名称及操作见表 6-15。

表 6-15　空气控制柜下部设备代号名称及操作

序号	部件名称	功能	操作
1	无动力回送塞门	机车无动力回送时,允许制动管给机车总风缸充气	投入位置:开通 切除位置:关闭

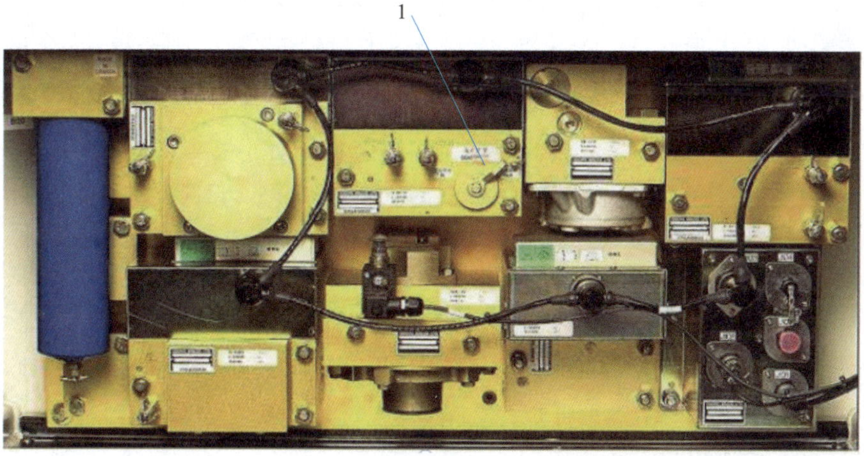

图 6-25　空气控制柜下部设备布置

任务实施

一、合作探究

1. 写出题图 6-3 中机车司机室内部各设备的标号名称,并说明其功能及操作方法。

题图 6-3

1—________;

2—________;

3—________;

4—________;

5—________;

6—________;

7—________;

8—________;

8—________;

9—________

2. 写题图 6-4 中机车端部各设备标号名称，并说明其功能及操作方法。

题图 6-4

1—________；2—________；3—________

3. 写题图 6-5 中空气控制柜上部各设备的标号名称，并说明其功能及操作方法。

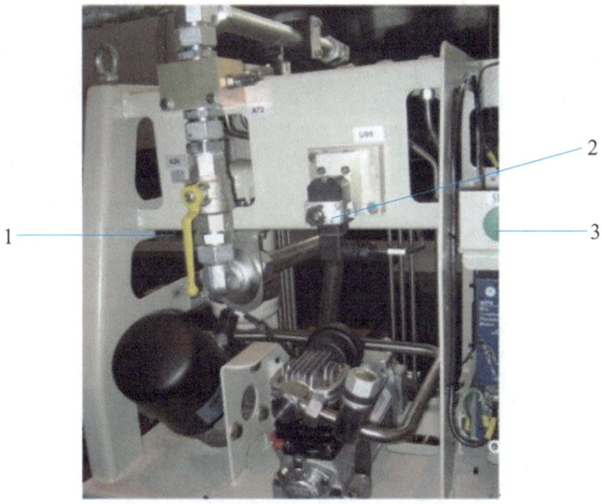

题图 6-5

1—________；2—________；3—________

4. 对照图 6-24 空气控制柜中部设备布置图，将各标号名称填入表 6-16 中，并说明其功能及操作方法。

表 6-16　空气控制柜中部设备布置表

序号	代号	部件名称	功能	操作
1	P50	调压器模块		
1-1	P50.75			启动压力:(680±20)kPa 停止压力:
1-2				切除牵引压力:(500±20)kPa 正常动作压力:
1-3	P50.72			启动压力:(750±20)kPa 停止压力:
2	U43	升弓控制模块		
2-1	U43.06			开启压力:(900±20)kPa
2-2	U43.05			
2-3				水平位置: 竖直位置:
2-4				水平位置: 竖直位置:
3	Z10	制动缸切除模块		
3-1				水平位置: 竖直位置:
3-2				水平位置: 竖直位置:
4	B40	弹簧停放制动控制模块		
4-1				水平位置: 竖直位置:
4-2	B40.07			左侧按钮: 右侧按钮:
5	S10	紧急放风控制模块		
5-1				水平位置: 竖直位置:
6	R30	停放制动辅助控制模块		
6-1				水平位置: 竖直位置:
7	F41	撒砂控制模块		
7-1				水平位置: 竖直位置:

5. 写出题图 6-6 所示空气控制柜下部各设备的标号名称,并说明其功能及操作方法。

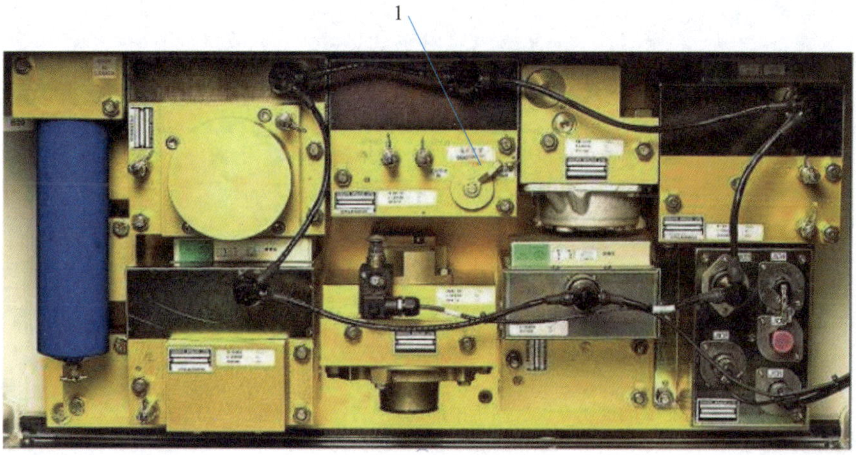

题图 6-6

二、展示汇报

◆组内分工合作,完成展示汇报

组别:　　　　　　　　　　　　组长:　　　　　　　　　　　　完成日期:

序号	工作内容	责任人	备注
1			
2			
3			
4			
5			
6			

◆展示汇报内容与要求

1. 展示合作探究内容,根据图片到讲台讲解相关空气管路系统部件名称、代号、功能、操作。

2. 根据合作探究内容,在机车上对照实物讲解相关空气管路系统部件名称、代号、功能,并进行现场操作。

任务评价

空气管路系统的基本操作任务展示评价标准

序号	评价项目	评价内容与标准	分值
1	知识点与操作	能准确说出司机室内空气管路系统相关各操作部件的名称、布置位置、作用，并能够正确操作	20
2		能准确描述机车端部空气管路系统部件的名称、布置位置、作用，并能够正确操作	15
3		能准确描述空气控制柜上部设备的名称、布置位置、作用，并能够正确操作	5
4		能准确描述空气控制柜中部设备的名称、布置位置、作用，并能够正确操作	25
5		能准确描述空气控制柜下部设备的名称、布置位置、作用，并能够正确操作	5
6	表达能力	仪态得体，逻辑严密，口齿清楚，声音洪亮，讲解生动	15
7	课堂表现	遵守课堂纪律，学习态度端正，组员合作默契	15
合　计			100

个人学习成果评价

序号	评价项目	分值	自评	组内评价	组外评价	师评	小计
1	知识与技能	10			—	—	
2	纪律与态度	7			—	—	
3	组内贡献度	8			—	—	
4	学习成果(工作页)	20	—	—	—		
5	操作展示	15	—	—			
本任务得分							
目前总得分							

巩固练习

一、填空题

1. 司机室后墙设置了N69 ________________________，紧急情况下拉动该阀手柄，可迅速排出________压力空气，列车产生紧急制动作用。

2. 制动______及连接器是用于连接相邻各车辆的________________，并在列车通过________或各车钩伸缩时不妨碍压力空气的畅通。

3. 列车行车的大忌就是制动主管上的______塞门被关闭，这会使关闭处之后的______车辆失去制动作用，将造成重大事故。

4. 为防止损坏辅助压缩机，辅助压缩机打风时间不得超过________ min。

5. 和谐型电力机车弹停装置动作，且弹停塞门________关闭时，如要缓解弹停装置，必须在走行部的(弹停风缸)上进行手动缓解。

6. 机车无动力回送时，将空气控制柜内 ERCP 上的无动力回送塞门打到________位。

二、选择题

1. 关闭车辆的(　　)塞门，本节车辆将失去制动作用，被称作关门车。

A. 弹停　　　　B. 截断　　　　C. 折角

2. 当停放制动风缸中风压达到(　　)kPa 以上，弹停装置缓解后允许行车。

A. 550　　　　B. 400　　　　C. 480

3. 关闭 Z10.23 截止塞门后，会出现(　　)现象。

A. 两台转向架制动缸都不上闸

B. 第 2 转向架制动缸不上闸

C. 第 1 转向架不上闸

三、判断题

1. 在有气压的情况下，如果控制电压断开，停放制动仍然可以缓解或施加。(　　)

2. 空压机扳键开关置“强泵”位，两台空气压缩机 1、2 均投入工作。(　　)

3. 制动机故障或机车附挂在异型机车后，此时机车相当于车辆状态的无动力回送，严禁关闭 Z10 塞门。(　　)

四、综合题

1. 空气管路系统分为哪三大部分，各部分由哪些(模块)组成?

2. 简述折角塞门的用途。

任务四　空气管路系统的专项操作

任务描述

机车在实际运用中，除正常行车外，还会遇到一些专项作业。如换端操作，新造机车、故障机车等情况下附挂在货物列车中运行，牵引旅客列车时双管供风等。这些专项作业技能是对机车乘务员的基本要求，必须熟练掌握相关操作方法和操作步骤。

任务目标

1. 掌握机车无动力回送、换端、双管供风操作的方法和步骤，理解各步操作的目的和原理。
2. 能够正确完成机车无动力回送、换端和双管供风具体操作。

任务信息

任务实施设备资源准备

1. CCBⅡ电空制动机模拟实训设备；
2. 用户手册；
3. 安全警告标志牌；
4. 直流控制电源；
5. 压缩空气源装置；
6. 工作单及评价表。

一、机车无动力回送操作

HXD_{3C} 型机车无动力回送操作

无动力回送机车是指此机车没有动力，附挂在列车（本务机车或车辆后）中被拖行。此时由于机车没有动力，空气压缩机不能工作，无法向总风缸提供风源。为了使回送机车能够产生制动作用，除开放无动力回送塞门外，还要进行其他一系列操作。经转换操作后，其制动作用将和车辆相同。

设置无动力回送模式之前，一定要做好防溜措施，放好铁鞋。机车无动力回送操作步骤见表 6-17。

表 6-17　机车无动力回送操作步骤

序号	操作步骤描述	图示	操作目的
第 1 步	移动单独制动手柄置“运转位”，自动制动手柄置“重联位”	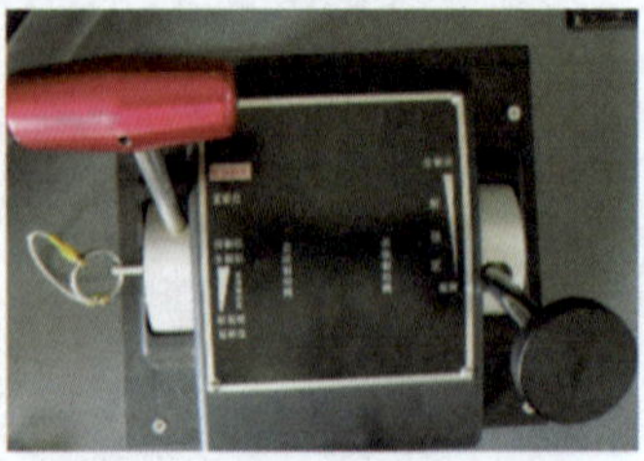	确认均衡风缸压力下降至 0，制动缸压力不低于 400 kPa，保证该机车或列车在无动力操作过程中有空气制动力，同时用插针固定手柄

续上表

序号	操作步骤描述	图示	操作目的
第 2 步	QA50 或 QA61 自动开关置“断开”位	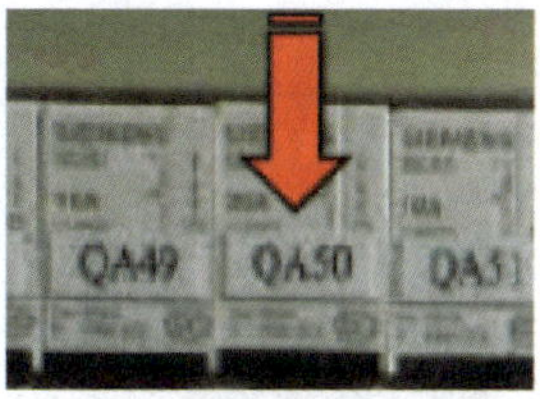	使制动系统断电
第 3 步	将空气控制柜下部 ER-CP 无动力回送塞门转到“投入位”		开通制动管向第二总风缸充气的通路，该充气压力被限定为 250 kPa
第 4 步	关闭塞门 A10	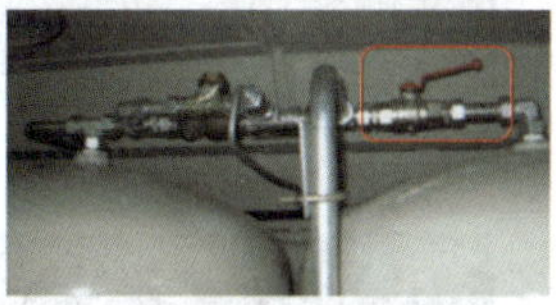	截断第一和第二总风缸之间的通路，缩短制动管向总风缸的充气时间
第 5 步	开放 A12 排水塞门	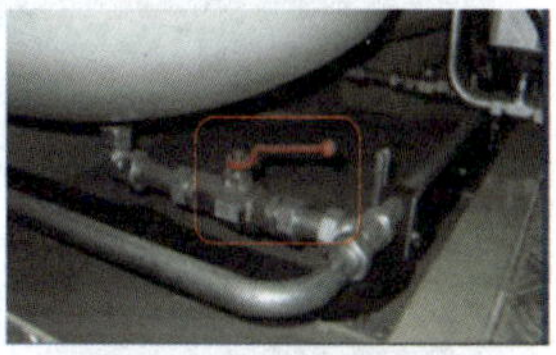	将总风缸压力排至 200～250 kPa，保证该机车无动力操作后，在全制动或紧急制动时，制动缸压力不大于 250 kPa
第 6 步	关闭停放制动控制塞门(B40.06)，应有排气现象		使停放制动单元实施制动，同时切断总风、机车制动缸向停放制动单元充气的通路，保证机车在无动力回送过程中，停放制动单元不会复位
第 7 步	关闭空气控制柜上的制动缸切除塞门(Z10.22、Z10.23)		缓解该机车空气制动缸，以便于确认停放制动单元状态
第 8 步	开放机车端部平均管塞门	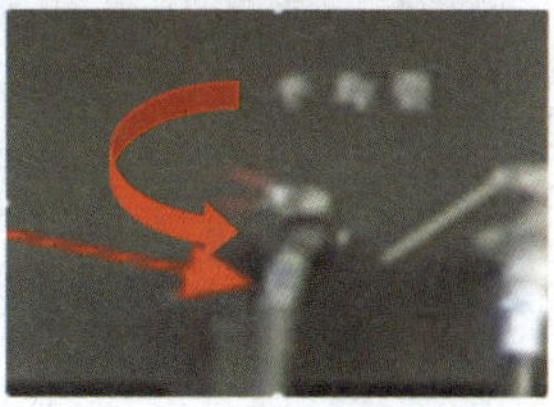	排空平均管内压力空气，防止该机车制动无法缓解

续上表

序号	操作步骤描述	图示	操作目的
第 9 步	确认停放制动指示器为红色，制动指示器为绿色	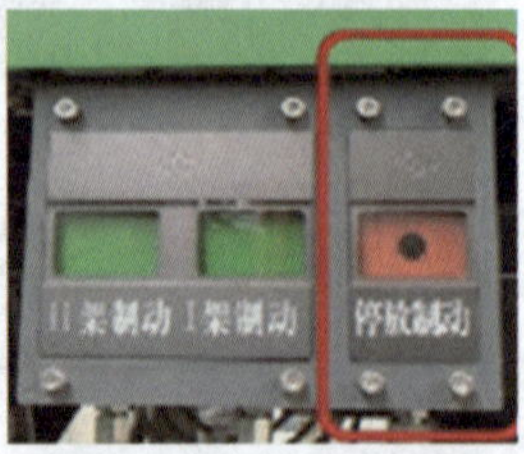	通过该指示器确认空气制动缸及弹簧制动缸内无压力
第 10 步	手动缓解停放制动单元，在确认制动夹钳已经缓解后，开放制动缸切除塞门（Z10.22、Z10.23）		逐个拉开弹停制动缸上的缓解手柄，并晃动制动夹钳，确认弹停制动装置已缓解，然后再开放制动缸塞门，恢复空气制动功能
第 11 步	连接制动软管，缓慢开放折角塞门		连接本务机车或车辆，当制动管升至定压后，该机车空气制动缸应在缓解状态
第 12 步	本务机车进行制动与缓解操作，并确认无动力机车与本务机车制动状态一致		机车无动力操作后，检测其制动性能

二、HXD3C 型电力机车换端操作

HXD3C 型电力机车换端操作步骤见表 6-18。

表 6-18　HXD3C 型电力机车换端操作步骤

序号	操作步骤	图示	操作目的及注意事项
第 1 步	单独制动手柄置“全制动”位； 自动制动手柄置“重联位”，并用插针固定手柄		确认均衡风缸压力下降至 0，制动缸压力不低于 400 kPa，保证该机车在换端操作过程中有空气制动力

续上表

序号	操作步骤	图示	操作目的及注意事项
第 2 步	调速手柄置“0”位； 换向手柄置“0”位并取出	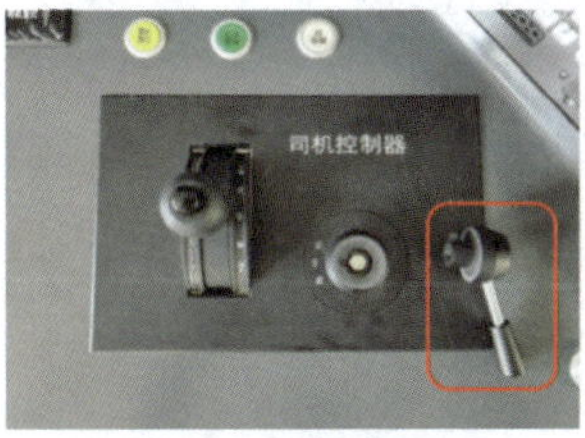	以便司机携带换向手柄去另一端司机室进行换端作业
第 3 步	断开断路器、降下受电弓、拔下电钥匙		机车高压断电； 断电后弹停制动自动施加，确认操纵台停放指示“红灯”点亮
第 4 步	缓解单阀，携带电钥匙、换向手柄去另一端司机室换端	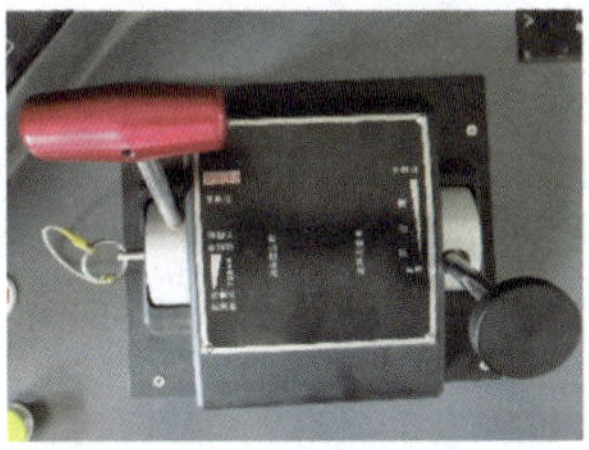	机车保持有制动力，不会溜车。 注意：机车连挂车列换端作业时，必须等待列检人员连接风管开放折角塞门完毕。如因开放折角塞门造成列车启动紧急制动时，不得换端，需先将自动制手柄置于“紧急制动”位 60 s 以上，将自动制手柄移至“抑制位”，停留 1 s 后，再移回“运转位”，确认制动管、均衡风缸压力恢复至 600 kPa，方可进行换端作业，防止因制动管引起紧急制动造成制动机故障
第 5 步	至另一端司机室，先将电钥匙插入，旋转至闭合位，进行升弓操作		升起受电弓，机车由接触网引入电能
第 6 步	单独制动手柄置于“全制动”位，自动制手柄置于“抑制位”停留 1 s 以上，再移回“运转位”	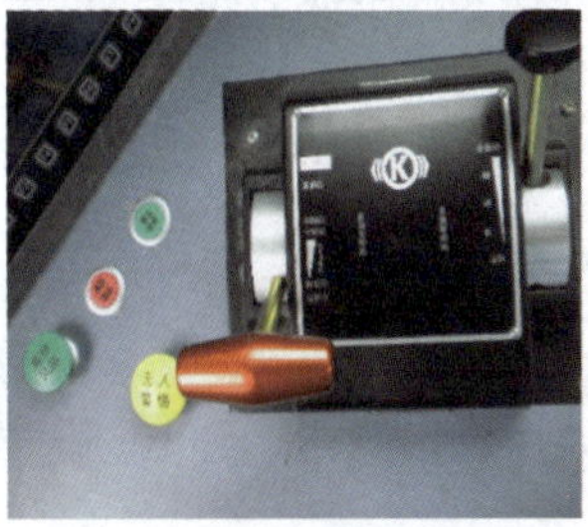	确认制动管、均衡风缸压力恢复至 600 kPa，手动按压操纵台停放缓解（绿色）按钮，五秒以后停放制动指示灯（红灯）熄灭

三、双管供风操作

HXD3C 型电力机车装有客车双管供风装置，设置了两个减压阀，可向列车提供(600±50)kPa的风源，分别安装在Ⅰ、Ⅱ端机械间压缩机旁，在两个减压阀旁设置了旁通支路，以满足机车重联或救援的需要。Ⅰ端供风装置的输出压力通过压力传感器在Ⅱ端司机室操纵台显示，Ⅱ端供风装置的输出压力通过压力传感器在Ⅰ端司机室操纵台显示。供风压力表为数码表，安装在紧急制动按钮下方，显示值×10 即为供风压力。双管供风装置原理如图 6-26所示。

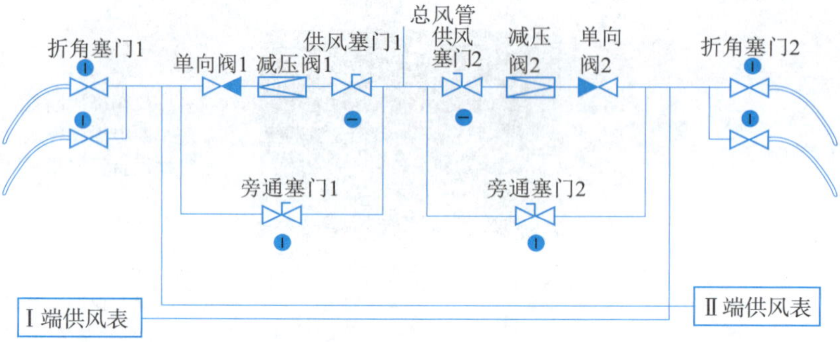

图 6-26 双管供风装置原理图

1. 牵引客车

如果机车Ⅰ端与车辆连接，供风塞门 1 手柄与管路方向平行(开通)；旁通塞门 1 与管路方向平行(截断)；连接机车、车辆间总风软管；Ⅱ端操纵台总风数码压力表显示客车供风压力，如图 6-27 所示。

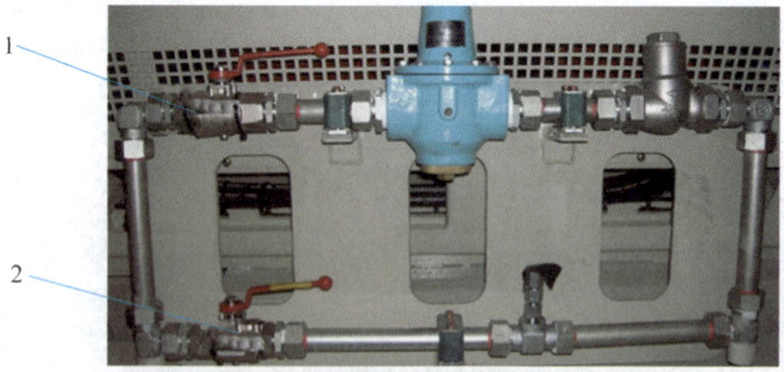

图 6-27 双管供风装置实物图

1—供风塞门；2—旁通塞门

2. 机车重联

如果机车Ⅰ端与机车重联，供风塞门 1 手柄与管路方向垂直(截断)；旁通塞门 2 与管路方向垂直(开通)；连接机车间总风软管，开放两机车间的折角塞门；Ⅱ端操纵台总风数码压力表显示总风缸压力。

任务实施

一、合作探究

1. 熟记并写出机车进行无动力回送时的操作步骤。

2. 熟记并写出 HXD3C 型电力机车换端操作步骤。

3. 写出机车双管供风的操作步骤。

二、实施展示

◆按照实施展示要求，组内分工合作

组别：　　　　　　组长：　　　　　　完成日期：

序号	工作内容	责任人	备注
1			
2			
3			
4			
5			
6			

◆实施展示内容与要求

1. 安全防护与工具准备

安全防护与工具明细表

序号	名称	数量	备注
1	安全警告标志牌		
2			
3			
4			
5			
6			

2. 实际操作

熟记各种设置流程之后，分组进行实际操作。

在做好安全防护工作后，实训设备上电、通气，严格按照操作流程，进行完整的各种操作。完成三级评价（自评、互评和教师评价），查找不足，总结并记录正确操作流程。

任务评价

空气管路系统的专项操作任务实施展示评价标准

序号	评价项目	评价内容与标准	分值
1	知识点	能准确描述机车无动力回送需操作部件的名称、布置位置、操作步骤	20
2		能准确描述 HXD$_{3C}$ 型电力机车换端操作步骤	15
3		能准确描述双管供风操作方法	10
4	操作技能	能够正确完成机车无动力回送具体操作	15
5		能够正确完成 HXD$_{3C}$ 型电力机车换端操作	15
6		能够正确完成双管供风操作	5
7	表达能力	仪态得体，逻辑严密，口齿清楚，声音洪亮，讲解生动	10
8	课堂表现	遵守课堂纪律，学习态度端正，组员合作默契	10
9	安全意识	浮动项。有突出表现加 1～5 分，有失误减 10～50 分。	
合　计			100

个人学习成果评价

序号	评价项目	分值	自评	组内评价	组外评价	师评	小计
1	知识与技能	10			—	—	
2	纪律与态度	7			—	—	
3	组内贡献度	8			—	—	
4	学习成果（工作页）	20	—	—	—		
5	实际操作	15	—	—			
本任务得分							
目前总得分							

巩固练习

一、填空题

1. 换端操作时，非操纵端的自动制动手柄必须保证在“________位”。

2. 机车无动力回送时，将空气控制柜内 ERCP 上的无动力回送塞门打到________位。

3. 制动机故障或机车附挂在异型机车后，此时机车相当于车辆状态的无动力回送，严禁关闭______________塞门。

二、选择题

1. 当无动力塞门在投入位时，限制制动管给总风缸充气的压力到(　　)左右。

A. 420 kPa　　　　B. 320 kPa　　　　C. 250 kPa

2. 机车无动力回送时，必须开放回送机车的(　　)塞门。

A. 制动管　　　　B. 平均管　　　　C. 总风联管

三、综合题

1. 写出机车进行无动力回送时的操作步骤。

2. 写出 HXD_{3C} 型电力机车换端操作步骤。

3. 写出机车双管供风的操作步骤。

参考文献

[1] 李益民,阳东．电力机车制动机[M]. 北京:中国铁道出版社,2013.

[2] 铁道部运输局机务部．HXD_{3C} 型电力机车[M]. 北京:中国铁道出版社,2012.

[3]《和谐型交流传动机车技术丛书》编委会．HXD_{3C} 型电力机车[M]. 北京:中国铁道出版社有限公司,2020.

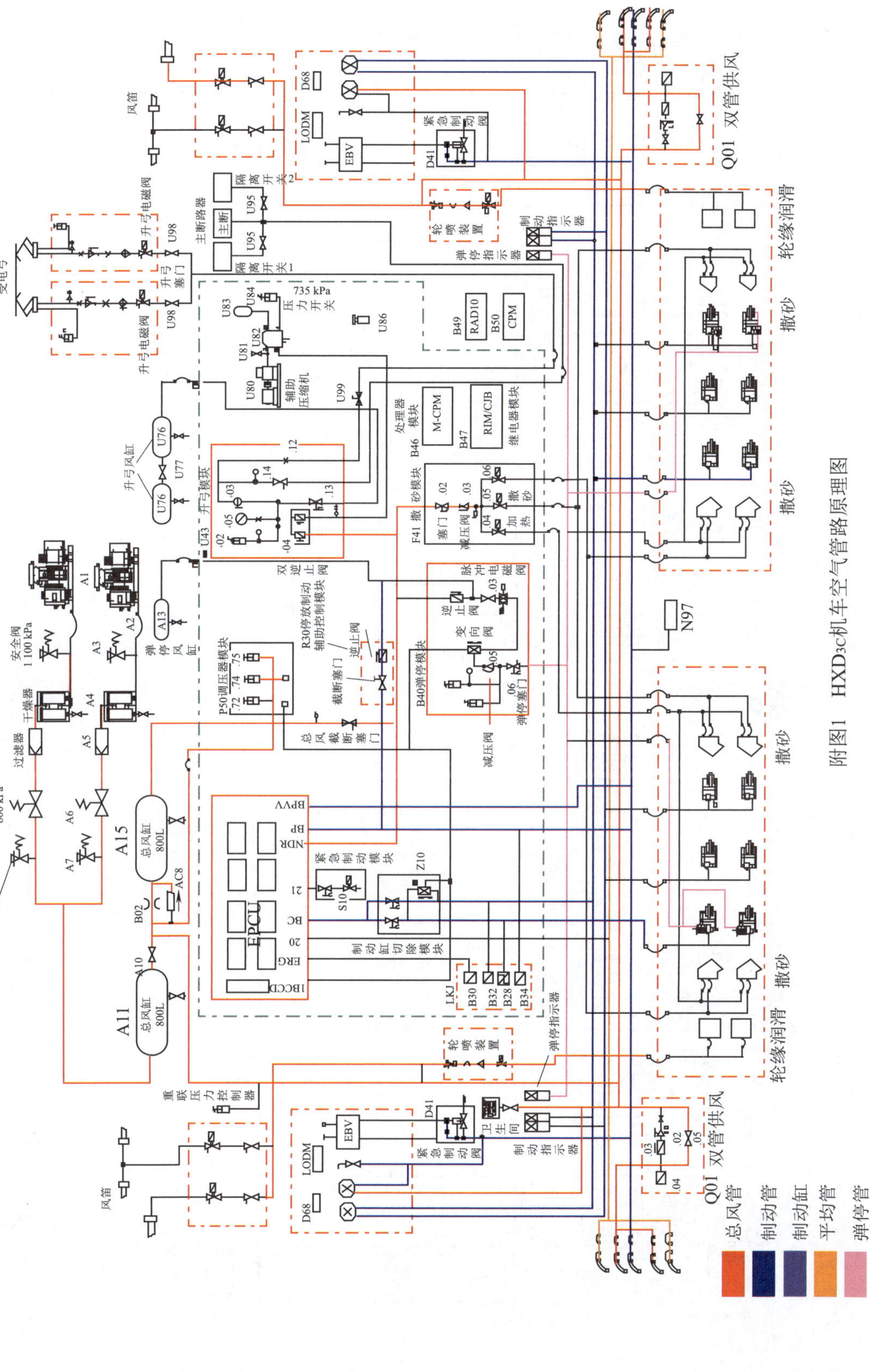

附图1 HXD3c机车空气管路原理图

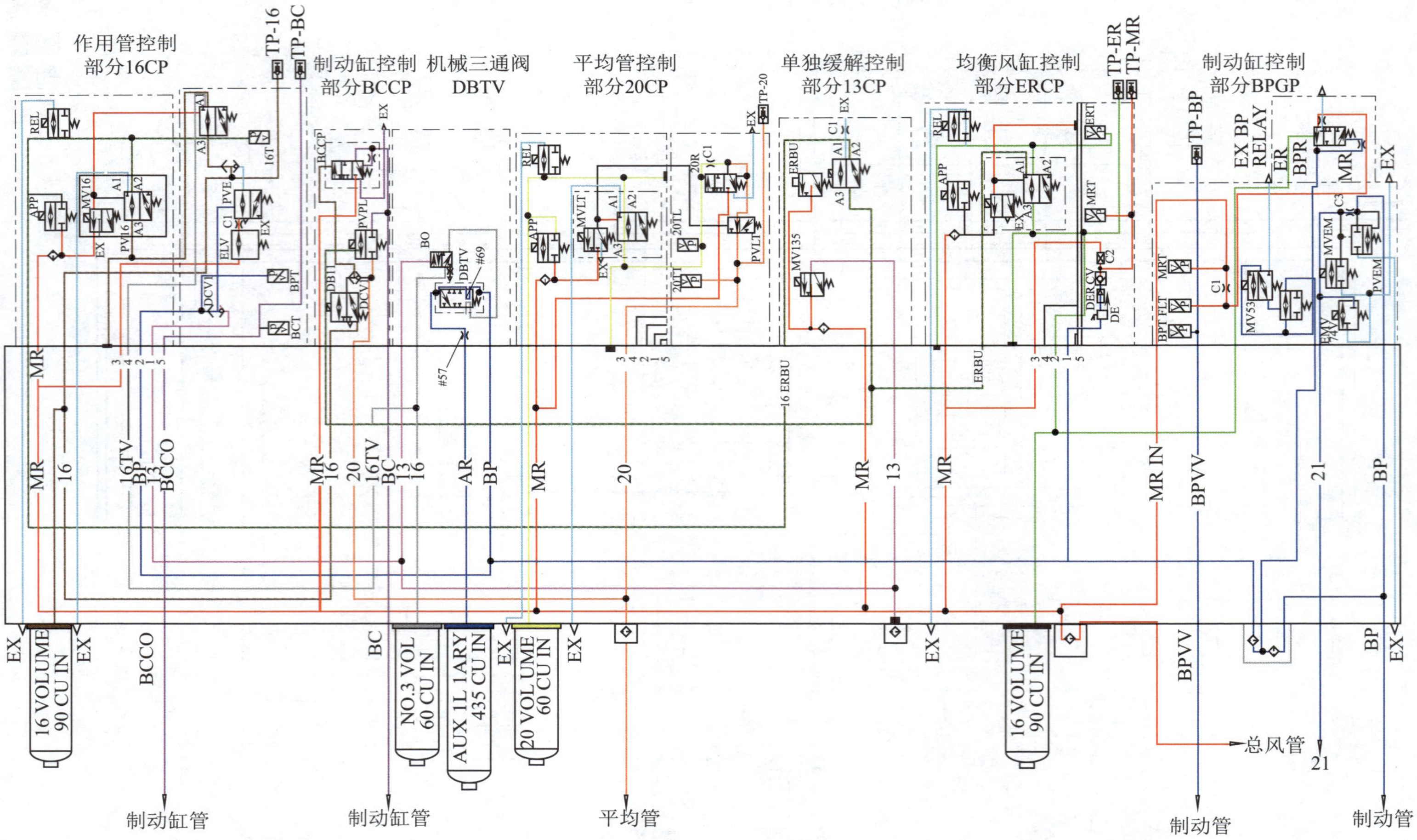

附图2　CCB Ⅱ 制动机管路原理图（缓解位）